家庭教育指导概论

晏　红◎著

教育科学出版社
·北 京·

序

一

晏红是我的学生，于2002年获家庭教育方向的硕士学位。工作十多年以后，在她儿子出国留学之际，她考取了清华大学教育研究院的博士研究生。老师培养学生，最为重要的不是传授给学生多少知识，而是通过传授知识激发学生的求知欲，使学生树立不断进取的精神，增强学生的自我发展能力。晏红的发展趋势，正是我所希望的。从家庭教育的角度而言，她这种自强不息、求学上进的精神，也为她儿子树立了学习榜样，我非常赞赏。

晏红是我得意的学生之一。她刻苦勤奋，好学会学，善于思索，思路开阔。在攻读硕士学位时，她是单独跟我进行学术交流最多的学生，她强烈的求知欲和探索精神给我留下了深刻的印象。参加工作以后，她一直在关注、思考、研究家庭教育问题，发表了不少文章，出版了不少著作，成绩卓著。如今，她的学术著作《家庭教育指导概论》即将由教育科学出版社出版，我很欣慰。

《荀子·劝学》中说："青，取之于蓝，而青于蓝；冰，水为之，而寒于水。"这说的是自然现象，社会现象又何尝不是这样呢？

凡是当老师的，都甘当人梯，希望自己的学生在事业上有所建树，能够超越老师。我希望她能在家庭教育学科的理论研究上有所突破，为学科建设做出贡献。

晏红没有辜负我的热切期望。她确定研究目标后，心无旁骛，集中精力，十多年来，对家庭教育指导这个专题进行了全面、深入、系统的研究，撰写出这部很有学术价值的高水平著作。我倍感欣慰。

晏红的《家庭教育指导概论》一书的书稿，我有幸先睹为快。这是一部前所未有的家庭教育指导方面的学术著作，可以说是个突破，不用我再指导、推荐。我只想在这部书即将出版之际，发表一些读后的感想。

二

理论来源于实践。实践的发展、丰富、繁荣，促进理论的发展与创新。

《家庭教育指导概论》的问世，应该说是我国家庭教育实践发展、丰富、繁荣的必然产物。

中华民族素有重视家庭教育的优良传统。在长期的家庭教育实践中，人们总结、积累了非常丰富的教育子女的经验，这是中华民族传统文化宝库中的精华。

改革开放以来，人们逐步认识到，在竞争日趋激烈的社会生活中，要使子女将来能够立足于社会，在事业上有所作为、有所成就，除了让子女接受良好的学校教育、社会教育以外，还必须高度重视家庭教育，充分发挥家庭教育的独特作用。在许多家庭里，父母都把培养教育子女作为家里的头等大事。

随着社会的发展和我国计划生育政策的实施，人们的生育观念发生了巨大的变化：由过去单纯追求子女的"数量"逐步转变为追求子女的"质量"。过去，家里孩子多的时候，家庭教育可以说是"粗放型"的，"浅耕粗作，广种薄收"；现在，家里孩子少了，家庭教育则变为"集约型"的，"精耕细作，提高单位面积产量"。家长们要对"不可多得"的孩子"精雕细刻"，希望"雕刻"成"精品"，使之成为"出乎其类，拔乎其萃"的庸中佼佼者。

在现代社会，人的一生一般都要接受三种形态的教育：一是家庭教育，二是学校教育，三是社会教育。这三种教育，对每个人来说，就像一座"综合加工厂"，三种教育就是三道"工序"。家庭教育、学校教育和社会教育有各自的职能、特点和优势，不能互相替代，都不可或缺。缺少哪一道"工序"，都不可能培养出具有完善人格的人来。

家庭是人生的第一所学校。家庭教育是"人之初"的教育，是这个"综合加工厂"的第一道"工序"。其职能是给人生"打底色"，十分重要，不可被取代。

家长作为孩子的首任"教师"和人生导师，责任重大，因此急需对家长进行科学的指导，以便使家庭教育从一开始就进入正确的轨道。

家庭教育是一门科学，培养教育孩子是有规律可循的。然而，绝大多数家长并不是专门的教育工作者，没有接受过教育方面的专门训练，缺乏培养教育子女的科学知识和素养。广大家长迫切需要接受培训、指导，以便掌握家庭教育的科学知识，实现家庭教育科学化，切实提高家庭教育效果。

然而，我们的家庭教育指导工作远远满足不了广大家长日益增长的需求。社会各界虽然已经对家长进行了一些家庭教育指导，但很不规范，也很肤浅，有的指导工作甚至在科学性、方向性上存在严重的偏差。

在我国市场经济深入发展的今天，加强家庭教育指导的科学化势在必行。

由计划经济到市场经济的转轨，是深刻而急剧的社会变革，社会政治、经济、文化等领域已经发生并且继续发生着许多变化。这些变化通过多种渠道渗透到家庭生活，对家庭教育产生了很大的影响，使家庭教育出现了许多前所未有的新情况和新问题。面对现实，家长有许多困扰，不少家长反映："老方法不灵，新方法不明。"为适应当代家庭教育实践的发展，切实加强家庭教育指导，提高家长的教育素质，迫在眉睫。

因此，可以说，晏红的《家庭教育指导概论》是在我国家庭教育事业深入发展的过程中应运而生的。

三

推动我国家庭教育事业的发展，一是需要切实加强家庭教育理论研究，二是需要建设一支专业化的家庭教育指导队伍。

没有理论指导的实践是盲目的，而盲目的实践是不可能取得预期的效果、达到预期的目的的。

家庭教育理论研究的成果不能被束之高阁，必须为家庭教育实践服务，才能发挥理论的功能；家庭教育理论在家庭教育实践中获得验证，家庭教育实践又促进家庭教育理论研究，提升家庭教育理论研究的水平。

建设一支专业化的家庭教育指导队伍，对家长进行指导，使家庭教育理论研究成果在家长中推广、普及，是促进我国家庭教育事业发展的一个重要环节。

家庭教育是一门科学。家庭教育指导是一项很专业的工作，家庭教育指导服务队伍必须走专业化发展的道路，否则就不可能把我国的家庭教育事业引向深入发展。

改革开放以来，我们对家庭教育指导服务队伍进行了一些培训，诸如全国妇联、中国关工委、教育部关工委以及一些学术团体和民间文化公司等都开展了家庭教育指导者的培训工作。但这些培训缺乏统一的组织、管理、指导，没有统一的培训标准、培训教材和经过培训的指导培训教师队伍，对家庭教育指导者的学历、教育经历没有要求，教学内容、水平、效果参差不齐，指导、培训工作一直在"低水平"运行，对加强、改善我国的家庭教育作用不大。许多民间机构在没有受家庭教育主管部门委托或指派的情况下自行培训、自行颁发证件，甚至出现指导人员不经任何培训而花钱购买"证件"的现象，家庭教育指导人员的培训市场相当混乱，家庭教育指导的方向、质量、效果堪忧。对家庭教育指导服务队伍的培训，迫切需要加强管理，加以整顿和规范。

四

《家庭教育指导概论》一书的出版，为建设一支专业化的家庭教育指导队伍，加强家庭教育的科学指导，提供了可靠的理论支持。

《家庭教育指导概论》一书的作者，认真总结了我国家庭教育指导工作的成功经验，广泛吸取了国外家庭教育指导工作的理论与实践经验，运用教育学、教育管理学、心理学、社会学、系统科学等多种学科理论，对家庭教育指导的概念、产生与发展、性质，家庭教育指导的功能，家庭教育指导的基本要素，家庭教育指导目的与目标，家庭教育指导内容，家庭教育指导方法，家庭教育政策，家庭教育指导工作，家庭教育指导的专业化发展，进行了周延的、很有说服力的论述，为建设一支专业化的家庭教育指导队伍，切实加强家庭教育指导，提供了专业性的保障。

《家庭教育指导概论》一书具有开拓性。

对于家庭教育指导问题，相关学者进行了一些研究，也获得了一些研究成果。但总体上看，他们只是进行了零零散散的研究，缺乏全面性、系统性、科学性，而且绝大多数的研究成果只是停留在总结、介绍家庭教育指导工作经验的层面，缺乏对家庭教育指导规律的探索、研究、揭示。经验是有价值的，但只是适应个别场合、环境，不能反复起作用。只有规律才能反复起作用，可以广泛地推广应用。《家庭教育指导概论》一书，在很大程度上揭示了家庭教育指导工作的发展规律，是家庭教育学术领域前所未有的，具有重要的开拓意义。

《家庭教育指导概论》一书具有鲜明的时代特征。

当前，我国正在进行社会主义现代化建设，发展市场经济。处在这一社会环境中的家庭生活和家庭教育，都带有鲜明的时代特色。家长在教育子女的实践中，遇到种种问题，既受中华传统文化的影响，也受当今社会环境的影响。作者注意到，家庭教育指导者在对家长进行家庭教育指导的时候，不仅要继承中华民族优良的家庭教育传统，还要针对家长在教育子女的过程中遇到的新情况、新问题，引导家长进行科学的思考，更新教育观念，树立现代教育思想。阅读《家庭教育指导概论》一书，会有耳目一新的感觉。

《家庭教育指导概论》一书坚持理论和实践相结合。

家庭教育看似简单易行，实则非常复杂。它既涉及理论问题，也涉及实践问题。家庭教育指导者若没有接受过系统、科学的培训，只是掌握一些空洞的理论，就不能指导家长解决家庭教育实践中遇到的问题；家庭教育指导者若不懂家庭教育理论，只是教给家长一些具体的教育方式方法，而不能从理论上理解，那么即或有再好的方式方法，家长也不会运用。

对此，《家庭教育指导概论》一书的作者有深刻的认识和体会，努力在理论和实践的结合上下功夫，使二者融会贯通。这部书既坚持了科学性，又密切结合当前我国家庭教育的实际，坚持在家庭教育指导者的培训中把教育子女的科学理论和具体做法有机地结合起来，使家庭教育指导者既可以从书中"悟"出教育子女的道理，又能学会如何引导家长恰当、灵活地运用教育子女的方式方法。对家长进行家庭教育指导，既能提高家长的教育素质，增强家长教子成材的信心，也能帮助家长解决家庭教育中遇到的种种问题，提高家庭教育的效率。

习近平主席在 2015 年春节团拜会上指出："家庭是社会的基本细胞，是人生的第一所学校。不论时代发生多大变化，不论生活格局发生多大变化，我们都要重视家庭建设，注重家庭、注重家教、注重家风，紧密结合培育和弘扬社会主义核心价值观，发扬光大中华民族传统家庭美德，促进家庭和睦，促进亲人相亲相爱，促进下一代健康成长，促进老年人老有所养，使千千万万个家庭成为国家发展、民族进步、社会和谐的重要基点。"

党和国家最高领导人明确提出"要重视家庭建设，注重家庭、注重家教、注重家风"，这对于我国家庭教育事业的发展、繁荣具有战略性的意义。而加强家庭教育指导者的培训，建设专业化的家庭教育指导者队伍，是发展、繁荣我国家庭教育事业的一个关键环节。《家庭教育指导概论》一书的出版，恰逢其时，势必会对我国家庭教育事业的发展、繁荣发挥应有的作用。

赵忠心

北京师范大学教授

中国家庭教育学会原副会长

2019 年 5 月 5 日

目　　录

第一章　家庭教育指导概述

家庭教育指导的产生与发展，与家庭教育的变化与发展有着密切关联，因此，对家庭教育做相关考察，是对家庭教育指导展开论述的基础。

第一节　家庭教育概述

家庭教育是人类社会最初的教育形态，后来以学校教育为代表的制度化教育高度发展，家庭教育受到一定程度的冲击，但是始终保持着自己的独特面貌与教育功能，与制度化教育比肩同行，这是因为家庭教育有着自己独特的内涵与特性。

一、家庭教育是家庭的首要功能

根据丁文的研究①，在家庭系统中，结构与功能是不可分割的矛盾统一体，家庭结构反映家庭的内部联系，家庭功能则反映家庭的外在联系。具有层次性的家庭结构分为深层结构、中层结构和表层结构三个部分，家庭功能也相应地分为首要功能、基础功能、派生功能这三个部分和层次，每个部分和层次又包含若干具体功能。

家庭的首要功能，即人类自身的生产功能，简称"人的生产功能"，包括生育、养育和教育、抚养和赡养、人的社会化四个具体功能，旨在促进人类的繁衍、生命的保全与人口的发展。

家庭的基础功能，即物质生产和消费功能，简称"经济功能"，包括物

---

① 丁文. 家庭学 [M]. 济南：山东人民出版社，1997：327—351.

质生产功能和物质消费功能，是指家庭自产生以来，作为物质生产单位和物质消费单位对社会所发挥的作用。

家庭的派生功能，即社会生活功能，简称"生活功能"，包括经济管理功能、政治功能、文化功能、宗教功能、感情功能和性生活功能。这些功能反映了家庭作为社会生活的基本单位，具有满足人们多种生活需要、组织多种社会生活的功用与效能。

以上各种具体功能组成具有多样性、层次性与多变性的家庭功能系统，其中，家庭的首要功能在家庭的历史发展过程中最具普遍性，是绝大多数形态的家庭都具备的功能。但是随着人类社会的发展，家庭功能也是动态变化的，有些功能相对稳定，有些功能则消失或者转化了。

养育和教育作为家庭的首要功能，承载着人类繁衍、进步与发展的使命。在学校教育诞生之前，家庭是人们接受教育的主要渠道。家长不但生育下一代，创造生命所需的抚养条件，而且还要教育他们，向他们传授生产知识、生活常识、文化传统和道德习俗。到了现代工业社会，家庭教育的部分内容为学校教育和社会教育所取代，科学、系统的生产知识成为学校教育的主要内容，但是家庭在生活教育、文化教育和道德教育等方面的重要性不但依然稳固，而且具有其他教育组织和教育形式难以取代的作用。可见，虽然教育社会化和学校教育日益强大与完善，但是不能笼统地判定家庭教育功能弱化了，家庭教育功能并非全面弱化，也并未被替代，只是功能的某些部分发生了转化。

二、家庭教育是最有生命力的教育形态

根据陈桂生的研究①，教育的组织形态在人类教育演化过程中经历了直接教育过程、教育实体和教育系统三个阶段。

直接教育过程是最初出现的不定型教育，其教育主体不确定，教育对象流动，甚至教育的文化内容也带有随机性。我国古代的孔子以及古希腊的苏格拉底所进行的教育活动虽然具备教育活动的三个要素，但是教育要素具有不确定性或者随机性。直接教育过程是教育从非形式化到形式化的演变过程，

---

① 陈桂生.学校教育原理［M］.上海：华东师范大学出版社，2012：4-20.

具有丰富性与灵活性，教育对象具有广泛性与普遍性。

教育实体则是定型的教育形态，包括现代意义的学校与"前学校"（庠、序、学、校等）以及现代校外教育机构等教育组织。可见，学校并不是教育实体的全部。这种研究视角有助于克服"学校即教育组织""学校教育即教育"的狭隘理解，从而给"前学校"和"非学校"教育组织以应有的地位。教育实体阶段是教育从非实体化到实体化的演变过程，具有抽象性与稳定性，教育对象受办学规模的限制。

教育系统是形形色色的教育实体制度化之后所形成的教育体系，包括各级各类学校。从教育实体到教育系统，是教育组织形式从非制度化到制度化的演变，具有规范性与僵化性，教育对象具有分级分类的特点。

教育从非形式化到形式化、从非实体化到实体化、从非制度化到制度化的演变过程，是人类文明进化的结果，但是这并不意味着形式化、实体化和制度化教育得到发展之后，尤其是学校教育占主导地位之后，非形式化、非实体化与非制度化教育就不存在了，或者没有意义了。相反，它们不但依然存在，还将继续存在下去，而且具有制度化教育所不可替代的教育作用。"在原始社会，一个人是通过共同生活的过程来教育自己的，而'不是被别人所教育的'，家庭生活或氏族生活、工作或游戏、仪式或典礼等都是'每天遇到的学习机会'，'这种自然的、非制度化的学习方式在世界广大地区一直流行到今天。这种学习方式仍是为千百万人提供教育的唯一形式'。"① 可见，非形式化、非实体化与非制度化教育源远流长、绵延不断，其中家庭教育最为突出。

非形式化教育是一种无组织的、泛化弥散的教育影响。在群婚家庭和对偶家庭阶段，家庭教育基于在血族和亲族基础上建立起来的大家庭，由大家庭中的老年人共同抚养与教育下一代，实行非形式化的公共教育。当一夫一妻制的专偶家庭出现之后，婚姻关系稳定了，亲子关系明确了，家长与子女之间的教育关系也就明确了，家庭组织的这种变化使家庭教育发展为形式化的私人教育。

就教育组织形式的演变过程而言，家庭教育属于直接教育过程，是最原

---

① 联合国教科文组织国际教育发展委员会．学会生存［M］．北京：教育科学出版社，1996：26-27.

始也是最有生命力的教育形态，形式化但不定型，完全在生活中进行，无教材、无专门场所、非制度化，具有随机生成、自然渗透、影响潜在的特点。虽然学校教育也是形式化的教育，但是学校教育属于正式教育，是有固定类型的、规范的形式化教育。家庭教育属于非正式教育，是无固定类型的、不具有规范性的形式化教育。家庭教育与生活融为一体，随时随地进行，教育内容与教育方法具有"遇物而诲，择机而教"*的特点，儿童主要进行自发的、偶发式学习。

学校教育和制度化教育发展到一定程度之后，它们存在的弊端受到深刻的批判。与此同时，随着学习化社会和终身教育体系的建构与逐步完善，家庭教育作为一种不同于学校教育实体的非制度化教育形态，再次引起人们的重视。日本学者平塚益德认为，进入 20 世纪 70 年代后，非正规教育为世界所瞩目，这是有其相应的背景的。随着学校化社会走到尽头，积极有效地运用非定型教育形态的观念应运而生。重视正规学校教育之外的社区教育资源，谋求有效运用，这与终身教育论和学习社会论相一致，也可以认为是在终身教育化政策中重新认识到了非正规教育的含义。①

可见，家庭早于学校诞生。作为家庭的首要功能，家庭教育自始至终伴随着家庭的产生而产生，伴随着家庭的发展而发展。家庭教育既早于学校教育，又不同于学校教育。家庭教育作为人类最初的教育组织形式与直接教育过程，是至今仍然生生不息的教育形态，不会被高度发展的制度化的教育组织形式所替代。随着终身教育理念的推进、大众传媒的发展以及各种公共文化教育设施的不断完善，广泛覆盖的教育网络为人们提供了随时随地都能学习的机会，非正式教育对人们的影响几乎无所不在，已经越来越受到人们的重视。人类社会已经进入正规教育、非正规教育和非正式教育共同发展、互为补充的教育文明新阶段。

---

* "遇物而诲，择机而教"出自《资治通鉴·唐纪十三》，记载了唐太宗李世民教育李治的方法。长子承乾由于狂愚不规、暗行谋反而被废太子位。此后，唐太宗很注意对新立太子李治的教育，在太子吃饭时，就对太子说："你要是能知道生产粮食的艰辛，就会常有这样的饭吃。"见到太子骑马，唐太宗就对他说："你若能知道马应该有劳有逸，而不把它的力气用尽，那就会常有马骑。"见到太子乘船，唐太宗就对他说："水可以把船浮起来，也可以把船掀翻。百姓如同江水，君王如同船只。"见到太子在树下乘凉，唐太宗就对他说："锯木板时依从墨绳就能锯直，君王能听从别人的规劝就可以做到圣明。"

① 平塚益德. 世界教育辞典 [M]. 长沙：湖南教育出版社，1989：108.

三、家庭教育概念界定与辨析

（一）家庭教育概念的界定

随着家庭教育的实践发展以及专家学者的不断研究，家庭教育的概念界定出现了很多说法，主要是从以下两个角度展开的。

1. 从狭义与广义的角度来界定家庭教育

家庭教育的狭义与广义之说，存在教育学和社会学两个学科视角。

从教育学视角而言，赵忠心界定了狭义与广义的家庭教育①。狭义的家庭教育是指在家庭生活中，由家长，即由家庭里的长者（其中主要是父母）对其子女及其他年幼者实施的教育和影响。广义的家庭教育是家庭成员之间相互实施的一种教育。

《教育与心理辞典》② 采用狭义的说法，认为家庭教育是指父母、监护人或年长者在家庭中对儿童、青少年施行有目的、有计划、有系统的影响，使其成为一定社会所需要的人才的训练和感化的教育过程。《中国大百科全书·教育》③ 也采用狭义的说法，认为家庭教育是父母或其他年长者在家庭内自觉地、有层次地对子女进行的教育。

从社会学视角来看，《中国大百科全书·社会学》④ 认为家庭教育包括父母教育子女和家庭成员之间相互教育两个方面，其中主要的方面是父母教育子女。关颖⑤认为家庭教育是家庭中发生的以亲子互动为中心的教育活动，是成年人按照期望的目标在家庭生活的各个方面持续不断地教育和影响儿童的过程，也是家庭成员相互学习和影响的过程。邹强⑥认为家庭教育是家庭中以亲子互动为中心的教育活动，父母作为教育的主体，按照一定的期望和目标，以一定的方式教育和影响孩子，同时也作为教育的客体，从孩子的言

① 赵忠心. 家庭教育学 [M]. 北京：人民教育出版社，1994：5.
② 陈元晖. 教育与心理辞典 [M]. 福州：福建教育出版社，1988：229-230.
③ 中国大百科全书总编辑委员会《教育》编辑委员会. 中国大百科全书：教育 [M]. 北京：中国大百科全书出版社，1985：140.
④ 中国大百科全书总编辑委员会《社会学》编辑委员会. 中国大百科全书：社会学 [M]. 北京：中国大百科全书出版社，1991：104.
⑤ 关颖. 家庭教育社会学 [M]. 北京：教育科学出版社，2014：32.
⑥ 邹强. 中国当代家庭教育变迁研究 [M]. 天津：天津大学出版社，2011：16.

语行为中受到影响和教育。家庭教育的这一互动性特征在现代社会中越发明显地体现出来。因此，家庭教育是指在人类社会家庭生活中，家庭成员之间（主要是父母对未成年子女）的一种教育和影响活动，它既包括家庭成员之间自觉的或非自觉的、经验的或意识的、有形的或无形的多重水平上的影响，也包括家庭环境对其成员产生的无主体影响。可见，社会学视角的家庭教育强调狭义的家庭教育与广义的家庭教育并存。

家庭教育的狭义与广义之说体现了玛格丽特·米德的三喻文化理论①。家庭教育的狭义说反映了人类社会长久以来存在的后喻文化（postfigurative culture）现象，即年长者向年轻者传授、年轻者向年长者学习的文化模式。家庭教育的广义说则反映了家庭教育除了基于传统的后喻文化模式以外，还受到前喻文化（prefigurative culture）模式的影响，即进入现代社会以后，随着科技进步尤其是信息技术的突飞猛进，传统的教育传递模式被打破，年轻者有可能比年长者更早地获得更多的知识与信息。广义的家庭教育也接受同喻文化（cofigurative culture）模式对家庭教育的影响，即同代人之间的相互学习与相互影响。

除了专家学者的研究发现与抽象界定以外，实证调查表明社会大众也认可家庭教育的狭义说与广义说。中华女子学院针对三省六市的 3075 份问卷调查显示②：36.7%的人认为家庭教育主要是父母对子女的教育和影响（即狭义说），57.6%的人认为家庭教育是家庭成员之间的相互教育和影响（即广义说）。

2016 年至今我国陆续出台了五个地方性家庭教育法规，均采用狭义的家庭教育，目的是明确家长对未成年人的家庭教育权利、义务与责任。《重庆市家庭教育促进条例》第三条指出："本条例所称家庭教育，是指父母或者其他监护人对未成年子女的教育和影响。"《贵州省未成年人家庭教育促进条例》第三条指出："本条例所称的家庭教育，是指在家庭生活中父母或者其他有监护能力的家庭成员（以下简称其他家庭成员）对未成年人进行的教育、引导和积极影响。"《山西省家庭教育促进条例》第二条指出："本条例

---

① MEAD M. Culture and commitment：a study of the generation gap ［M］. New York：Natural History Press，1970：1.

② 中国家庭教育学会，全国妇联儿童工作部．2012 中国家庭教育论坛文集［M］．北京：中国妇女出版社，2013：74.

所称家庭教育，是指父母或者其他监护人对未成年人的教育和影响。"《江西省家庭教育促进条例》第三条指出："本条例所称家庭教育，是指父母或者其他监护人对未成年人健康成长进行的教育、引导和影响。"《江苏省家庭教育促进条例》第三条指出："本条例所称家庭教育，是指父母或者其他监护人以及有监护能力的家庭成员通过言传身教和生活实践，对未成年人进行的正面引导和积极影响。"

2. 从家庭教育与学校教育的关系来界定家庭教育

家庭教育早于学校教育，学校教育诞生之后，家庭教育与学校教育有着千丝万缕的联系。

《教育大辞典》[①] 认为家庭教育是指家庭成员之间的相互教育，通常多指父母或其他年长者对儿女辈进行的教育。主要任务是：儿童入学前，使他们在身心健康发展方面奠定初步基础，为接受学校教育做好准备；在儿童入学后，紧密配合学校，督促他们完成学校规定的学习任务，继续关心他们的身体健康，发展正当的兴趣爱好，培养良好的道德品质。

《教育学辞典》[②] 认为家庭教育是学校教育的补充和助手，是整个教育工作不可缺少的组成部分。家庭教育的主要任务是使儿童的身心得到健康成长，为接受学校教育打好基础，在儿童入学后，配合学校使其在品德、智力和健康等方面得到更好的发展，将来能成为国家的建设者。

以上两个界定在狭义的家庭教育基础之上，把家庭教育的功能片面化、狭隘化了。随着学校教育问题的出现及其跨界渗透，再加上社会问题对家庭的影响，家庭教育的"直接教育过程"受到冲击。这种冲击在现代社会有两种典型表现：一种表现为家庭教育追随学校教育的任务、内容与形式，变为学校教育的附庸，如以上两个界定；另一种表现为家庭作为教育权利主体之一，与学校争夺教育子女的权利，家庭学校（home schooling）因此产生。

家庭教育成为学校教育的附庸，失去了自己的独立性。一方面，家庭教育早于学校教育，良好的家庭教育可以帮助子女更好地适应学校教育，这是家庭教育的功能之一，但不是唯一功能。另一方面，自从学校教育系统完善以后，家庭教育中传授科学的生产与技术知识、系统的社会文化知识等方面

---

① 教育大辞典编纂委员会. 教育大辞典：第 1 卷 ［M］. 上海：上海教育出版社，1990：11.
② 张念宏. 教育学辞典 ［M］. 北京：北京出版社，1987：364.

的内容就转变为学校教育的主要内容，家庭教育则保持着自己在养育、生活教育和品德教育等方面的优势。但是伴随着社会与学校问题的出现，学校教育跨界干预家庭教育、家庭教育追随学校教育任务的现象越来越严重。这使得家庭教育变得急功近利，失去了家庭育人的基本价值。可见，只有尊重家庭教育和学校教育各自的相对独立性，才能全面、客观地把握好家庭教育与学校教育的关系。

家庭学校与其说是一种家庭教育，不如说是一种特殊形式的学校教育，家庭学校在有些国家已经受到法律的保护，但在有些国家尚处于争议之中。在家庭学校，家长既是儿童的监护人又是儿童的老师，家长与儿童之间既是亲子关系又是师生关系。从家庭教育权利的积极方面而言，家庭学校的出现，其实是家庭教育与学校教育的权利之争。学校教育以学校工作为中心，试图促使家庭教育为提高学业成绩和学校效能而服务；家庭教育则与学校教育争夺子女的教育权利，试图摆脱学校整齐划一的制度化教育所带来的局限性。

（二）家庭教育相关概念辨析

人们从不同的角度关注和研究家庭教育，产生了一系列的相关概念，我们有必要对它们进行辨析，进而从总体上把握家庭教育概念。

1. 家长教育、双亲教育、父母教育、亲职教育

这四个概念都是从教育对象的角度而言的，即分别针对家长、双亲或者父母的教育。

狭义的家庭教育是指家长对子女进行的教育活动，家长教育则是家庭教育指导者对家长进行的教育活动。虽然人们常用比喻的方式说家庭是子女成长的第一所学校，家长是子女成长过程中的第一任教师，但是家庭毕竟不是正规学校，家长毕竟不是专业教师。而教育具有专业性，家长教育子女需要尊重他们成长的规律和教育引导的规律，需要在实践中加强学习与反思，才能提高家庭教育能力，于是就产生了以家长为教育指导对象的活动，人们称之为"家长教育"。一般情况下，家长是家庭中的长辈群体（由哥哥姐姐监护弟弟妹妹的情况除外），除了父母双亲以外，其他亲属长者也是孩子的家长，但是由于父母双亲是孩子的法定监护人，理应承担对孩子进行家庭教育的责任，所以有时家长教育也被狭义地界定为"双亲教育"或者"父母教育"。

　　洪明认为家长教育是家庭教育指导者以家庭教育主体（家长）为对象，以科学的家庭教育知识、技能、观念、思想等为主要内容的教育培训活动，是以提高家长的家庭教育胜任力为目的的成人教育活动。从广义上来看，凡是在育儿方面对家长产生教育影响的主体都属于教育者。[①] 可见，家庭教育与家长教育的密切联系在于，家长教育通过提高家长的胜任力而提高家庭教育质量。两者的区别在于家长教育的主体是家庭教育指导者，家庭教育的主体则是家长（狭义的家庭教育）或者家庭成员（广义的家庭教育），两者在教育对象、性质、目的、内容和形式等方面都存在着差异。

　　亲职教育的说法在我国台湾地区使用得比较广泛，由 parental education 意译而来，顾名思义，亲是指父母，职是指职责，亲职教育就是帮助父母尽教育之职。台湾学者曾嫦嫦认为亲职教育是从家庭教育而来的新概念，就是怎样为人父母的教育。[②] 黄德祥认为，所谓亲职教育或父母教育，就是一门教导父母如何了解与满足子女身心发展需求，善尽父母职责，以协助子女有效成长、适应与发展的学问。换言之，亲职教育就是为父母提供子女成长、适应与发展的有关知识，增强父母教养子女的技巧与能力，使之成为有效能父母（effective parents）的历程。[③]

　　综上所示，家长教育、双亲教育、父母教育、亲职教育等概念的含义与家庭教育指导的内涵接近，在我国大陆地区的政策文件和学术研究中统一被称为"家庭教育指导"，并被赋予特有的文化传统、价值取向与制度建设。

　　2. 家长学校、家庭学校

　　这两个概念都是从教育组织的角度而言的，家长学校是指教育家长的机构，家庭学校是指与"在学校上学"相对而言的"在家上学"，试图建立一个与正规学校组织并行的家庭学校。

　　家长学校是在我国的官方文件中经常出现的概念，是指承担家长教育任务的成人教育机构，一般挂靠在学校、社区、团体、企事业单位或者相关机构，组织形式比较松散，办学主体与性质多样化，既有公办的、非营利性质的，也有民办的、营利性质的，没有统一的、规范的、固定的模式，相关的

---

① 洪明. 什么是家长教育？——家长教育的内涵辨析 [J]. 教育科学研究，2017（9）：72.
② 曾嫦嫦，等. 亲职教育 [M]. 台北：汇华图书出版有限公司，1993：5.
③ 黄德祥. 亲职教育 [M]. 2 版. 台北：华侨书局有限公司，2002：7.

政策指导比较丰富。1998 年，全国妇联、国家教委就颁布了《全国家长学校工作指导意见（试行）》。2004 年，全国妇联、教育部又颁布《关于全国家长学校工作的指导意见》，指出："家长学校以未成年人的家长及其抚养人为主要对象，是为提高家长素质和家庭教育水平而组织的成人教育机构；是宣传正确的家庭教育思想，普及科学的家庭教育知识的主要场所；是中小学、幼儿园开展家庭教育工作和党政机关、企事业单位、社区、村镇进行公民素质教育的有效途径；是联系学校、家庭、社会，促进形成三结合教育网络的工作桥梁；是优化未成年人健康成长环境、推进社会主义精神文明建设的重要阵地。"2011 年，全国妇联、教育部、中央文明办联合颁布了《关于进一步加强家长学校工作的指导意见》，明确指出家长学校的主要任务是："面向广大家长宣传党的教育方针、相关法律法规和政策，宣传科学的家庭教育理念、知识和方法，引导家长树立正确的儿童观和育人观；组织开展形式多样的家庭教育实践活动，增进亲子之间的沟通和交流，使家长和儿童在活动中共同成长进步；通过多种形式为家长儿童提供指导和服务，帮助解决家庭教育中的难点问题，提升家长教育培养子女的能力和水平；增进家庭与学校的有效沟通，努力构筑学校、家庭、社区'三结合'的未成年人教育网络，为儿童健康成长营造良好环境。"可见，在原有的宣传与教育功能基础之上，家长学校的指导与服务功能被强化。

家庭学校也被称为"在家上学"（home schooling），它是随着学校基础教育的发展与变化以及家长教育权利主体意识的增强而出现的儿童在家接受基础教育的现象。可见，家庭学校不是一般意义上的家庭教育，而是基础教育的一种形式，这种形式的合法性经历了一个漫长的认定过程。成立于 1983 年的美国家庭学校法律援助协会（The Home School Legal Defense Association）在争取家庭学校合法地位的过程中发挥着重要作用，促进全美 50 个州制定相关法律允许家庭学校的实施。[①] 在我国，在家上学的现象（例如孟母堂事件）已经出现过，也有相关机构对这种现象进行调查，但是在家进行义务教育的合法性还存在争议。

3. 家长工作、家校合作、家长参与

这三个概念都是从家校关系的角度而言的，试图建立学校教育与家庭教

---

① 塞伯，等．麦格劳—希尔家庭教学［M］．王智明，等，译．上海：华东师范大学出版社，2004：4.

育之间的合作关系。

家长工作是相关部门的一项工作内容，是指教育主管部门、各级各类学校和相关教育机构为争取家长的理解、支持与配合，对家长进行解释沟通、宣传教育、指导服务与培训等相关工作，是教育常规工作的组成部分之一。在教育系统中，家长工作是为教育中心工作服务的，是为了更好地完成核心任务而需要关注与执行的一项工作。

家校合作是一种教育理念，是指家庭教育和学校教育充分发挥各自的优势，为提高教育质量而开展的协同共育活动。家校合作实际上是联合了对儿童健康成长影响最大的两个机构——家庭与学校的力量，改变了家庭教育从属于学校教育的不平等观念，建立了家庭教育与学校教育的平等关系以及合作共育理念。家校联系、家校沟通和家校协调等均为日常说法，都是家校合作的方式，专家学者通常选用家校合作的概念进行研究。

家长参与（parent involvement）指的是家长作为教育权利主体以及未成年人的监护人，既有权利也有责任参与家庭教育和学校教育乃至社会教育，为儿童的健康成长提供具有支持意义的教育环境。家长参与的实践与研究经历了一个以学校为本、以家庭为本到家庭、学校、社区合作的发展历程。美国霍普金斯大学教授爱普斯坦（Joyce L. Epstein）基于家庭、学校、社区合作的实证研究，提出了六种参与类型（six types of involvement），即当好家长（parenting）、相互交流（communicating）、志愿服务（volunteering）、在家学习（learning at home）、决策（decision making）、与社区协作（collaborating with community）。[1] 爱普斯坦的研究成果在美国乃至国际上产生了广泛影响。

四、家庭教育的性质

（一）家庭教育是私人教育

根据教育权利与教育关系的不同，可以把教育分为公共教育与私人教育。[2] 公共教育是由国家、社会或者团体掌握教育权利，作为社会及全体公民的代表利用公共资源，根据国家的意志、社会的需要和团体的意愿所实施

---

① 爱普斯坦，等. 学校、家庭和社区合作伙伴：行动手册［M］. 吴重涵，薛惠娟，译. 3 版. 南昌：江西教育出版社，2012：8.

② 赵忠心. 家庭教育学［M］. 北京：人民教育出版社，1994：6.

的教育。教育者与受教育者是规范的师生关系，不具有血缘关系。私人教育是由家庭或个人掌握教育权利，根据家庭的需要、家长的意志和个人的意愿所实施的教育。教育者与受教育者不是规范的师生关系，而是具有血缘关系或者其他私人关系。

在家庭演变史中，家庭教育的私人教育性质经历了一个发展过程。人类社会经历了群婚家庭、对偶家庭和专偶家庭三个基本的家庭形态。① 由于群婚家庭缺乏婚姻关系，对偶家庭缺乏稳定的婚姻关系，所以在血族和亲族基础之上建立起来的大家庭中，由老年人共同抚养与教育后代子孙，实行公共教育。到了一夫一妻制的专偶家庭阶段，婚姻关系稳定，亲子关系明确，家长为了让子女更好地继承家产、壮大家业，对子女实施具有私人目的的家庭教育，家庭教育由公共教育变为私人教育。

在世界上绝大多数国家，家庭教育都属于私人教育，在具体的教育目的、教育内容和教育形式上均不受国家的限制，但是古代斯巴达例外。斯巴达位于希腊半岛南部，以独裁统治和军国主义而闻名，它的一切生活和制度都带有浓厚的军事色彩，训练城邦公民只有群体意志，没有个人意志，将家庭的功能减少到最低限度。任何人一出生，只要身体强壮便被收养，不为父母私人拥有，而属于城邦，收养之权属于国家长老，不属于父母。对于一个斯巴达男孩来说，任何一个男子都是他的父亲和教师，长大之后住在军营，遵从最严格的纪律，为城邦服务。② 斯巴达教育完全属于公共教育，家庭教育不具有私人教育性质。

家庭教育具有私人教育性质，属于私人领域的家庭活动，但是并不意味着家庭教育是纯粹属于家庭的"隐私"。不同国家和民族对家庭与社会关系的制度设计不同，形成了不同的家庭和家庭教育私人边界，而且随着家庭与社会关系的变迁，家庭和家庭教育的私人领域边界也在发生着变化。家庭的教育活动与家庭的休闲娱乐、生活消费等活动具有不同的特点。家庭教育是培养人的活动，人的发展影响着家庭的发展，而且家庭中的儿童成年之后要走向社会，成为对国家和民族有意义的社会成员，这一特点在开放的现代教育中越来越明显。因此，家庭教育既是具有私人性质的家庭事务，又是具有

---

① 丁文.家庭学［M］.济南：山东人民出版社，1997：299-303.

② 李晓玲，郑强.论斯巴达教育［C］//纪念《教育史研究》创刊二十周年论文集（17）：外国教育政策与制度改革史研究.2009：1000-1007.

公共性质的社会事务与国家事务。很多国家把家长对儿童的教育纳入法定义务，制定了义务教育法，义务教育就是把家庭教育的部分权利让渡给公共教育，同时为了提高义务教育质量，家校合作教育日益受到重视，并纳入规范的家庭教育指导工作体系，这些都是国家和社会对家庭教育的法律支持以及对家庭教育的积极干预。可见，家庭教育的私人教育性质与对家庭教育提供公共服务是不矛盾的，家庭教育指导成为基于私人家庭教育的公共事务。

进入现代社会，作为私人教育的家庭教育出现了新的现象，那就是家庭学校（home schooling）。这一现象起源于美国，家长作为纳税人，出于宗教诉求，或者对学校环境的担忧、对作为公共教育的学校教育的不满等，主动选择自己的教育权，由家长代替学校教师对子女进行教育与教学。关于家庭学校虽然一直有反对的声音，但是现在美国有 50 个州确定了在家上学的合法性，并出台了相关政策与管理制度，以保障家长作为教育权利主体的法律地位。进入 21 世纪，我国也出现了家庭学校现象并引起社会关注，影响比较大的就是发生在 2006 年的孟母堂事件，该事件引发了关于教育权与受教育权、义务教育的权利主体以及家庭教育权利的争议。21 世纪教育研究院发布的《中国在家上学研究报告（2013）》显示，在家上学人数排在前三名的省（市）依次为广东、浙江和北京，集中在小学阶段。在家上学的原因排在前五位的依次是：不认同学校的教育理念、学校教学进度过慢、孩子在学校没有得到充分尊重、孩子厌倦学校生活以及宗教信仰。家庭学校在我国没有取得合法地位，也缺乏管理与监督。虽然家庭学校既不是家庭教育的主流，也不是义务教育的主流，并不能改变家庭教育的私人教育性质，但是反映了家长的教育主体意识在觉醒，对于推动学校教育改革、提高家庭教育质量以及促进中国的教育文明发展，都具有深远的意义。

（二）家庭教育是非正式教育

根据教育传授方式的不同，可以把教育分为三大类：正规教育（formal education）、非正规教育（non-formal education）和非正式教育（informal education）。[①] 正规教育和非正规教育都属于有组织的、规范的和制度化的正式

---

① 胡森，等. 教育大百科全书：第四卷 [M]. 张斌贤，等，译. 重庆：西南师范大学出版社，2006：54.

教育，它们的区别在于：正规教育是国家学制系统内*的高度制度化的学历教育，主要包括从幼儿园、小学、中学到大学，从普通学校到职业学校等各级各类学校提供的教育；非正规教育是指国家学制系统以外旨在增进知识与能力、未充分制度化的非学历教育，主要包括少年宫、图书馆（室）、博物馆、展览馆、科技馆、艺术馆、青少年活动中心与科技中心（馆、站）以及妇女儿童活动中心等各种校外教育机构提供的教育，也包括现代社会为各类人群发展提供的各种形式的职业培训、继续教育等。

非正式教育与正式教育相对而言，非正式教育是在日常生活、工作中进行的不具有结构性或组织性的自主、偶发性学习活动，一般没有明确的教育目标、预先制订的计划，是在无意中进行的教育活动，包括任何在日常生活环境中获得的可帮助人改变态度和价值观、发展知识和技能的活动。① 非正式教育不需要专门的场所和专门的教育机构，在家庭与社会等各种场所或者在交谈、接触大众传媒等各种自然状态中都可以进行无组织、无计划的学习活动。非正式教育其实就是生活经验对人的教育力量，是生活事实本身所具有的教育价值，而不是把生活事实移置或抽象到学校环境中作为教育手段来应用。非正式教育并不是在层次上低于正式教育，它具有独立的教育价值。

家庭教育是非正式教育，家长对孩子的教育是在日常生活中潜移默化地进行的，并伴随着生命成长历程自始至终存在。家庭亲情、家长里短以及迎来送往、随机聊天、休闲娱乐等家庭活动都在无意识地传递着理想信念、文化传统、生活态度、待人处世方式以及生活知识与技能，而这些教育不需要刻意设计明确的计划、目标与考核方式，不需要选择系统的教材与教育内容，没有固定的场所和模式，家长的影响和孩子的学习都是自然的、随机的。可见，非正式的家庭教育具有自主、灵活、隐性、范围广、时间长的特点，家长的教育无痕，孩子的学习自发，亲子关系自然和谐，教育效果水到渠成。

家庭教育的非正式性反映了家庭教育应该遵循潜移默化、自然熏陶的基本规律，家长需要用亲情感染孩子，以身作则、身教与言教并重，注重营造良好的家庭生活环境，保持良好的家庭人际关系，使孩子在日常生活情境中

---

* 学制即学校教育制度，《中华人民共和国义务教育法》规定："国家实行学前、初等教育、中等教育、高等教育的学校教育制度。"

① 顾明远. 中国教育大百科全书：第一卷［M］. 上海：上海教育出版社，2012：307.

通过耳濡目染不知不觉地受到积极的暗示与影响。可是，现实生活中存在着家庭教育学校化的倾向，家长把家庭当成学校的延伸课堂，把学习成绩当成家庭生活的重心，不重视孩子生活习惯、道德品质与情感教育，不重视良好亲子关系与家庭关系的构建，甚至为了提高学习成绩而使亲子关系紧张、伤害亲情，影响了孩子的身心健康和家庭生活质量。家庭教育不应该异化为学校正规教育，应该回归其非正式教育特性，才能发挥家庭教育特有的优势与积极功能。

（三）家庭教育是终身教育

基于儿童权利和未成年人保护的优先性*，家庭教育指导工作实践比较侧重0~18岁儿童的家庭教育，但是家庭教育具有终身教育性质，主要体现在两个方面：一方面指家庭教育是贯穿人的生命始终的教育，另一方面指家庭教育是终身教育体系的一部分。

赵忠心认为，根据教育连续实施的时间长短，教育可以分为阶段教育和终身教育。① 人只在生命历程中的特定阶段接受系统的学校教育，而从呱呱落地就开始接受家庭教育，甚至尚未出生就接受胎教。子女在接受学校教育期间仍然在接受家庭教育，甚至子女已到壮年乃至老年，家庭教育也依然存在，只是不同阶段的家庭教育在侧重点和方式方法上有所不同。所以，家庭教育贯穿人的生命始终，属于典型的终身教育。

联合国教科文组织提倡的终身教育泛指人一生所受教育的总和，旨在突破学校教育的藩篱。社会在快速发展与变化，而学校教育存在相对稳定性与封闭性，两者之间的矛盾导致学校教育已经不能完全胜任满足人发展自我和适应社会需求的任务，那么未来教育之路并不能仅限于扩大学校教育容量，与此同时应该建立起每个人都能随时实现自己抱负的非学校教育体系，也就是终身教育体系。吴遵民认为，终身教育应该是个人或诸集团为了自身生活水准的提高，在人生的各种阶段及生活领域，以带来启发及向上为目的，经

＊ 儿童优先原则（first call for children）主张"一切为了儿童""向所有儿童的生存和正常发展提供基本保护"，1990年世界儿童问题首脑会议首次提出。在资源分配方面，儿童的基本需求应得到高度优先保障，不应该因国家的支付平衡、利率水平、贸易方面的波动，政党的选举结果或成人世界任何不可避免的骚乱而受影响。参见：林崇德，等.心理学大辞典：上 ［M］.上海：上海教育出版社，2003：271.

① 赵忠心.家庭教育学 ［M］.北京：人民教育出版社，1994：8-9.

历的全部正规的（formal）、非正规的（non-formal）及非正式的（informal）学习，是一种综合和统一的理念。① 终身教育并非给传统的教育形态（如大众教育和成人教育）添加了一个新名词，而是有组织、有体系地将整个社会的教育、培训、训练等所有教育服务机构和渠道加以整合，使人们一生都能根据需要而方便地获得教育机会与教育资源。现代社会已经制度化的继续教育在某些领域实现了职业发展和专业发展的终身教育。

从传统社会发展到现代社会，家庭教育也从传统的后喻文化发展到后喻文化、同喻文化与前喻文化并存的时代，尤其是前喻文化对传统的家庭教育产生很大的冲击，即家长不能仅仅依赖自身生活经验和人生阅历的增长来教育孩子，孩子通过现代信息技术可以迅速地掌握人类社会积累的文化传统，并且以更快的速度接触社会的新现象与新文化。如果家长的知识和观念不能随着时代发展而更新，就会影响亲子沟通与交流，家庭教育就难以跟上孩子的成长变化。如果说传统的家庭教育是变化缓慢的终身教育，那么现代的家庭教育就是变化迅速的终身教育。可见，现代家庭教育作为终身教育体系的一部分，与现代社会形成开放互动的关系，需要家庭以外的社会支持系统为家长提供一生所需的家庭教育服务，这就是现代社会所产生的家庭教育指导服务。家庭教育具有终身性，那么家庭教育指导也应该纳入终身教育体系，使家长不断增长的家庭教育指导需求获得制度上的保障。

家庭教育是人类社会中长期存在的现象，是教育事业的基石，家庭教育的私人教育性质、非正式教育性质和终身教育性质，明确了家庭教育在复杂多变的现代社会中仍然保持的"本色"与地位，是家庭教育实践与理论研究都应该遵循的基本原理，对于家庭教育领域出现的一些模糊认识和混乱现象，应该返回原点进行思考。

第二节　家庭教育指导的产生与发展

家庭教育指导在现代社会受到关注与重视，它是随着社会生活与教育事业发展到一定程度而自然出现的，既是一种教育需要，也是一种社会需要。

---

① 吴遵民. 现代国际教育终身论 [M]. 上海：上海教育出版社，1999：13.

家庭是人类社会最基本的细胞，具有生育、生产、教育、赡养等基本功能。教育是家庭的基本功能之一，家庭教育是人接受的最早的教育。家庭与家庭教育是一个历史范畴，家庭教育指导也需要一定的社会历史条件。家庭教育指导产生的社会背景是什么？家庭教育指导概念是怎样产生的？这是研究家庭教育指导不可回避的基本问题。

一、家庭教育指导的产生过程

家庭是集多种功能于一身的初级社会群体，家庭教育是融于自然的生活与生产过程之中的，不像学校教育那样需要一定的组织、形式与制度。儿童在无形的家庭教育过程中初步掌握了母语和文化习俗，获得了生活自理和人际交往等基本的做事与做人的能力，奠定了人格与个体社会化发展的基础。可见，家庭教育通过家长的以身作则与生活指导，以及家庭环境的潜移默化，就能完成培养人的基本任务。家长则依靠社会文化的自然传承、家族祖辈的教养经验和自身的成长体验自然习得家庭教育的内容与方法，并不需要接受家庭教育指导。而且在古代农业社会，儿童是家庭的私有物，缺乏独立的主体地位，对儿童进行家庭教育是家长的专制特权，所以家庭教育指导是不可能存在的。可是，这种情况自欧洲启蒙运动和第一次工业革命之后就发生了变化。

继文艺复兴运动之后，17—18世纪的欧洲启蒙运动推动着人类的思想变迁。卢梭作为启蒙运动最卓越的代表人物之一，弘扬人文主义精神，肯定人的价值和尊严，倡导个性解放，崇尚自然主义教育。"无论何物，只要出于自然的创造，都是好的，一经人手就变坏了。"这是卢梭在《爱弥儿》中的开篇之语。卢梭主张教育必须适应儿童的自然身心，反对成人干涉与限制儿童自由发展的教育。卢梭对旧教育压抑与摧残儿童天性的批判，指向一切影响儿童发展的成人、家庭、学校、宗教组织和社会制度。卢梭之后的裴斯泰洛齐、赫尔巴特、福禄贝尔等现代教育先驱都为新的儿童观与教育观而奔走呼号、著书立说，从教育思想上批判家长专制、改革传统教育。继卢梭之后，弗洛伊德进一步发现了"童年的价值"。弗洛伊德的精神分析建立了心理学史上第一个系统的人格理论，揭示了儿童的早期经验、健康的家庭关系和良好的家庭环境对人格发展的意义。这些研究与发现使家庭问题和家长的教育问题得到学术界的关注，概念性的家长教育和家庭教育指导才有可能出现。

18—19 世纪发生的第一次工业革命对家庭和家庭教育产生了巨大冲击。妇女和儿童走出家庭，成为大机器生产的劳动力。家庭失去传统的手工业生产功能，而且大家族逐渐解体，呈现出家庭核心化趋势。家庭的变迁给家长、儿童和家庭教育所带来的影响是：（1）核心家庭的父母缺乏祖辈的教育经验，导致家庭教育和抚养经验出现了真空；（2）工人家庭解体以后，出现了工人家庭教育的真空；（3）儿童成为劳动力以后，儿童权利保障出现了真空；（4）这三个真空又造成未成年人教育的真空。① 这些影响直接导致学校教育的诞生，以保护儿童的权利和普及工业生产所需要的基本知识与技能，这样教育就走出了狭隘的家庭私领域，进入广阔的社会空间，具有了公共教育的性质。当教育不再只是家庭私事的时候，家庭教育就产生了公共教育利益，为家庭教育指导的产生奠定了社会基础。

19 世纪以来，广泛而深刻的社会变迁与丰富而深入的科学研究成果，进一步推动着人们对家庭与家庭教育的认识。家庭的规模继续小型化，许多家庭功能已经社会化，家庭和教育的价值观多样化，家庭的稳定性在降低，儿童的犯罪率在上升，儿童健康成长所需要的家庭环境受到前所未有的挑战。相关研究发现，除了社会因素以外，失调的家庭和失控的家庭教育与儿童成长出现的问题密切相关。许多专家学者与团体组织都呼吁关注儿童、关注家庭、关注家庭教育。1989 年第 44 届联合国大会决议通过的《儿童权利公约》(Convention on the Rights of the Child)，作为第一部有关保障儿童权利且具有法律约束力的国际性约定，是联合国历史上加入国家最多的国际公约，对儿童受保护、受教育等基本权益进行了明确规定。从家庭教育的角度而言，《儿童权利公约》的签署与履行以及其他有关儿童权益保护的法律法规的颁布与执行，意味着家庭教育不再只是私人性质的教育，它关乎人与社会发展的公共利益。如果家庭教育无视儿童的权益，违背了儿童的身心发展规律，那么家庭教育就应该受到干预。从积极的角度而言，为了保护儿童的权益，促进儿童的健康成长，社会和国家应该主动创建家庭教育支持系统，为家长获得家庭教育能力提供指导与帮助。可见，家庭教育指导的必要性与可能性都具备了坚实的社会基础。

---

① 陈桂生. 教育原理 ［M］. 3 版. 上海：华东师范大学出版社，2012：132.

二、家庭教育指导的推进与发展

家庭教育指导是对家庭教育提供辅导与帮助，涉及家庭、家长、儿童、教育、法律等各个方面，是一种需要多领域、多学科、多部门、多群体共同关注与参与的专业助人活动，这一特点在世界各国家庭教育指导的推进与发展中得到明显体现。

在欧洲，英国普遍在社区设有家庭中心（Family Center），负责社会工作推广与服务项目，指导家长学习如何满足儿童的需求，并帮助一些家长改正不良的教育方法。1969年成立的开放大学（Open University）通过电视、广播、教科书和面授等多种方式向社会提供品质良好的家庭教育指导课程，志愿者与团体还在全国建立了众多的母亲与学步儿俱乐部（Mother and Toddler Club），为母亲提供早期家庭教育服务与指导。英国的学校和专业团体还积极推动父母参与（Parent Involvement）方案和教育性家庭访问（Educational Home Visiting）计划，为家长参与学校教育、提高儿童学业成就以及改善家庭教育状况提供指导。德国是一个非常重视家庭教育的国家，把家庭教育视为正规教育的一部分，至今仍然强调学前教育只是家庭教育的延伸。1917年，德国建立了全国第一所母亲学校，为母亲提供家庭教育指导服务。德国在大学设置家庭教育指导课程与函授研究所，有相关企业提供经费以支持家庭教育指导的研究与培训，教会组织、私人团体和社区设置的家庭教育工作站以及流动的双亲学校与大众传媒共同承担了家庭教育指导的推广工作。[①]

美国于1855年建立了全美第一所幼儿园，并成立了全国母亲协会（The National Congress of Mothers），1897年更名为全国家长教师协会（The National Congress of Parents and Teachers），这是一个经费自筹、民主管理的民间团体，目的是促进家校之间的沟通与合作。1924年全国家长教育委员会成立（The National Council of Parent Education），目的是促进家庭教育指导的研究与推广。[②] 1966年，美国约翰·霍普金斯大学教授科尔曼（James S. Coleman）向国会递交了《关于教育机会平等性的报告》，即美国社会学史和教育史上著

---

① 黄德祥. 亲职教育［M］. 2版. 台北：华侨书局有限公司，2002：76-81.

② 邱书璇，林秀慧，谢依蓉，等. 亲职教育［M］. 台北：启英文化事业有限公司，1999：35-41.

名的《科尔曼报告》。该报告指出：美国公立学校存在严重的种族隔离情况，造成黑人儿童学习水平低的主要原因不是学校的物质条件，而是儿童家庭的社会经济背景以及同学的社会经济背景，教育机会不平等的根源首先在家庭及其周围的文化环境，因此应该提供一个公平的教育环境，减少儿童对他们社会出身的机会依赖，使儿童免于遭受出身和社会环境带来的不平等待遇。这一研究报告对美国的教育政策产生了重大影响。20世纪60年代以来，美国政府开始对成人教育进行全面介入，尤其关注处境不利的人群，为他们提供补偿教育。在美国教育部开发的"父母训练项目"（Parent Training Programs）中，仅"教育父母即照顾儿童项目"（Child Care Access Means Parents in School Program），从1999—2008年，教育部就平均每年拨款1522万美元，以资助低收入家庭的父母们参与高中后教育培训。[①] 在家校合作方面，美国约翰·霍普金斯大学的教育社会学家爱普斯坦（Joyce L. Epstein）于1987年启动了一项研究，建立了学校、家庭与社区伙伴关系的交叠影响域理论（Overlapping Sphere of Influence），开创了美国家校合作的六个模式，即家庭教育指导、家校沟通、为学校义务工作、在家辅导学习、参与学校决策和社区协作。为促进这种模式的家校合作长效发展，爱普斯坦创立了由家长、教师、校长、社工、辅导员和社区成员组成的家校合作发展小组（Action Team for Partnership，ATP），负责帮助、监督和配合学校的家校合作改革项目。1996年，爱普斯坦建立了全美伙伴学校互联网（National Network of Partnership Schools），促进全美范围内学校、学区分享与交流家庭、学校、社区协作方面的研究成果与实践经验。[②] 爱普斯坦的理论成果与实践模式对世界上的很多国家和地区都产生了影响。

在我国，新文化运动沉重打击了封建礼教和家族制度，为家庭和家庭教育的变革奠定了思想基础。鲁迅先生于1919年提出家庭教育的三条建议：理解、指导与解放。"第二，便是指导……长者须是指导者协商者，却不该是命令者。不但不该责幼者供奉自己；而且还须用全副精神，专为他们自己，养成他们有耐劳作的体力，纯洁高尚的道德，广博自由能容纳新潮流的精神，

---

① 郭丽英. 发达国家政府促进家庭教育公平的行为及其启示 [J]. 内蒙古师范大学学报（教育科学版），2008（10）：31-34.

② 何瑞珠. 家庭学校与社区协作：从理念研究到实践 [M]. 香港：香港中文大学出版社，2010：129-130.

也就是能在世界新潮流中游泳，不被淹没的力量。"①鲁迅先生关于"指导"的论述要求改革家庭、"革命要革到老子身上"（即改造家长），将"指导"建立在反对宗法家长制、提倡民主与科学的新文化运动基础之上。在政策层面，1940年中华民国教育部颁布了《推行家庭教育办法》，目的是"加强伦理道德教育，改进国民生活，以期建立现代化家庭"。该《办法》规定："各级教育行政机关应督导各级学校、社会教育机关及文化团体、妇女团体，按照本办法之规定，积极推行家庭教育。"该《办法》要求："各省市教育厅局应于主管社会教育之科股，指定职员一人，办理家庭教育行政事宜。""各县市政府应组织家庭教育委员会，主持全县市家庭教育计划及推行事宜。""各级学校推行家庭教育，均由各校社会教育推行委员会主持办理之。"中华民国教育部还于1941年颁布了《家庭教育讲习班暂行办法》，于1942年制定了《家庭教育实验区设施计划要点》，这是我国初步尝试创建具有现代意义的家庭教育指导政策与管理体制。1949年新中国成立之后，党和政府把家庭教育视为妇女工作和儿童工作的一部分，把家庭教育指导的管理工作交由各级妇联来做。1981年，中共中央向各省、市、自治区转发全国妇联党组《关于两个会议情况及一九八一年妇联工作要点的报告》，明确指出："全国妇联应把抚育、培养、教育三亿以上的儿童和少年，作为自己的工作重点。"其中一个重要方面就是"帮助家长加强和改进对子女的教育"。但是由于妇联并非专门从事教育工作的群众组织，在家庭教育和家庭教育指导的研究与推广方面，仍需要依托其他职能部门和其他领域的资源，存在着研究与管理力量不足的问题。2000年中共中央办公厅、国务院办公厅联合颁布了《关于适应新形势进一步加强和改进中小学德育工作的意见》，指出："各级党委和政府要关心支持家庭教育，各级教育行政部门要承担组织和指导家庭教育的责任。"之后，家庭教育指导出现了多部门齐抓共管、联合制定政策的局面。2015年10月，教育部颁布了《关于加强家庭教育工作的指导意见》，以强化学校充分发挥在家庭教育中的重要作用。2016年至今，《重庆市家庭教育促进条例》《贵州省未成年人家庭教育促进条例》《山西省家庭教育促进条例》《江西省家庭教育促进条例》《江苏省家庭教育促进条例》陆续颁布并实施，推进了家庭教育指导的法制化。

---

① 鲁迅.我们现在怎样做父亲 [M] //鲁迅.坟.北京：人民文学出版社，1980：128-129.

我国台湾地区的家庭教育指导状况与大陆地区有所不同。1986年，台湾地区为解决家庭危机和青少年犯罪问题，教育主管部门在各县市成立了"亲职教育咨询中心"，1990年更名为"家庭教育服务中心"，1999年为区别于"家庭扶助中心"，更名为"家庭教育中心"。2003年，台湾地区颁布了有关家庭教育的规定，教育主管部门根据此规定针对不同群体开发与实施各类家庭教育课程，并制定《高级中等以下学校实施四小时以上家庭教育指导课程纲要》，对学生实施家人关系、家庭生活管理和家人共学三个方面的家庭教育课程，采取以讲授课程为主、活动课程为辅的方式，把家庭教育指导纳入针对青年学生的学校课程体系之中。台湾地区教育主管部门还制定与实施了《家庭教育专业人员资格遴聘及培训办法》和《各级学校提供家庭教育咨商或辅导办法》，以加强家庭教育指导专业队伍的管理与培养。

从欧美国家和我国家庭教育指导的发展状况可见，在具备一定的社会与思想基础之后，各国政府和民间团体针对社会与家庭的变迁以及教育事业的变革，一方面大力发展制度化的学校教育，另一方面把目光投向非制度化的家庭教育，力图促使家庭教育与学校教育、社会教育共同形成一个有机的教育整体，来影响人的终身发展。

随着教育学、心理学、社会学、医学、文化研究等相关领域对家庭和家庭教育的关注与研究，以及儿童权益概念的普及，家庭教育指导逐渐成为一个具有专业性的教育服务领域。相关学科在研究问题和解决问题的过程中，与家庭教育和家庭教育指导相结合，使家庭教育指导不再仅仅停留在依靠传统风俗、朴素常识、粗浅感悟和试误性的经验积累层面，而是逐步建立了逻辑规则、理性判断和理论依据，奠定了家庭教育指导的专业基础。

第三节　家庭教育指导概念的界定与辨析

家庭教育指导作为一种专门和专业的社会活动，与作为专门领域与专业活动而出现的"指导"概念密切相关，家庭教育指导概念的确立需要以厘清"指导"概念为基础。

一、"指导"概念辨析

"指导"既是一个普通概念，也是一个专门概念，英语为 guidance。"指导"作为一种普通的日常行为活动，是一个在生活中普遍使用的日常用语，具有指示教导、指点引导之义，在古汉语中亦作"指道"。《汉纪·宣帝纪一》记载："囚人不胜痛，则饰妄辞以示之；吏治者利其然，则指导以明之。"《汉书·路温舒传》曰："指道以明之。"随着社会分工与专业领域的发展，"指导"逐渐成为相关领域的专门术语。"指导"进入心理学领域，成为一种个体心理咨询技术；"指导"进入社会学领域，成为社会工作者为社区、家庭、学校以及相关群体完善社会功能所提供的专项工作；"指导"进入教育服务与咨询领域，成为大中专院校、职业中介机构以及咨询培训机构对学生、求职者和用人单位所提供的专门的就业服务；"指导"进入学校教育领域，成为德育与心理健康教育等部门以及班主任与专任教师为青少年学生提供的学业指导、心理辅导、生活指导等专业育人活动。此外，在医疗领域有专门的保健指导，在商业和金融等领域也都出现了专门的指导服务工作。

可见，"指导"的专门化、专业化是社会分工与社会进步的表现，但是泛泛而言的"指导"概念比比皆是，因其外延过宽而导致内涵浅表。《中国大百科全书·教育》中没有"指导"这一条目，我国的教育学领域较少专门论述这个概念，"结果是：把大量实际上并无'指导'价值的教育工作混同于'指导'，而对于专门工作领域的'指导'则很少考虑……因不讲究概念的界定、术语的使用而贻误工作"[①]。因此，很有必要把"指导"作为专门工作领域和专业研究对象进行概念辨析。

在教育领域，从泛化的角度而言，所有的教育活动都具有指导意义，而如此宽泛的"指导"属于功能概念，不属于具有一定内涵与规定性的专业领域概念。从教育活动的历史发展过程而言，"指导"是近代教育史上才出现的专门教育活动，进而形成专业的教育概念，此概念源于赫尔巴特的《普通教育学》，专门化于杜威的《民主主义与教育》。

---

① 陈桂生."教育学视界"辨析 [M].上海：华东师范大学出版社，1997：230.

（一）"指导"概念的起源

"指导"概念源于"训育"，被视为一种具有教育性的活动，与"教育性教学"并列。

德国哲学家赫尔巴特在 1806 年出版的《普通教育学》，被公认为第一部具有科学体系的教育学著作，他被誉为科学教育学的奠基人。在《普通教育学》中，赫尔巴特把教育活动分为三种，即"管理""教学"与"训育"。他认为"管理"是外部控制，不是"真正的教育"；"教学"是"经验与交际的补充"，需要一定的教学步骤、教学材料和教学方式；"训育"是"对青少年的心灵产生直接影响，即有目的地进行的培养"。作为一种实然状态，管理、教学与训育都是教育过程中存在的现象，都会对儿童的心灵产生影响，但由于教育是一种具有价值取向的活动，所以赫尔巴特针对当时普遍存在的强制性管理伤害了教育价值的现象，把"教学"与"训育"规范为"真正的教育"。他说，"教育（erziehung）这个词是从训育（zucht）与牵引（ziehen）两词而来"，"训育"与"教学"的区别则在于"一个第三者的东西"，即教材。"教学"是以教材为中介使"师生同时专心注意"，而"训育"则是"直接对儿童的心灵发生影响"。所以，他专辟章节论述训育与性格的关系以及训育的方式方法，将"训育"与"教育性教学"并列为"真正的教育"。可见，在《普通教育学》中，赫尔巴特就以定义性陈述的方式对教育活动的功能加以区分，把"训育"从"管理"与"教学"活动中分化出来，使之具有独立的教育概念内涵，为教育活动的分化和教育工作的内部分工奠定了理论基础。后来的赫尔巴特学派把学校的内部职能划分为教学、教导与养护，分别相当于现代学校的智育、德育与体育，其中的教导又分为训练与管理，分别相当于现代学校的训育与学生管理。① 可见，"指导"源于"训育"，是一种教育性活动。现今学校的生活指导、学生工作、心理健康指导、德育工作以及班主任工作都突出体现训育功能。教育活动的功能分化导致了教育工作职能的分工，促进了指导的专门化与专业化，但是在实践中也出现了教育工作职能的分隔，使指导工作片面化与孤立化。学校科任教师的职责是教学而不是指导，指导成了班主任和德育或学生管理部门的工作。可见，

---

① 陈桂生．教育原理 ［M］．3 版.上海：华东师范大学出版社，2012：38.

不能在实践中将职能分化操作为职能分隔，否则指导工作的职能分隔将会导致教师各自为政的片面教育，与人的全面发展教育相违背。

(二) "指导"概念的专业化

"指导"概念的专业化基于"教育即指导"，是一种区别于分科教学的独立活动。

美国哲学家杜威在1916年出版的《民主主义与教育》中明确提出"教育即指导"，并在第三章"教育即指导"中专门研究"教育的一般功能所采取的一个特殊形式，即指导、控制与疏导"。在这三个词中，"疏导"一词最能传达通过合作帮助受指导的人提高自然能力的思想；"控制"一词，表示承受外来的力量并碰到被控制的人的一些阻力的意思；"指导"是一个比较中性的词，表明把被指引的人的主动趋势引导到某一连续的道路，而不是无目的地分散注意力。指导表达一种基本的功能，这一功能的一个极端变为方向性的帮助，另一个极端变为调节或支配。① 杜威的"指导"概念以实用主义哲学为基础，揭示了教育不是直接的外部控制，而是通过兴趣与理解的认同达到具有社会意义的内在控制，这种"指导"不局限于学校教育情境，是真实的社会指导教育，"无此指导作用，社会不能一日相安；有指导作用，社会才能顺遂进行"②。

在杜威的教育思想体系中，不但指导是独立的教育活动，指导的概念专业化了，而且指导的功能独一无二，这是由他主张"教育即生活""教育即生长""教育即经验改造"所决定的，因为强制管理、外在控制与结构化的学科教学都会破坏"生活""生长"与"经验"，唯有基于兴趣和理解的方向性引导才能实现杜威的民主主义教育观。与此同时，杜威的"指导"内涵旨在打破外在的管理与控制、外在的教育目的以及外在的学科知识对"生活""生长"与"经验"的分隔，从而将教育活动由片面的学科教学转变为综合的生活指导，科任教师的教育工作也因基于完整的生活与连续的经验消除了教学与指导的片面分工与片面教育。可见，杜威把指导不仅界定为独立的、有组织的教育活动，使之具有专业概念的教育领域特征，而且强调教育

---

① 杜威.民主主义与教育 [M].王承绪，译.北京：人民教育出版社，2007：30-32.
② 梁漱溟.教育与人生 [M].北京：当代中国出版社，2012：19.

活动的指导功能，促进教育工作职能分化与教育活动功能统一的有机结合。

（三）指导活动的职业化

指导活动通过现代指导运动得以普及，成为专门化的职业现象与职业概念。

第二次世界大战以后，现代指导运动在欧美国家逐步发起并壮大起来，逐渐成为一项专门化的社会事业。《世界教育年鉴（1955）》汇编了世界各国的"指导"要录，并把"指导"定义为："为了个人的幸福和社会效益，在每个人努力发现发展各自潜力的整个时期对其进行援助的过程。"[①] 根据该定义和当时各国的状况，现代教育指导活动的价值观与主要倾向为[②]：相信每个人都有向善的可能性，并强调把自我理解、自我开发与提供适宜的帮助相结合，运用儿童可以理解的方法改善家庭、学校、社区的条件；不仅提供传统的心理指导、职业指导，而且开展生活指导和学生指导等教育指导活动；教育指导是一种区别于矫正性指导（remedial guidance）的开发性指导（developmental guidance）；指导对象从儿童走向成人，既直接针对全体儿童，也针对双亲；注重培训教师、管理者，特别是指导工作人员，使他们认识到有效指导所存在的障碍；等等。

《世界教育年鉴（1955）》对"指导"的概念界定是一种纲领性定义，规范了指导的价值取向。鉴于事实上并非所有的教育活动都对人的自我实现起到指导作用，我国教育学者陈桂生认为有必要设置专门工作领域，即"指导"，指导有个别指导与集体指导之分，但这并非否定指导以外工作的教育意义。可见，他对指导的内涵强调两个要点，一是有助于人的自我实现，二是专门工作领域。他认为指导概念化，标志着人类教育观念的进步，世界上许多国家把指导作为专门领域和专门研究对象。[③]

在美国，指导与咨询（guidance and counseling）的专业化与职业化发展非常迅速，对指导与咨询的需求是随着社会的复杂化而增加的，移民的社会适应问题、贫富分化导致的社会分层、家庭离婚率与青少年犯罪率上升等社会问题与教育问题的出现，都在推动专职顾问或者兼职顾问为有需求的人群

---

① 平塚益德. 世界教育辞典［M］. 长沙：湖南教育出版社，1989：588.

② 同①589.

③ 陈桂生. "教育学视界"辨析［M］. 上海：华东师范大学出版社，1997：222-230.

提供专业帮助。由于指导与咨询的资源与条件有差异，这种帮助可以是正式指导，也可以是非正式指导。指导顾问有自己的全国性组织、年会、杂志和专业，需要一定的专业资格，大多数州要求从业人员获得学士学位后再有一年以上的培训才能任职，学院和大学的指导职位则需要博士学位。[①] 专业的社会工作和职业的社会工作是指导工作专业化与职业化发展的重要标志，社会工作领域中的学校社会工作则是专门为学校提供专业的社会服务。社会工作最初主要为特殊群体提供补救性帮助，后来也为普通群体提供发展性指导，可见，专门进行指导的社会工作不但实现了指导的专业化与职业化，而且体现了指导的内在价值，即为所有人的自我实现提供普惠性的专业服务与指导。

从指导概念的产生与发展过程可见，专业和专门的指导具有以下三个基本含义：

1. 指导是教育活动功能分化所产生的专业育人过程，是具有一定独立性的专门教育活动。但是功能分化不等于功能分隔，职能分工不等于各自为政，以专项指导为工作内容的教育活动应与其他教育活动所具有的指导功能相互结合，共同构成统一的教育过程。

2. 指导是对人的主动趋势进行引导，而不是外在的控制与管理；指导的价值在于增进人的潜能，并不局限于增进人的知识与技能。随着指导活动的拓展与深入发展，不同领域的指导行为也被称为辅导、咨询、干预或者介入等，虽然这些活动的称谓不同，而且实然的指导活动并非都具有指向人的潜能发展的功效，但它们的价值取向是一致的。

3. 指导是社会各个领域普遍存在的一种非正规教育活动，在有的领域已经发展为一门专业或者一种职业。在现代社会，指导已经发展成为以实现公共利益为目的的社会服务事业。

二、家庭教育指导概念的多种界定

家庭教育指导在我国台湾与香港地区称为亲职教育（parental education）、

---

① 古德.康普顿百科全书：文化与体育卷［M］.赵景纯，等，编译.北京：商务印书馆，2005：768-770.

家长教育或双亲教育（parent education），在美国称为家长参与（parent involving）。

界定1：在全国妇联的一个研究项目中，家庭教育指导是指家庭外的机构、团体和个人对家庭教育的指导过程，它是以家长为主要对象、以家庭教育为内容的教育过程，家庭教育指导具有成人教育、业余教育、师范教育和继续教育的性质。[①]

这个界定明确指出了家庭教育指导的主体、客体、内容及性质，家庭教育指导的外延明确，但用"家庭教育"和"指导"解释"家庭教育指导"是一种同义反复，并非严谨的定义，没有揭示家庭教育指导的质的规定性，同时也存在着家庭教育指导客体范围狭隘的问题。

界定2：所谓亲职教育，就是一门教导父母如何了解与满足子女身心发展需求，善尽父母职责，以协助子女有效成长、适应与发展的学问。换言之，亲职教育就是为父母提供子女成长、适应与发展的有关知识，增强父母教养子女的技巧与能力，使之成为有效能父母（effective parents）的历程。[②] 此外，家长教育、父母教育或者双亲教育的说法，与亲职教育的基本内涵大同小异。

这个界定把亲职教育（家长教育、父母教育或者双亲教育）的对象指向了家长，抓住了家庭教育指导的主要群体。但家庭教育是家庭成员之间的相互作用与相互影响，儿童作为具有主体意识的受教育者，在家庭教育过程中始终发挥着自己的主动性，因此家庭教育不是家长教育儿童的单向过程。家庭教育指导的对象不仅涉及家长，而且涉及儿童，只不过家长是家庭教育指导的直接对象，儿童是家庭教育指导的间接对象，所以儿童是家庭教育指导不可忽视的指导对象。

界定3：2000年，我国香港特别行政区教育委员会组织专家开展了一项家长教育的研究计划，该研究指出家长教育应该被视为"全人教育"，即家长的全面发展，包括三个关键概念。（1）亲职教育：家长为教育子女而接受教育。（2）家庭教育：家长应因其家庭背景接受成人教育。（3）家长发展与

---

① 中国儿童中心. 我国家庭教育指导服务体系构建与推进策略研究 [M]. 北京：中国人民大学出版社，2016：13.

② 黄德祥. 亲职教育 [M]. 2版. 台北：华侨书局有限公司，2002：7.

自强：家长通过教育及参与得以自强及充权。①

这个界定赋予家庭教育指导对家长的成长意义，提出"全面发展"的家长素质，具有鲜明的时代特色，但这是对家庭教育指导所做出的主观期待与应然判断，对家庭教育指导自身该有的规定性缺乏判断。

界定4：美国从促进教育公平发展的角度，用"家长参与"的概念来研究家庭教育、家庭教育指导以及家校合作。在爱普斯坦的"家长参与"概念中，家庭教育指导、辅导子女在家学习和家校沟通属于"以家庭为本"的家长参与，家长参与校内义务工作、家长参与家长组织及校政决策、家长参与学校与社区协作属于"以学校为本"的家长参与。其中，"以家庭为本"的家长参与内容主要包括宣传维持父母与子女正面关系的重要性、制定支持及尊重家庭责任的政策、认同在多元社区文化及宗教中不同家长的传统观念及生活习惯、提供社区内有关家庭支援服务的活动及资源、协助家长提高子女学习技巧以满足课堂要求及在评价过程中有良好表现等。

这个界定是从促进教育公平、提升学校效能的角度，明确了家长在家庭、学校和社区协同教育过程中应该享有的权利和履行的职责，是学校教育体系框架下的家庭教育指导，不是完整的家庭教育指导含义。

以上对家庭教育指导的界定，分别从不同的角度阐述了家庭教育指导的含义，却未能全面反映家庭教育指导的内涵。家庭教育指导作为"指导"，遵循着教育指导的一般规定性，同时作为"家庭教育"指导，又遵循着"家庭教育"对"家庭教育指导"的规定性。家庭教育是家庭的一项基本功能，家庭发挥正向教育功能，则会促进家庭与人的发展，如果家庭的教育功能失调，则会对家庭和人的发展产生阻碍作用。

理论研究的不断深入，现实状况的横向扩展与纵深发展，要求家庭教育指导的概念和范畴有所突破。越来越多的家庭教育指导现象、家庭教育指导工作、家庭教育指导研究都超越了原有的较为狭隘的范畴，拓展家庭教育指导的研究谱系既符合理论发展的需要，也符合实践发展的需要。一方面，正规的教育工作旨在突破原有的狭隘的学校教育范畴，注重包含家庭教育在内的大教育范畴，注重学校与家庭的合作共育；另一方面，正规的社会工作也

---

① 何瑞珠. 家庭学校与社区协作：从理念研究到实践［M］. 香港：香港中文大学出版社，2010：162.

正在突破原有的狭隘的社会福利和社会救助范畴，在援助的过程中注重家庭教育干预与支持。可见，家庭教育指导是教育工作和社会工作进一步分化与深入发展的结果，家庭教育指导不仅是教育工作的一部分，也是社会工作的一部分，家庭教育指导应该有一个更加完善的界定。本研究在辨析以上多种家庭教育指导概念的基础之上，根据理论建设的推进和实践发展的需要提出第5个界定。

界定5：家庭教育指导是指相关机构和人员为家庭发挥正向教育功能而提供的支持、帮助与指引。①

这种界定把家庭教育指导的客体明确为家庭，是广义上的对"家庭"的教育指导，而不是狭义上的对"家庭教育"的指导。家庭教育指导旨在指引家庭发挥促进人的发展的功能，包括家长及孩子在内的所有家庭成员都是家庭教育指导的对象，家庭教育指导对象不仅仅局限于家长。家庭教育指导既为家庭发挥正面教育功能提供援助与引导，又为家庭功能失调提供补救与矫正，因此，婚姻教育、家政教育、家庭建设、家庭伦理、家庭关系、媒介素养、家庭生活教育、亲子教育、隔代教育等内容都属于家庭教育指导工作范畴，应从整体上建构家庭教育的支持系统。本书中使用此界定。

三、家庭教育指导概念的基本含义

根据以上家庭教育指导概念的辨析与界定，联系家庭教育指导的产生、推进与发展过程，可以发现家庭教育指导具有以下基本含义。

1. 家庭教育指导是随着社会与家庭的变迁以及教育的变革而逐渐产生的，家庭教育指导不仅具有教育价值，还具有家庭发展价值。家庭教育指导既要基于家庭和家长的需求，为家庭教育提供支持与服务，又要基于国家和社会的发展要求，为家庭教育提供指引与引导。家庭教育指导帮助家庭发挥积极的教育功能，创建有利于自我实现的家庭环境，不但有益于儿童的健康成长，而且促进家庭关系的建设与家长人格的发展。

2. 家庭教育指导是一项社会各界广泛参与的专业化的实践领域与社会事业，需要各种社会力量加强分工与合作，建立协同工作系统，因此家庭教育

---

① 晏红. "家庭教育指导"概念辨析 [J]. 江苏教育, 2018 (9)：50-51.

指导需要进行跨界行动的制度建设，建立有利于整合资源、规范管理的联动机制。

3. 家庭教育指导是基于教育学、心理学、生理学、医学、社会学、家庭学、人类学和文化研究等相关领域的发展而逐渐专业化的教育指导活动，家庭教育指导的研究与推广需要综合多学科的理论与多领域的成果，需要加强学术研究、专业发展与学科课程建设。

第四节　家庭教育指导的性质

家庭教育指导是因为家庭教育产生了指导的需要而出现的，所以家庭教育指导与家庭教育有着密切的关系，但是它们又有不同的性质。辨析家庭教育与家庭教育指导的性质，有利于把握家庭教育指导的边界，使家庭教育指导建立在科学规范的基础之上。

一、家庭教育指导是公共服务

家庭是私领域，家庭教育是私人教育，私领域与私人教育的私有性，决定了家长实施家庭教育的私利性，这是家庭和家庭教育的基本性质，是不以人的意志为转移的一种社会设置和制度性质。所以，家长是儿童的合法监护人，家庭教育就是家长基于家庭利益对儿童成长所进行的引导。从这个角度而言，家庭是免于外界干预的，家庭教育具有维护私利的合法性。但是随着现代社会的发展，家庭教育产生了外部性*，这是家庭教育在传统社会所不具有的特点。在传统社会，儿童没有人权，是家庭的私有物，家庭是一个封闭的生产与消费组织，家长传授给儿童生计经验，儿童就可以在自给自足的家庭领域里生存与发展，不需要参加学校教育，也不存在社会就业问题，所以家庭教育对家庭以外的社会领域不产生影响。但是进入现代社会以后，儿

---

　　* 外部性又称为外部效应，指一个人或一群人的行动和决策使另一个人或一群人受损或受益的非市场化的影响，分为正外部性（positive externality）和负外部性（negative externality）。正外部性是个体或群体的行为活动使他人或社会受益，而受益者无须为此付费。负外部性是个体或群体的行为活动使他人或社会受损，而造成负外部性的个体或群体却无须为此承担成本。

童不再是家庭的私有物，而是具有人权的独立个体，家庭的生产功能日渐式微甚至消失，儿童需要接受义务教育，需要在社会上就业才能生存与发展，所以家庭教育对家庭以外的社会领域产生了影响。良好的家庭教育产生正外部性，不但使儿童个人、家长和家庭获益，而且也使他人、社会和国家获益。这是因为家长为家庭教育做出了物质付出与精神付出。良好的家庭教育有利于儿童的人格发展、学业提高，为儿童以后的社会发展奠定良好的基础，不仅促进儿童个人价值和家庭价值的实现，也对他人、集体、社会、国家和人类的存在与发展产生积极的社会价值。相反，不良的家庭教育产生负外部性，不但不利于儿童的个人发展，而且当儿童长大进入社会之后，对他人、集体、社会、国家也可能产生不利影响，尤其是家教无方所导致的青少年犯罪现象，具有突出的负外部性。

家庭教育的外部性影响到基于人权的儿童利益，以及儿童所处的社会的公共利益，因此儿童利益的责任主体和社会公共利益的主体必然要干预家庭教育，以控制家庭教育的负外部性，并引导家庭教育的正外部性，这就是家庭教育指导产生的逻辑基础，也决定了家庭教育指导工作的必要性与正当性。可见，家庭教育指导是出于公共需要和公共利益而进行的公共服务。虽然个人需要是公共需要的基本构成要素，但是公共需要不是个人需要的简单加总，而是一般社会需要的抽象，是社会存在和发展的基础条件。随着社会经济的发展，人类需求也在不断发展，公共服务的内容也随之不断扩展。[①] 家庭教育指导就是现代社会发展环境中所诞生的新型公共服务内容。

家庭教育指导是代表社会公共利益和国家意志为家庭成员提供家庭教育支持与服务，是社会和国家有目的、有步骤地提高国民素质战略纲领与行动计划的重要组成部分。《国家中长期教育改革和发展规划纲要（2010—2020年）》指出："充分发挥家庭教育在儿童少年成长过程中的重要作用。家长要树立正确的教育观念，掌握科学的教育方法，尊重子女的健康情趣，培养子女的良好习惯，加强与学校的沟通配合，共同减轻学生课业负担。"

家庭教育指导所具有的公益性与家庭教育的私人性产生了一定的张力。家庭教育指导既要坚持公共性，对有损儿童权利和公民发展的负面家庭教育现象进行干预，同时又要尊重家庭私领域，尊重家长的教育权利，尊重家庭

---

① 胡税根．公共管理学［M］．北京：中国社会科学出版社，2014：153.

教育的私人性质，处理好家庭教育与家庭教育指导这两种性质不同的教育活动的关系，妥善把握家庭教育指导的边界，使家庭教育指导建立在合理性与正当性的基础之上。

二、家庭教育指导是非正规教育

非正规教育与正规教育都是有组织的、有计划的、制度化的正式教育，但非正规教育是正规教育系统外的教育活动，其制度化程度低于正规教育，不需要注册制度与学籍管理，不发文凭，不授学位。非正规教育旨在满足人们不断变化发展的各种各样的学习需求，教育对象群体以共同的学习需求为中心进行组建，不像正规教育那样对受教育群体有一定的限制条件，教育内容实用并以学习者的需求为中心，教育形式灵活多样，指导与学习的时间和地点都是灵活的。非正规教育是实现终身教育、建设学习型社会的重要途径。

家庭教育指导是以家长为主的成人教育，而成人教育和家长学习具有明确的目的与实用性。家长学习家庭教育的出发点是在教育孩子的过程中遇到困惑与困难，家庭教育指导的出发点是为家长答疑解惑，引导家长朝着正确的方向解决问题。家庭教育指导要兼顾家长诉求、儿童发展、社会需要与国家意志，具有鲜明的价值导向，需要科学的专业支持，并通过有目的、有计划、有组织的家庭教育指导过程体现出来。可见，家庭教育指导与正规教育的正式性是一致的。与此同时，家庭教育指导的制度化与规范化程度不如学制系统的正规教育活动，但是也有自身的优势。家庭教育指导的实践性强，内容实用，能切实满足家长的实际需要；指导对象广泛，不分城乡、年龄、性别、职业、学历、收入，凡是需要得到家庭教育支持与帮助的家长都可以参加学习；指导时间灵活，妥善利用家长的业余时间组织教学与学习活动；随着互联网和新媒体的发展，家庭教育指导利用大众传媒打造指导培训平台，突破时空界限，更有利于发挥非正规教育的优势与功能。

家庭教育指导是非正规教育（non-formal education），学校教育是正规教育（formal education），家庭教育是非正式教育（informal education），可见，三者在概念上具有清晰的边界。而概念是理论的基石，家庭教育指导、学校教育与家庭教育之间就应该是平行的逻辑关系。虽然它们之间会产生交集，有共同的育人价值，但并不是主从附属关系。它们在理论与实践中都应该有各自独立的话语体系，具有相互不可替代的独立价值。

三、家庭教育指导是社会教育

家庭教育、学校教育和社会教育构成社会的完整教育系统，正如以上分析，家庭教育指导与家庭教育和学校教育具有清晰的界限，家庭教育指导是社会教育体系中一个重要组成部分。

社会教育有广义与狭义之说。广义的社会教育是指与学校教育、家庭教育并行的影响个人身心发展的社会教育活动；狭义的社会教育是指社会文化教育机构对青少年和人民群众开展的各种文化和生活知识的教育活动。① 我国著名社会教育学家马宗荣对社会教育所下的定义是："国家、公共团体或私人为谋社会全民的资质与生活向上发展，设备多式多样的机关与设施，供给社会全民，在其实际生活场中，而得自由的广为扩充其文化财富的享受，使影响及于社会全体之作用，谓之社会教育。"② 可见，社会教育旨在增进社会福祉，指向所有社会成员，国家、公共团体或个人均可成为社会教育主体，社会教育形式多种多样。

社会教育源于社会对人的影响，杜威说："社会环境无意识地、不设任何目的地发挥着教育和塑造的影响。"③ 而社会环境是复杂的、多样的，对人既会产生正面影响，也会产生负面影响，社会教育旨在促进社会发挥正面影响。家庭是最基本的社会组织，家庭环境也是复杂的、多样的，家庭教育又是一种私人教育和非正式教育，随意性大、偶然性大，缺乏正式教育的规范性与制度性。这样，自然的家庭环境和私人教育性质的家庭教育就存在着一定的育人风险，对儿童既可能产生正面影响，也可能产生负面影响。"所谓家庭教育中的可能风险，是指由于家庭教育中的某些失误、不当或错误行为所引起的某些负面现象与问题，以及对子女即家庭成员未来发展产生潜在的消极影响的可能。当然，任何教育都有一定的风险，但与其他教育形态相比

---

① 顾明远. 教育大辞典 [M]. 上海：上海教育出版社，1998：1353.
② 马宗荣. 社会教育原理与社会教育事业 [M]. 贵阳：文通书局，1942：1.
③ 吕达，刘立德，邹海燕. 杜威教育文集：第2卷 [M]. 北京：人民教育出版社，2008：21.

较，家庭教育是更加充满风险的一种教育，而且这种风险往往被人们所忽视。"① 家庭教育指导就是要在一定程度上控制家庭教育风险，提高家长的教育素养，为儿童营造良好的家庭教育生态。

家庭教育指导实际上是一种为家庭提供专业助人服务的社会行动，旨在增进儿童福祉、家庭福祉与社会福祉。家庭教育指导直接面向社会上的所有家庭，无论是为普通家庭提供咨询服务，还是为有特殊需要的家庭提供补偿服务，都是为了更好地发挥家庭功能，提高家长的教育能力，促进儿童的健康成长。家庭教育指导的服务对象广泛，不分城市与农村，从儿童到成人，从父辈家长到祖辈家长，并且伴随着人的终身发展，服务时间和服务空间无限延展。更为重要的是，中国社会具有家国同构的治理传统，所以家庭教育指导具有深厚的社会渊源，是社会各界广泛参与的社会教育内容之一。我国非常重视把家庭教育指导纳入社会教育体系之中，《关于指导推进家庭教育的五年规划（2016—2020 年）》要求"建立健全家庭教育公共服务网络"。"依托城乡社区公共服务设施、城乡社区教育机构、儿童之家、青少年宫、儿童活动中心等，普遍建立家长学校或家庭教育指导服务站点"，"继续推动有条件的机关、社会团体、企事业单位创办家长学校，开展规范化的家庭教育指导服务活动"。"统筹推进家庭教育公共文化服务。公共图书馆、博物馆、文化馆、纪念馆、美术馆、科技馆等公共文化服务阵地，每年至少开展2 次公益性的家庭教育讲座或家庭教育亲子活动，积极开发家庭教育公共文化服务产品，提升儿童和家长科学文化素养。"

家庭教育指导是在现代社会出现的一种新事物、一项新事业，明确家庭教育指导的公共服务性质、非正规教育性质和社会教育性质，有助于明确家庭教育指导的身份与地位，也就是说，使家庭教育指导与邻近领域既划清界限又建立关联，并在宏观系统中找到自己的归属。这样，无论是理论研究、专业实践还是制度建设，家庭教育指导都可以在联合行动和系统建构中进行清晰的定位，不断促进自身的专业化发展。

---

① 谢维和. 论家庭教育中的可能风险（代序）[M]//中国儿童中心. 我国家庭教育指导服务体系状况调查研究. 北京：中国人民大学出版社，2014：2.

第二章　家庭教育指导的功能

家庭和家庭教育的作用在当今社会受到党和国家的高度重视，习近平主席曾在 2015 年 2 月 17 日春节团拜会上说："家庭是社会的基本细胞，是人生的第一所学校。不论时代发生多大变化，不论生活格局发生多大变化，我们都要重视家庭建设，注重家庭、注重家教、注重家风。"2016 年 12 月 12 日，习近平主席会见第一届全国文明家庭代表时强调："无论时代如何变化，无论经济社会如何发展，对一个社会来说，家庭的生活依托都不可替代，家庭的社会功能都不可替代，家庭的文明作用都不可替代。"党和国家最高领导人对家庭、家教和家风在当今中国社会文明与进步发展中的重要意义与作用给予了充分的肯定，学术界应加强家庭教育指导功能的理论研究。

第一节　功能概述

"功能"对应的英语单词为"function"，把"功能"当作一个独立的对象进行思考与研究，是社会学和教育学领域的一个历久弥新的经典课题。然而，"功能"术语与概念内涵含糊不清的现象在国内外学术界都曾经存在。默顿（Robert King Merton）深入剖析了"功能"在"一个术语，多种概念"以及"一个概念，多种术语"上的混乱状况，与"功能"这一术语使用起来没有差别和意思几乎相同的词语包括应用、效用、意图、动机、意向、目的、结果，这种"对术语的随意使用断送了分析的明晰和交流的恰切"①。20 世纪 80 年代以前，我国的学术论文与著作对"功能""职能""作用"三个词

---

① 默顿. 社会理论和社会结构［M］. 唐少杰，齐心，等，译. 南京：译林出版社，2015：107-114.

也几乎不做区分。① 随着学术研究的发展，国内外研究者逐渐形成共识，对"功能"术语有了清晰的学术界定。"功能"不同于"职能"与"作用"。"职能"与"职责"密切关联，是人们按照主观意志所制定的必须履行的责任与应该完成的任务，倾向于期待效果。"作用"是一个日常用语，与"反作用"相对，更适合描述事物之间的相互关系。"功能"则是在系统论的背景下与"结构"相对，这样功能研究就定位在系统、结构、功能与环境之间的关系，包括系统与环境的关系、系统内部结构要素之间的关系以及结构与功能之间的关系等。在社会学理论中，功能泛指某一社会因素对系统的维持与发展所产生的一切作用或影响。②

一、基本功能与派生功能

系统论框架下的"功能"有基本功能与派生功能之分。系统论认为，世界上的一切事物和过程都能构成系统，复杂事物和过程所构成的复杂系统往往会对内部系统和外部系统产生相应的功能。系统通过自身的内部环境与其所依存的外部环境进行物质、能量、信息的交换。在这个过程中，系统既对内部环境产生作用与影响，形成系统的基本功能，也对外部环境产生作用与影响，形成系统的派生功能。基本功能是稳定的、恒常的功能，在任何时候都处于基础地位；派生功能是由系统的基本功能引发出来的功能。

二、正功能与负功能

在对"功能"的理解上，一直存在着"主观论"与"客观论"之争。"主观论"视功能为某一事物实现人们主观期待的能力与功效，属于主观范畴，使"功能"具有理想主义色彩，即把"功能"理解为具有肯定意义的"贡献"。"客观论"视功能为某一事物所能发挥的作用和能力，是不以人的意志为转移的客观结果，属于客观范畴，即把"功能"理解为中性概念。事物在运动变化过程中，客观结果可能与主观期待和目的意愿相一致，形成事

---

① 瞿葆奎，郑金洲．教育基本理论之研究［M］．福州：福建教育出版社，1998：285.
② 蒋凯．试论教育的负功能［J］．江西教育科研，1994（1）：9.

物的"正向功能";客观结果也可能与人的主观期待和目的意愿相反,形成事物的"负向功能"。在功能研究中,迪尔凯姆(Emile Durkheim)和帕森斯(Talcott Parsons)是正功能论的代表,负功能论由默顿(Robert King Merton)首先提出。正功能与负功能把人的主观意向(目标、动机、目的)与可见的客观结果区别开来,这种区分既具有理论意义,也具有现实意义。其理论意义正如默顿所说:"若不能区分客观社会后果与主观意向,则必然导致功能分析上的混乱。"① 从现实生活而言,人们对教育所产生的忽左忽右的认识无不与人们对教育功能的模糊认识有关。当教育结果符合人们的价值取向时,社会会对教育给予肯定与重视,但容易产生教育万能论的观念,而一旦人们对教育结果不满意,社会会对教育进行否定与变革,也容易产生教育无能论的观念,这两种极端认识都是由对教育功能缺乏理性分析而导致的。

三、显性功能与隐性功能

为了避免将社会行为的自觉动机与其客观效果粗心地混淆,默顿在功能分析上做了显性功能与隐性功能之分。显性功能是被社会系统内的参与者所认识到的、有意造成的客观结果,隐性功能是不由社会成员有意造成、未被认识到的客观结果,这一对功能概念反映了意识形态和价值判断对功能分析的影响。默顿认为这是一个至为关键的划分,因为隐性功能是未被意料到和未被广泛认识的社会后果和心理后果,所以,关注隐性功能的结果要比关注显性功能的结果体现出更大的知识增长。② 但是默顿的这些研究成果在当时并未引起学界的重视。后来,日本学者柴野昌山以默顿的正向功能与负向功能以及显性功能与隐性功能这两对功能概念为两个维度,根据它们之间的相互关系,建构了教育功能的理论分析框架,把教育功能分为四大类:显性正向功能、隐性正向功能、显性负向功能和隐性负向功能。③

---

① 默顿. 论理论社会学 [M]. 何凡兴,等,译. 北京:华夏出版社,1990:104-105.
② 默顿. 社会理论和社会结构 [M]. 唐少杰,齐心,等,译. 南京:译林出版社,2015:177-178.
③ 吴康宁. 教育的社会功能诸论述评 [J]. 华中师范大学学报(哲社版),1996(3):81.

四、盖然功能、实然功能与应然功能

陈桂生认为可以从逻辑层面、事实层面和价值层面这三个层面进行功能分析。从逻辑层面分析教育可能具有的功能，称为盖然功能；从事实层面分析教育在一定社会的一定发展阶段实际产生的功能，称为实然功能，实然功能与逻辑层面可能存在的情况颇有出入；从价值层面分析教育应该具有的功能，称为应然功能，客观存在的实然功能与基于价值取向的应然功能可能相距甚远。分析盖然功能可以为分析实然功能和选择应然功能提供参考。① 主观论视角下的"功能"倾向于应然功能，即主观期待事物应该实现的功能；客观论视角下的"功能"倾向于实然功能，即客观事物实际实现的功能。

五、功能的发挥、形成及影响

关于多种功能的综合分析，教育功能研究呈现的趋势是从对某一功能的分析转向功能与功能之间关系的分析，以及教育功能发挥的影响因素、中介机制与转化环节，教育正向功能与负向功能的形成及影响，并进一步分析教育功能的形成、释放、阻滞等问题。② 杨斌认为，教育的期望功能是实现教育功能转化的先决条件，影响教育功能转化的第二个方面是教育活动过程及其影响因素，影响教育功能转化的第三个方面是教育功能释放的过程及其影响因素。③ 张奇勇认为，正、负向功能是相对于不同主体而言的，脱离具体的教育主体泛泛而谈教育负向功能势必缺乏相对性；教育的正、负向功能还在于阈限的把握，超过一定的阈限值之后就会有不同方向的功能净均衡。④ 蒋凯认为教育负功能的形成受社会中不良因素的影响、管理体制和目标体制的影响以及教育实施过程的影响。⑤ 功能的发挥、形成及影响等研究不但为教育功能从理论走向实践搭建了桥梁，而且为家庭教育指导提供了功能分析

---

① 陈桂生. 教育原理 [M]. 3 版. 上海：华东师范大学出版社，2012：202-204.
② 瞿葆奎，郑金洲. 教育基本理论之研究 [M]. 福州：福建教育出版社，1998：280-282.
③ 杨斌. 教育的期望功能与实效功能 [J]. 教育评论，1991（4）：6.
④ 张奇勇. 教育正负功能理论分析框架的构建 [J]. 现代教育科学，2005（3）：22.
⑤ 蒋凯. 试论教育的负功能 [J]. 江西教育科研，1994（1）：10.

框架。

家庭教育指导是指家庭以外的机构、团体和个人根据社会发展以及家长自身的需要，为家长提供教育服务和帮扶引导等活动的过程。对家庭教育功能的认识与分析需要根据家庭教育指导的系统特点、结构要素和运动过程进行研究。

以系统论为基础，家庭教育指导直接对儿童以及家长和家庭等内部要素的变化产生一定的客观影响，形成家庭教育指导的基本功能。同时，家庭教育指导对家庭的外部环境也会产生一定的客观影响，形成家庭教育指导的派生功能。功能如果促进系统的适应性，就是正向功能；如果起削弱作用，就是负向功能。这是从逻辑层面分析家庭教育指导的盖然功能，并为分析家庭教育指导的实然功能和选择家庭教育指导的应然功能提供参考。

家庭教育指导的功能能否形成，其客观结果是正向功能还是负向功能，是一个不以人的主观意愿为转移的实践过程，取决于家庭教育指导过程的变化与发展状况，即家庭教育指导从承受主观期待到实际产生作用有一个客观的形成过程。因此，不仅要对家庭教育指导功能的类型和特点进行研究，还要对家庭教育指导功能的形成过程进行研究。

第二节　家庭教育指导的基本功能与派生功能

按照系统论的观点，不同系统的结构会有不同的功能。家庭教育指导是一种为家庭提供教育服务的复杂活动过程，会直接对儿童以及家长和家庭等内部要素的变化产生一定的客观影响，形成家庭教育指导的基本功能。同时，变化了的家长和儿童会走出家庭，走入社会，进而对外部环境产生一定的客观影响，形成家庭教育指导的派生功能。

基本功能与派生功能之分，体现了家庭教育指导功能的作用层次。家庭教育指导的派生功能是由基本功能引发出来的功能，也就是说，家庭教育指导的基本功能所产生的客观结果会对家庭以外的环境产生作用与影响。外部社会环境越有利于家庭教育指导服务的发展，家庭教育指导的派生功能就发挥得越突出，对社会所产生的作用就越大。

一、家庭教育指导的基本功能

家庭教育指导的基本功能是家庭以外的社会力量对家庭教育所施加的影响，是家庭教育指导活动直接引发家庭教育内部结构发生变化的功效。根据家庭教育指导的内部结构特点，可以把家庭教育指导的基本功能分为个体发展功能与家庭发展功能。

（一）家庭教育指导对个体发展的功能

家庭教育指导过程的个体发展既包括家长个体的发展，也包括儿童个体的发展，与家庭教育指导对象的双重性相一致。首先，家长是儿童生命中的重要他人（significant others），家长教育行为的变化会直接影响儿童的人格形成和社会化发展。因此，家庭教育指导意图通过改变家长的教育观念与教育方法，来改变家长对儿童的教育行为，进而促进儿童的身心健康发展。同时，家庭教育指导者不可能代替家长在日常家庭生活中对儿童实施家庭教育，所以家庭教育指导者的工作重点是直接帮助家长明晰自己在家庭中的教育角色，履行教育义务，提高教育能力。可见，家长作为家庭教育指导的直接对象，其发展任务是在多种人生角色中发展家长角色，能够实施良好的家庭教育，这是家庭教育指导的基本功能之一。

家庭教育指导过程中的儿童个体发展，不仅体现在家庭教育指导者通过指导家长，以家长提升教育能力作为中间变量对儿童所产生的间接影响，也体现在家庭教育指导者会根据工作需要，既指导家长，也直接面对儿童进行家庭教育指导，对儿童产生的直接影响。尤其是当处于青春期的儿童与家长产生冲突的时候，家庭教育指导者需要引导儿童尊重伦理、遵纪守法、尊敬家长，指导儿童履行作为子女的责任，主动与家长建立良好的亲子关系。这时，家庭教育指导的双重指导对象会同时发生变化。

可见，家庭教育指导对个体发展的基本功能既指向作为成年人的家长，也指向作为未成年人的儿童。

（二）家庭教育指导对家庭发展的功能

家庭是生命的摇篮，而其自身也是一个生命体，会经历形成、成长、成熟、老化和解体等阶段，形成家庭生命周期。家庭在整个生命历程中承担着多种家庭功能，肩负着满足家庭成员发展需要的任务。可见，家庭发展不仅与个人发展息息相关，而且具有独立的意义与功能。

家庭发展是指家庭在特定的社会条件下满足每个家庭成员在生理、心理、发展和自我实现等方面的需求，进而促进家庭福利水平的提高和家庭成员的全面发展。[①] 家庭发展需要家庭政策、社区建设、社会保障和公共服务等外部系统的支持，其中家庭教育指导就是一种促进家庭发挥教育功能、支持家庭发展的公共服务。

家庭作为家庭教育产生与发展的生态系统，"家庭系统的构成要素不是个体的'人'，而是人与人之间的'关系'"[②]。因此，家庭内部的诸要素及其相互关系既是儿童的生活环境，也是影响儿童发展的教育因素。儿童出现问题，常常是家庭功能失调以及各种家庭问题综合作用的结果。如果把教育学与家庭学结合起来看，家庭教育指导对象与其说是家长，不如说是家庭；家庭教育指导工作与其说是解决教育问题，不如说是解决家庭关系问题。家庭中某一位家长的教育观念与方法发生了改变，并不能完全保障家庭教育指导实现其积极功能，因为家庭成员之间经常出现教育冲突与教育矛盾，难以对儿童发挥教育合力，甚至可能隐藏负面影响。我国正处于社会变迁之中，现实生活纷繁复杂，家庭在变革中处于多样化和不稳定状态，更容易引发家庭功能失调现象。这些状况使得儿童成长的家庭环境变得更加复杂，认识和指导家庭教育不能再仅仅局限于狭隘的教育领域，而要具备系统论的思路，从家庭系统乃至社会系统观察与思考家庭教育现象和家庭教育指导工作。这样才能深刻地认识儿童行为背后的家庭因素，为从根本上分析与解决问题提供依据，帮助家庭做好功能调适，充分发挥家庭在当今社会环境中的教育功能，为家庭和谐发展做出贡献。

二、家庭教育指导的派生功能

家庭教育指导的派生功能是家庭教育指导对家庭以外的社会环境所产生

---

① 国家卫生和计划生育委员会. 中国家庭发展报告 2014 ［M］. 北京：中国人口出版社，2014：125.

② 丁文. 家庭学 ［M］. 济南：山东人民出版社，1997：277.

的影响，是家庭教育指导活动与外部环境相互作用的结果。家庭教育指导的派生功能越突出，社会影响越大，越容易引起社会的关注与重视。根据家庭教育指导的外部环境特点，可以把家庭教育指导的派生功能分为教育公平发展功能与社会和谐发展功能。

（一）家庭教育指导对教育公平发展的功能

一般情况下，一个人的生活环境主要包括家庭、学校和社会三个方面，家庭教育、学校教育和社会教育也就构成了影响儿童成长的教育系统。家庭教育、学校教育与社会教育既各有特点、不能相互代替，又相互联系、相互作用。教育始于家庭，家庭教育是学校教育的基础，即使在学校教育高度发展的当代社会，家庭教育的功能不但没有消减，反而对学校教育乃至教育公平发展具有独特的作用。

基于我国教育公平的现实，从外延的角度看，教育公平包括两部分：教育的外部公平与教育的内部公平。宏观层面的教育外部公平主要发生在政府与公民之间，涉及权利享有、教育机会和教育资源的合理分配等问题；微观层面的教育内部公平则是发生在教育教学过程中，涉及课程设置、教育教学模式、家校关系以及家长的教养方式等问题。可见，教育的外部公平强调的是基于教育机会平等的形式上的平等，教育的内部公平强调的则是基于教育质量平等的发展上的平等。

家庭教育在微观层面对教育内部公平的影响在儿童接受义务教育之前就发生了。除了儿童自身的个性心理特点（内因）以外，家庭教育是导致儿童差异最重要的外因。这个外因比学校教育出现得早，也比学校教育持续得久，并对学校教育的效果产生重要而深刻的影响。然而，家庭教育发展不均衡的现象在现实生活中并没有随着家庭生活水平的提高而减少，也没有随着教育（外部）公平的推进而消失，反而因城乡二元结构的长期存在而更加突出。国家社会科学基金项目"教育公平与社会分层"的研究发现，随着我国义务教育的全面普及，义务教育中的社会平等程度有所提高，但是不平等仍在许多方面体现出来，在社会经济地位、父辈教育程度、父亲职业地位、家庭结构等方面的不平等并没有减弱，甚至还在加强。[1] 家庭教育发展不均衡问题

---

① 刘精明，等. 教育公平与社会分层 [M]. 北京：中国人民大学出版社，2016：111-112.

如果得不到有效解决，将会影响儿童的整个求学过程，不断拉大他们在学习与发展上的差距。

可见，只在宏观层面的教育外部公平上下功夫，忽视提高家庭教育的普遍水平，不重视通过家庭教育指导来干预家庭教育的平衡发展，那么儿童的发展仍然存在差距，差距的积累与加大会造成隶属群体的分化和相对剥夺感的产生①，教育发展结果并不令人满意，仍然无法真正实现教育公平发展的教育改革目标。

(二) 家庭教育指导对社会和谐发展的功能

家庭不是一般的社会群体，它作为微观的社会组织形态，在看似平常的生活过程中把政治、经济、文化、教育、思想、伦理和道德等社会要素浓缩于自身，反映着社会面貌与文明进程。通过家庭进行社会治理，是人类社会的普遍现象，这在中国社会的历史进程中尤为明显，"家国同构"的社会格局使得家庭教育指导发挥着独特的作用。"修身、齐家、治国、平天下"是把家庭治理融入社会治理之中，"君仁臣忠、父慈子孝、兄友弟恭、夫义妇德"视社会伦理与家庭伦理为一理，"君为臣纲、父为子纲、夫为妻纲"则把社会关系家庭化，社会从政治、法律、道德和习俗等方面对家庭进行指导、管理与控制，使家庭控制成为社会控制系统的重要组成部分。家庭教育指导作为施加于家庭的外部作用力量，不但维护家庭稳定，而且对社会稳定起到重要作用。

我国正处于社会转型时期，多元化社会所带来的种种冲突与矛盾，使家庭的稳定性以及家庭教育的导向受到一定程度的冲击。家庭离婚率上升、过度追求物质利益的价值取向、家长违法乱纪以及家庭教育重智轻德等负面现象，都是家庭结构失序、家庭功能紊乱、家庭教育失范的表现，既不利于儿童的健康成长，也不利于家庭发展，成为影响社会和谐发展的重要因素。因此，整个社会都应该重视家庭建设。家庭教育工作开展得如何，关系到孩子的终身发展，关系到千家万户的切身利益，关系到国家和民族的未来。家庭教育指导者在开展家庭教育指导工作时，要从儿童发展和家庭利益出发，站

---

① 谢维和，等. 中国的教育公平与教育发展（1990—2005）［M］. 北京：教育科学出版社，2008：138-142.

在国家和民族的高度，坚守高尚的道德情操，严格遵守各项法律法规，妥善处理各方矛盾与协调各种利益关系，这样家庭教育指导才能发挥"家庭和睦则社会安定，家庭幸福则社会祥和，家庭文明则社会文明"①的积极功能。

当今，我国的社会环境有利于家庭教育指导基本功能与派生功能的发挥。我国是《儿童权利公约》签署国，以此为基础制定了一系列家庭保护政策。《中国儿童发展规划纲要（2011—2020年）》已经把家庭教育指导纳入城乡公共服务体系，全国妇联和教育部等部委联合发布与实施了《关于指导推进家庭教育的五年规划（2016—2020年）》，各级各类部门也制订了相关工作计划，营造了全社会共同关注家庭发展与家庭教育的有利环境。

第三节　家庭教育指导的正向功能与负向功能

任何教育活动都会产生一定的功能结果，只是在性质、强度与主观意识程度上有所不同而已。功能作为系统实际输出的自然状况，既可能是主观期待的结果，也可能是主观上不愿意看到的结果。当教育指导系统的结构要素及其关系对系统适应与调整起到维护与改善作用时，系统呈现的就是正向功能；当起削弱作用时，系统呈现出来的就是负向功能。在家庭教育指导过程中，显性正向功能是指家庭教育指导所产生的符合人们期待并能被人们认识到的积极影响。但是受现实环境中各种主客观因素的制约，家庭教育指导效果未必尽如人意，有时甚至会出现出人意料的结果，而且人们既可能对此有所认识，也可能毫无认识。这些客观现象都说明家庭教育指导既存在正向功能与负向功能，也存在显性功能与隐性功能。

一、家庭教育指导的正向功能

具体而言，家庭教育指导的正向功能是指家庭教育指导有效地提升了家长的教育素质，进而促进了儿童的健康成长。这种正向功能可能是显性的，也可能是隐性的。隐性功能是由于系统的某一组成部分可以具有多种功能，

---

① 习近平. 在会见第一届全国文明家庭代表时的讲话 [M]. 北京：人民出版社，2016：2.

同一功能也可由系统的不同部分所实现，而人们的认识局限于结构与功能的显性预设关系，预设之外的结构与功能关系虽然在客观上产生了，却未必进入人们的认识范围。在家庭教育指导过程中，家庭教育指导者的主观目的指向家长某一方面的转变，而在沟通与交流的过程中，家长却得到另一方面或者多方面的启发，这个结果是家庭教育指导者所未曾预料的，于是产生了隐性正向功能。隐性正向功能就是指家庭教育指导所产生的未能被人们认识到的积极影响。

作为一种客观结果的事实判断，家庭教育指导的正向功能在概念上是清晰的，而显性正向功能作为家庭教育指导所产生的符合人们期待并能被人们所认识的积极影响，似乎更加清晰。但在现实环境中，其判断过程是复杂的、有争议的，既存在着"系统维持标准"与"社会进步标准"之分，也存在着"事实判断"与"价值判断"之争。①"系统维持标准"与"社会进步标准"属于客观的"事实判断"。前者是指功能对系统的维持具有贡献性，对于家庭教育指导而言就是产生了适应家庭教育和儿童成长的积极效果。后者是指功能推动了社会进步，把功能的贡献性放在一个更大的系统里去考量，促进了派生功能的产生。相对而言，"系统维持标准"比较清晰明确，"社会进步标准"比较宏大抽象。与此同时，主观的"价值判断"，即对事物的"肯定"与"否定"判断，常常进入人们的功能判断视野。"肯定"与"否定"是以特定的价值取向与理想愿景为参照标准，具有以人的意志为中心的主观性，是指客观结果是否具有令人满意的应然性；"正向"与"负向"则是以客观事实为参照标准，是指客观结果是否具有实事求是的实然性。

可见，家庭教育指导的功能判断是一个非常复杂的过程，区分"事实判断"与"价值判断"是有必要的，也是有现实意义的。"事实判断"注重实证，"价值判断"注重理解，不同的判断维度对于理解和调整家庭教育指导过程会产生不同的效果。

二、家庭教育指导的负向功能

家庭教育指导的负向功能是指家庭教育指导对家长教育素质的提升与儿

---

① 吴康宁. 教育社会学 [M]. 北京：人民教育出版社，1998：393-394.

童健康成长产生了损害性的结果。虽然它是令人失望的，但无论在显性层面还是隐性层面，在一定程度上都是客观存在的。负向功能有绝对与相对之分，绝对的负向功能是指系统的结构要素及其关系对系统具有正面影响的同时也存在着负面影响，相对的负向功能是指系统的结构要素及其关系对一个系统或者系统的某些要素产生正面影响的同时，对另一系统或者系统的某些要素产生负面影响。从事物联系的复杂性与事物运动的多样性而言，负向功能的绝对与相对之分在逻辑上是成立的。

　　家庭教育指导负向功能的绝对性与相对性不仅是符合逻辑的，而且也是有现实根基的。家庭教育是建立在亲子关系基础之上的，亲子关系既是统一的也是矛盾的，当家庭教育指导对家长的教育素质有所影响的时候，意味着家长要改变自己原有的教育观念、教育方法或者教育行为，这些改变在一定程度上会给儿童带来适应上的困惑与困难，而这些困惑与困难既可能对儿童的成长产生积极影响，也可能产生消极影响。可见，家庭教育指导的正向功能与负向功能是并存的。

　　除了家庭教育内部系统，家庭教育指导深受外部社会系统的影响。首先，家庭教育指导的公益性是人们期待的，但是也无法完全回避市场因素与经济价值，有意或者无意的市场利益取向会在一定程度上损害家庭教育指导的社会价值。其次，家庭教育指导的价值取向属于意识形态范畴，而社会转型时期多种价值观并存，难免出现一些有意或者无意有损价值观导向的家庭教育指导现象。最后，家庭教育指导是一个社会系统工程，具有一定的科学性与规律性，人们认识与把握家庭教育指导的规律需要一个过程，其间无法完全避免走弯路甚至走错路。可见，家庭教育指导不但正向功能与负向功能并存，而且显性负向功能与隐性负向功能并存。其中，显性负向功能是指家庭教育指导所产生的违背人们的主观期待并能为人们所认识到的消极影响，隐性负向功能是指家庭教育指导所产生的未能被人们认识到的消极影响。加强显性与隐性负向功能的研究，有利于提高人们对显性与隐性负向功能的认识水平与管理控制能力，进而促进家庭教育指导正向功能的发挥。

第四节　家庭教育指导功能的形成过程

功能是事物所产生的客观结果，它有可能符合人的愿望与期待，也可能不尽如人意，甚至违背人的意愿，所以需要把人对功能的主观期待与功能的客观效果区分开来。对家庭教育指导的功能分析也是如此，家庭教育指导的基本功能与派生功能能否形成，以及产生的是正向功能还是负向功能，并不是以人的主观意愿为转移的，而是取决于家庭教育指导系统的发展与家庭教育指导过程的变化状况。

根据吴康宁关于教育功能形成过程的研究，教育从承受社会期待到最终对社会系统产生作用至少经历四个阶段，即功能取向的确立、功能行动的发生、初级功能结果的产生以及次级功能结果的衍生，可以分别简称为选择、转化、影响和衍生四个阶段。其中，初级功能结果是指教育系统对受教育者"文化形成"及其群层的作用，次级功能结果是指教育系统对社会系统结构与功能的作用，初级功能结果并非直接地、自然而然地转化为相应的次级功能结果，它不可避免地会受到教育系统自身与外部社会两方面因素的制约。①

根据教育功能形成过程理论框架，可以分析家庭教育指导功能的形成过程。家庭教育指导作为一种教育活动，需要经历功能定向、功能行动、初级功能产生与次级功能产生的过程。前两个阶段的状况对后两个阶段的状况具有决定作用。家庭教育指导所产生的功能结果能否符合人的主观目的，与家庭教育指导功能取向的确立以及家庭教育指导功能行动的发生密切相关。家庭教育指导功能的初级结果与次级结果则是由家庭教育指导的双重对象以及双重对象的层次性所决定的。家庭教育指导的直接对象是家长，间接对象是儿童，家庭教育指导的最终目的是通过提高家长的教育素质，促进儿童的健康成长。因此，家庭教育指导功能的初级结果指向家长的教育素质，次级结果则指向儿童的健康成长。

---

① 吴康宁. 教育社会学 [M]. 北京：人民教育出版社，1998：401-406.

一、家庭教育指导功能取向的确立

家庭教育指导功能取向的确立受制于很多因素，首要因素是统治阶级在意识形态和价值观上的功能期待，即统治阶级对家庭教育指导的意义、地位与价值的定位，为家庭教育指导功能的实现提供基本的社会支持。

自家庭诞生以来，家庭的多种功能随着社会的发展变化而发展变化，部分教育功能被学校教育所取代。学校教育本身就是高度制度化的，反映统治阶级的意志。家庭教育指导则旨在为家庭教育发挥正向功能指明方向、提供支持、创造条件，其指导思想必然反映统治阶级的价值观，并以此为价值判断标准来认识与矫正家庭教育问题。

我国家庭教育指导的功能取向突出地体现在政策与法律之中。政策与法律是国家和政党的产物，是占支配地位的阶级为实现统治国家与管理社会的目的，对社会成员所颁布的具有一定强制力和普遍约束力的行为规范。当今中国社会改革与教育发展进入新的阶段，"在关系到人民群众发展与根本利益的各种因素中，教育已经逐渐、并越来越成为人们最为关切的因素"[1]。家庭教育作为教育系统的重要组成部分，不但受到家长和学校的普遍重视，也受到党和国家的高度重视。全国妇联、教育部、中央文明办、民政部、卫生部、国家统计局、国家人口计生委、中国关工委等部门曾多次联合或者单独制定与颁布、实施有关家庭教育指导工作的政策与文件，为家庭教育指导的功能发挥引领方向。

二、家庭教育指导功能行动的发生

家庭教育指导功能行动的发生是指已经确立的功能取向转化为实际教育指导行为的过程，其制约因素主要是在家庭教育指导方面的各种投入以及家庭教育指导者的专业素质。

在我国，家庭教育指导具有明确的法律地位，《中华人民共和国教育法》第五十条规定"学校、教师可以对学生家长提供家庭教育指导"，这使家庭

---

[1]　谢维和. 中国教育改革发展新阶段及其主要特征［N］. 中国教育报，2014-05-16（6）.

教育指导行动有了坚实的法律依据。

家庭教育指导功能行动的发生除了需要法律赋予行为权利之外，还需要人力、物力、财力以及信息、技术、资源、制度等方面的支持与保障。进入21世纪以来，我国一直在物质、环境、经费、队伍等方面不断地推进家庭教育指导行动。

中国儿童中心针对六省（自治区、直辖市）开展的"我国家庭教育指导服务体系状况调查研究"显示：在管理体制与机制方面，绝大多数省、市、自治区都建立了省一级家庭教育协调机构，大部分机构的领导由妇联系统的领导担任；在机构设置方面，形成了以学校的家长学校为主体，多种类型指导服务机构共同参与的机构配置格局；在指导队伍与人才培养方面，基本形成了一支以机构内兼职为主、有较好学历背景的年轻队伍，多数人员能通过多种渠道接受培训；在学科建设方面，学术团体和研究机构在行业中发挥着积极的引领作用；在经费方面，家庭教育工作经费逐步落实，绝大多数省妇联家庭教育工作经费被纳入政府财政预算；在政策方面，家庭教育政策不断完备；在指导服务方面，个性化指导成为我国家庭教育指导服务的趋势，家长互动、参与的需求增加。同时，调查也显示我国家庭教育指导功能行动还有不够完善的地方：政府的家庭教育指导角色有待加强，协调机构的能力有待提高；家庭教育指导机构设置不尽完善；家庭教育指导队伍中"专业、专职人员"不足，"新手"居多；家庭教育指导培训体系尚不健全；家庭教育学科建设薄弱，研究队伍、理论体系尚未形成；开展家庭教育指导服务的经费不足；有关家庭教育指导的专项政策较少，保障性政策不完善；现实指导服务状况与家长期盼之间还有一定距离。① 这些因素都会直接影响家庭教育指导功能的发挥。

三、家庭教育指导初级功能结果的产生

家庭教育指导的初级功能结果与次级功能结果是由家庭教育指导的双重对象特点决定的。家庭教育指导的直接对象是家长，家长教育素质的变化是

---

① 中国儿童中心. 我国家庭教育指导服务体系状况调查研究 [M]. 北京：中国人民大学出版社，2014：4-11.

家庭教育指导的初级功能结果。家庭教育指导的间接对象是儿童，家长教育素质的变化会对儿童的教育以及儿童的发展产生一定的作用，由此形成了家庭教育指导的次级功能结果。

家庭教育指导的初级功能结果是指家庭教育指导使家长教育素质产生的变化，包括家长在教育观念、教育行为和教育能力三个基本方面的变化。家长的教育观念是指家长关于教育的基本观念，包括家长的教育价值观、儿童观、亲子观、人才观以及对其他一切影响儿童成长的因素的认识。家长的教育行为是指家长的教育观念外显出来的教育方式与方法，家长的教育行为可能与教育观念一致，也可能与教育观念不一致。家长的教育能力是指家长在实施家庭教育过程中所体现出来的效能，体现了家长综合利用家庭资源以及相关教育资源的能力。家长往往不是"单枪匹马"地对儿童施加影响，家庭教育是家庭成员整体对儿童综合作用的过程，家庭成员形成教育合力能增强家长的教育能力，家庭成员教育不一致则会削弱家长的教育能力。

家长是一个分散的社会群体，他们从事各行各业，社会地位、生活空间、教育背景以及家庭状况千差万别，而且家庭教育具有私人性与个性化的特点，这些因素都加大了家庭教育指导的难度。家庭教育指导的初级功能结果如何，主要取决于家庭教育指导的方向引领是否有利于提升家长的教育价值观，家庭教育指导的内容是否符合家长的个性化需求，家庭教育指导的帮扶方法与支持方式是否被家长理解与接受。

四、家庭教育指导次级功能结果的衍生

家庭教育指导次级功能结果的衍生是家庭教育指导功能形成过程中的最后一个阶段，是指家庭教育指导通过家长的家庭教育过程对儿童发展所产生的影响。儿童发展是指个体在生理、心理、行为等方面从不成熟到成熟，从自然人到社会人的成长过程，包括儿童的生理发展、认知发展、个性与社会性发展以及文化性发展。家庭教育、学校教育和社会教育是影响儿童发展的三个基本系统，而在个体成长过程中，家长既是儿童的启蒙教师，也是儿童永久的长辈，家庭教育的影响不但早于学校教育与社会教育，而且是终身教育。可见，家庭教育指导次级功能结果的衍生是以家长的教化为中介，通过儿童的内化过程产生的，并且主要在亲子互动过程中产生。

无论家庭教育、学校教育还是社会教育，都承载着价值的教化，旨在塑造儿童的精神与灵魂，因此各种教育力量就应该具有价值观与内在逻辑的统一性，这样才能共同完成促进儿童健康成长的任务。家庭教育、学校教育与社会教育虽然同属国民教育体系，但是分属不同的教育领域，具有不同的性质。家庭教育是非正式教育，学校教育是正规教育，社会教育是非正规教育，它们有不同的行动逻辑、主管部门、工作制度、专业队伍和教育资源，所以它们在实际运行过程中存在着一定的冲突与张力。尤其在利益主体多元化的现代社会，需要一种利益协调机制来保证基本价值观一致的教育共同体的形成，确保逻辑性一致的共同行动的产生。否则，相互矛盾的教育力量相互牵制，不但削弱了彼此对儿童的影响，而且可能对儿童产生负面影响。

与此同时，儿童是有思想、有意志的主体，并不是完全被动地接受家长的教化。儿童是否内化家长的教化，既与家长的教育状况有关，也与儿童的学习状况有关。

在日常生活情境中，家长的教育状况主要取决于家长的随机教育能力以及家长的教育反思水平。与有计划的、系统的学校教育不同，家庭教育主要发生在日常生活中，是松散的、随机的，而家长在对教育时机的理解、识别与把握方面具有很大的差异。家长的教育素养越高，随机教育意识越强，对儿童所提供的帮助与支持就越及时，越有利于儿童的成长，否则就会错过许多教育时机，家庭教育资源就没有得到有效利用。与此同时，家庭教育情境是非常复杂的，多种教育因素以及多种教育因素之间的关系都会作用于儿童的成长，家长需要对之进行思考和判断，才能找到适宜的教育方式与方法，所以，家长的教育反思水平非常重要。

儿童的学习状况主要取决于儿童的人格特征与家庭教养方式。儿童在不同的成长阶段具有不同的心理发展水平，而且具有独特的个性，家长的教育要尊重儿童的人格特征，教育内容与教育方法要符合儿童的年龄特点与个性特点，而以家长主观意志为中心的家庭教育则是以伤害儿童的个性发展为代价的。与此同时，不同类型的家庭教养方式产生不同的教育影响。根据鲍姆林德（Diana Baumrind）的研究，权威型父母对孩子既有要求又有关爱，既理性又民主，及时热情地对儿童的需要与行为做出反应，尊重并鼓励儿童表达自己的意见和观点，同时又对儿童有明确的教育要求。相比专断型、放纵型、忽视型的教养方式，权威型家庭教育效果是最好的。正如《颜氏家训》

所言："夫同言而信，信其所亲；同命而行，行其所服。"

家庭教育指导次级功能结果的衍生，反映了家庭教育指导的特点。家庭教育指导只能为家庭提供支持与帮助，却不能代替家长实施家庭教育，所以家长是家庭教育的责任主体。教育部在《关于加强家庭教育工作的指导意见》（2015）中明确指出："不断加强家庭教育工作，进一步明确家长在家庭教育中的主体责任，充分发挥学校在家庭教育中的重要作用，加快形成家庭教育社会支持网络。"

结合现实状况，对家庭教育指导功能的形成条件与形成过程进行分析，可以更加清晰地明确家庭教育指导工作的方向与重点。"当人们被激发起来去从事能产生某种功能的行为时，就找到了脱离迷途的出路。"① 我国一方面要加强家庭教育指导的社会支持系统建设，另一方面要加强家庭教育指导者专业队伍建设，才能实现家庭教育指导对儿童健康成长、家庭文明建设、社会和谐发展的贡献性功能。

---

① 默顿 . 社会理论和社会结构 ［M］. 唐少杰，齐心，等，译 . 南京：译林出版社，2015：114.

第三章　家庭教育指导的基本要素

根据教育学基本原理，教育的基本要素包括教育者、受教育者和教育措施，其中教育措施包括教育内容与教育手段。[①] 在不同的教育实践领域，这三个基本要素的所指及其相互关系是不同的。在学校教育领域，教育者即教师，受教育者即学生，教育措施是具有正规教育性质的教育内容与教育手段；在家庭教育领域，教育者即家长，受教育者即孩子，教育措施是具有非正式教育性质的教育内容与教育手段；在家庭教育指导领域，教育者是家庭教育指导工作者，受教育者是家长与孩子，教育措施是具有非正规教育性质的教育内容与教育手段。可见，在学校教育、家庭教育和家庭教育指导中，教育的三个基本要素差异很大。

家庭教育指导与学校教育的主要区别在于学校教育的所有要素都是专门化与制度化的。教师是获得教师职业资格的教育者，学生是纳入学校教育制度的适龄受教育者，教育内容也是专门设计、制度规范的文化知识，教育空间与时间则是专门化的校舍与制度化的学习年限。[②] 相比而言，家庭教育指导虽然也需要专门化的队伍与制度化的管理，但是它明显体现出社会化与大众化的特点。家庭教育指导需要广泛的社会基础，是社会各界积极参与的教育指导活动，同时它具有非强制性的大众化特点，需要建立在家长需求与自觉自愿的基础之上。家庭教育指导的这两个特点决定了家庭教育指导的基本要素具有自己的结构特点。

鉴于家庭教育指导活动的发展水平与该领域的特殊性，家庭教育指导基本要素中的教育者在此拓展为意义相对广泛的教育工作者，包括直接或间接参与家庭教育指导过程的管理者、指导者与研究者，他们共同构成家庭教育

---

① 王道俊，王汉澜. 教育学 [M]. 北京：人民教育出版社，1989：29-30.
② 吴康宁. 教育社会学 [M]. 北京：人民教育出版社，1998：103.

指导工作者群体。受教育者则是家庭教育指导实践活动的帮扶对象与服务对象。与一般的教育指导对象相比，家庭教育指导对象具有一定的特殊性，即双重性。家庭教育的直接指导对象是家长，间接指导对象是儿童。家庭教育指导措施是为实现教育指导目的所采取的办法，包括家庭教育指导内容和指导手段。

第一节　家庭教育指导工作者

家庭教育指导是一个复杂的、完整的、系统的活动过程，包括决策与组织管理过程、实施过程与评价过程，以及为家庭教育指导提供理论支持的研究过程，每一个过程都需要相应的主体来承担相应的职责。可见，家庭教育指导工作者是一个多元化的结构体系。根据家庭教育指导工作过程所涉及的主体，可以把家庭教育指导工作者分为家庭教育指导管理者、家庭教育指导者和家庭教育指导研究者。

在普通教育学中，一般情况下教育者被视为教师。教育管理人员和研究人员虽然也是必不可少的教育者，但是从班级授课制使教育者与受教育者形成"师生关系"的特殊性及教师在学校教育中的重要性而言，教育者常常专指教师。由于家庭教育指导没有职业化，专业发展水平也不如学校教育，家庭教育指导者、管理者和研究者队伍比较薄弱，这就意味着家庭教育指导工作者队伍和工作体系建设还需要加强。所以，有必要把家庭教育指导管理者、家庭教育指导者和家庭教育指导研究者都纳入家庭教育指导工作者的范畴并加以研究。

一、家庭教育指导管理者

家庭教育指导管理者是在家庭教育指导过程中承担领导决策、组织协调、规范监督和评价考核职责的部门、机构及人员。家庭教育指导的管理具有层级性。

家庭教育指导是一项公共服务，家庭教育指导管理者的领导决策职责首先是引领家庭教育指导以公共利益为价值取向。由于家庭教育指导是社会各界广泛参与的社会教育，政府组织与非政府组织，公益组织与营利组织，相关部门、机构与公民都会参加到家庭教育指导工作中。不同组织有不同的性质与不同的任务，不同部门有不同的制度逻辑，他们共同进行家庭教育指导行动时会产生制度冲突和利益冲突，那么不同层级和不同部门的管理者就要把行动目标指向家庭教育指导的公共价值，以确保在价值观与行动方向上保持一致。

家庭教育指导管理者的组织协调职责是由家庭教育指导工作主体的多元化所决定的。儿童身心健康发展需求的多元化决定了家庭教育指导工作主体的多元化。儿童的健康成长是全方位的，涉及营养、卫生、保健、教育等各个方面，这些领域的发展已经实现了职业化与专业化，而且在领导与管理方面实现了部门分工管理。与此同时，儿童的健康成长需要全社会的保障，相关各级行政组织、各类社会团体和各方学者专家都担负着为儿童发展保驾护航的重任。可见，家庭教育指导工作存在着所需资源较多而资源却分散分布的特点。而家庭教育指导是以儿童发展为终极目标的，所以只要是有利于儿童发展的社会资源和教育力量，就需要纳入家庭教育指导管理的范围，这样才能整合丰富的人力、物力、财力以及时间、空间、信息等各种资源，为家长提供丰富的家庭教育指导服务。这就意味着家庭教育指导是相关各级各类组织、部门的合作行为。家庭教育指导管理者需要组织部门力量、协调部门利益，以促进家庭教育指导的共同行动，实现家庭教育指导的公共利益。

现代管理非常重视过程管理，对实施过程进行规范、监督与指导是实现目标、落实计划的基础。过程管理加强了过程推进的科学性，注重及时发现问题、灵活调整策略、妥善处理问题。家庭教育指导决策与规划，是相关内容的总体设计，具有一定的抽象性，在宣传过程中可能存在理解偏差问题，在推进过程可能存在资源有限、力量不足问题，在执行过程中可能存在行为失范、手段低效问题，在机制运行中可能存在阻碍因素等，需要不同层级与不同部门的家庭教育指导管理者采取督导视导、解释说明、协商对话、建言献策、表扬批评、奖励惩罚等多种手段，确保家庭教育指导工作沿着合理、合法、科学、有效的路径不断深入。

家庭教育指导工作的管理需要依据一定的标准，采取科学的工具与合理的方式，对家庭教育指导的效果进行定性或者定量的评价与评估，发挥评价与评估的反馈、导向和激励作用。现代管理主张多元评价主体，除了专职管理者的评价，还有家庭教育指导过程涉及的相关人员的评价，例如家庭教育指导者的自评、家庭教育指导对象的评价以及社会有关机构与人士的评价。多元的评价与评估主体可以反映多方利益主体的需求，提高评价的社会参与性与民主性。家庭教育指导的管理评价要把科层制组织系统的内部评价与社会专业中介组织的外部评估相结合。

二、家庭教育指导者

家庭教育指导者是指在家庭教育指导过程中直接对家庭教育指导对象进行引导，为他们提供支持、帮助与指引等服务的机构、团体以及个人，包括政府、学校、社区、非营利组织、营利组织、大众传媒和指导者个人等。

家庭教育指导者直接为家庭教育指导对象提供教育服务，从服务面向的角度而言，家庭教育指导者的基本职责首先是面向家长和儿童开展家庭教育指导服务，提升家长的教育素质[①]，促进儿童的健康成长。同时，家庭教育指导是一种公共服务，以实现公共利益为价值导向，而集体、社会、政府和国家是范围与规模不同的共同体组织，代表范围与规模不同的公共利益，这就意味着家庭教育指导者作为公共服务的直接提供者，还应该承担面向社会和国家的服务职责。家长、儿童、国家、社会是不同的服务对象，是不同的利益主体。家长和儿童是具体的服务对象个体，他们对家庭教育指导的需求是基于自身利益的实现；国家和社会是抽象的服务对象集体，它们对家庭教育指导的需求是基于公共利益的实现。私人利益与公共利益在有些情形下是一致的，在有些情形下是不一致的，这样，家长与儿童、国家与社会对家庭教育指导者的要求既可能存在着一致性，也可能存在着矛盾与冲突。因此，家庭教育指导者需要兼顾不同的服务对象，并在必要的时候解决不同利益主体的价值冲突。

家庭教育指导者面向家长与儿童的服务职责，主要是向家长宣传家庭教育的重要性，普及家庭教育的基础知识与基本方法，针对家长教育子女的困惑和问题进行指导，对儿童进行家庭德育和家庭伦理教育，针对家庭关系尤

---

① 中国儿童中心．我国家庭教育指导服务体系构建与推进策略研究［M］．北京：中国人民大学出版社，2016：141.

其是亲子关系冲突进行调适，指导家长和儿童创建有利于儿童发展与人生幸福的和谐家庭。

家庭教育指导面向社会和国家的服务职责，主要是遵守党的路线、方针与政策，以社会主义核心价值观引领家长的家庭教育价值观，使儿童在社会责任、国家认同、国际理解等方面获得发展。但是由于家长与儿童、社会与国家是不同的价值主体，不同的价值主体对同一价值的认识和思考必然存在或大或小的差异与分歧，家庭教育指导者需要面对与解决这种价值冲突。家庭教育指导的公共利益取向要求家庭教育指导者既要尊重家长和儿童的私人利益，又要出于公共利益的考虑对私人利益进行合理的限制与引导。"在理论上，价值冲突要么以某一行为对某共同体会更好为依据来解决，要么通过强化某人的某种义务来解决。"① 可见，家庭教育指导者培养家长和儿童对共同体的认同、归属感与责任感，是非常关键的。

三、家庭教育指导研究者

家庭教育指导研究者是以家庭教育指导为研究对象的专业工作者，旨在为家庭教育指导的实践活动建立理论基础，为培养家庭教育指导专业人才创建课程体系。如果说家庭教育的研究比较薄弱的话，那么家庭教育指导的研究更加薄弱。无论是家庭教育还是家庭教育指导，都已经受到很多领域研究者的重视，但是专门与系统的家庭教育和家庭教育指导研究机制并没有完全建立起来，大多数研究者是以兼职身份并基于相关学科与专业背景而从事研究。他们在进行自己的专业研究时，延伸出家庭教育或家庭教育指导研究，并非因为家庭教育和家庭教育指导自身的价值引领与专业特征而从事系统的、持续的专业研究。因此，家庭教育和家庭教育指导研究的专业本位意识不强，家庭教育和家庭教育指导专业的独立性比较弱。

家庭教育指导是一个涉及教育学、心理学、社会学、伦理学、管理学等相关专业与学科的领域，所以家庭教育指导研究实际上就是相关专业和学科在家庭教育指导上的聚合点，但是这并不意味着家庭教育指导研究就是一个

---

① 张夏青. 教育中的价值冲突：实质、类型与解决 [J]. 华东师范大学学报（教育科学版），2018（1）：93.

大拼盘，家庭教育指导的跨学科性与专业独立性并不矛盾。家庭教育指导实践的必要性与独特性，决定了家庭教育指导研究具有独立的研究价值与思维方式，这是家庭教育指导研究专业化发展的基础。

目前的家庭教育指导研究落后于家庭教育指导实践需求，这就导致家庭教育指导的非专业现象突出。首先，家庭教育指导实践主要是基于粗略的经验与肤浅的感悟，很多规范是在尝试错误的过程中逐渐积累起来的，而且缺乏充分的理性反思与学术批判，因此，需要加强理论指导，加强家庭教育理论研究、学科建构与专业建设。其次，我国家庭教育指导队伍中兼职指导者数量庞大，家庭教育指导者缺乏系统的专业训练，专业知识结构不够完善，对家庭教育和家庭教育指导的独特价值缺乏认识，因此，还需要加强家庭教育指导专业人才的培养与培训。这些都需要家庭教育指导研究者肩负起相应的职责与使命。

第二节　家庭教育指导对象

家庭教育指导对象具有双重性，这是家庭教育指导活动的突出特点。家长是家庭教育指导的直接对象，也是家庭教育指导活动的专属服务对象。但是指导家长做好家庭教育并非家庭教育指导活动的最终目的，家庭教育指导与家庭教育的最终目的都是促进儿童的健康成长。家庭教育指导把家长的家庭教育能力视为影响儿童成长的必要条件，把它当作一个中介目标来开展教育服务活动。只有家长提高了教育指导孩子的水平，家庭教育指导才能产生效果。而家庭教育指导效果又并非家长单方面的行为结果，是家长与孩子互动的结果，因此仅仅关注与强调家长的因素是不够的。家长毕竟只是孩子健康成长的外部环境因素，孩子自己才是健康成长的主体，所以孩子的性格特征、思想意识和行为习惯，孩子在亲子互动中的表现与变化，是家长教育孩子的基础，也是家庭教育指导的基础。可见，家长固然应该承担家庭教育的主体责任，但孩子在家庭教育过程中也有自己的责任与义务，因此，在家庭教育指导过程中，指导家长的同时还要关注亲子关系的表现与变化，促进良好亲子关系的建立，为良好的家庭教育奠定基础。认识到家庭教育指导对象的双重性，在实践中既指导家长理解与知晓自己应有的思想观念与行为方式，也指导孩子理解与知晓自己应有的思想观念与行为方式，家长与孩子两个方面的指导工作都做到位，是家庭教育指导取得良好效果的关键。

一、家庭教育指导的直接对象

家庭教育指导的直接对象是家长。

家长具有抚养与教育子女的责任与义务，家长的教育角色是因亲子关系而自然产生的，不像教师需要制度化的专业训练才能获得专门的教育角色。家长在家庭中担负着教育职责，却又不是专业的教育者，家长的教育意识、教育态度与教育方法是否符合教育规律与人的成长规律，除了需要家长自我学习与自我成长以外，还需要家庭教育指导工作给予帮助与指导。因此，调查、分析与总结家长的教育需求与学习特点，是家庭教育指导活动不可缺少的内容。

家长是一个复杂、多元的群体，在年龄、性别、性格、职业和文化背景等方面存在着差异，家庭教育指导工作者需要尊重这种差异，不能采取单一的、雷同的指导措施，同时又不能对每个家长进行过于主观的猜测和推断，既要了解家长的整体特征，又要了解家长的个体特征，从共性与个性的辩证关系来把握指导家长的规律。

一般情况下，从不同的角度对家长群体进行分类研究与指导是常规思路。根据性别，可以把家长群体分为男性家长与女性家长，父亲、祖父、外祖父以及叔伯等属于男性家长，母亲、祖母、外祖母以及姨姑等属于女性家长，这样可以从性别角色这个角度来把握家长的一般特征。根据家庭角色，可以把家长群体分为父亲、母亲、祖辈和其他家长，这样就可以从家庭角色影响家长的意识这个角度来把握家长的一般特征。根据孩子的年龄，可以把家长群体分为婴幼儿家长、小学生家长、初中生家长、高中生家长和大学生家长等，这样就可以从孩子的年龄特点和发展任务对家庭教育的总体需求来把握不同年龄孩子的家长的一般特征。根据家庭类型，可以把家长分为联合家庭的家长、主干家庭的家长、核心家庭的家长、单亲家庭的家长、重组家庭的家长等，这样就可以从不同家庭类型在家庭关系等方面的特点来把握家长的一般特征。除此以外，还可以从性格、职业、教养等多个角度对家长进行分类，进而从不同的方面揭示和把握家庭教育指导对象的一般特征，提高家庭教育指导的针对性。

二、家庭教育指导的间接对象

家庭教育指导的间接对象是儿童。

受教育者是儿童的基本角色，他们在学校教育领域是学生，在家庭教育领域是儿子或女儿。儿童的这种角色特征要求不同的领域应该教育观念一致，增强教育合力。如果不同的领域产生教育冲突，不但会削弱教育合力，还会给儿童造成认知冲突，为儿童整合教育经验带来挑战。同时，不同领域的教育优势不同，不可相互代替。学校教育的优势在于集体教育环境和儿童社会化发展，家庭教育的优势在于家庭生活环境和儿童个性化发展。对儿童的家庭教育指导则侧重于加强家庭伦理教育，调适亲子关系，化解家庭教育矛盾。可见，不同领域对儿童的指导既要观念一致，又要优势互补。

对儿童进行分类，是提高家庭教育指导针对性的一个重要方面。儿童的年龄、性别、性格以及在兄弟姐妹中的排行等因素都会影响家长对儿童的态度，在有的家庭甚至会影响儿童的家庭地位，因而从以上角度分类研究和分类指导是很有意义的。另外，从家庭类型、亲子关系类型以及儿童所处的学段进行分类研究与分类指导也是非常有意义的。

把儿童作为家庭教育指导的间接对象是基于以下三个基本认识。

第一，儿童作为未成年人，家长理应承担养育责任与监护责任，因此家长是家庭教育的责任主体。如果儿童成长出现问题，或者家庭教育出现问题，家长都应该主动承担责任并改进家庭教育，为儿童的健康成长创建良好的家庭环境。可见，把家长视为家庭教育指导的直接对象，把儿童视为家庭教育指导的间接对象，体现了家庭保护儿童权益的责任。

第二，学校是教育的专门化场所，教育是学校的首要功能，所以，学校的一切工作都要以儿童为中心，儿童是学校的直接教育对象。家庭是私人生活场所，教育只是家庭的功能之一，家庭教育指导实际上是增强或者优化家庭的教育功能，而家庭的教育功能又蕴含在家长的言谈举止以及家庭环境和家庭关系之中，所以家庭教育指导首先要针对家庭环境、家庭关系和家庭生活习惯等开展工作，未必总是直接针对儿童开展工作。可见，把儿童视为家庭教育指导的间接对象，体现了家庭教育的非正式教育特征，也区分了家庭教育指导与学校教育各自所具有的领域特殊性。

第三，当处于学前阶段以及小学低年级阶段时，儿童尚未独立，对家长和家庭环境有很强的依赖性，家庭教育指导主要针对家长进行。当处于初中、高中阶段，正值青春期的时候，儿童一方面身心发育较快，对家长的依赖性减弱，另一方面他们的身心发育又没有完全成熟，并没有在社会上获得独立身份，他们的情感、态度、价值观以及认识与分析问题的能力都还没有发展完善，很容易产生内心冲突。家长若没有清晰地识别孩子的成长变化与心理状态，那么在相处过程中很容易产生亲子冲突或亲子矛盾，这是青春期家庭教育出现困境和困难的主要原因。这一阶段的家庭教育指导工作需要对亲子双方都进行指导，促进亲子双方做出调整、发生改变，达到事半功倍的效果。如果仅仅做家长工作，或者仅仅做儿童工作，亲子双方中仅有一方做出改变，家庭教育指导效果就会大打折扣。因此，随着儿童年龄的逐步增长，家庭教育指导对象的双重性特征会更加突出。再者，家庭教育是终身教育，儿童成年后，如果他与已经进入中老年的父母再产生亲子冲突与家庭矛盾，家庭教育指导就更需要把这个已经成年的"儿童"纳入指导对象，使他明确在成人阶段应该具有的担当与责任，已经成年的"儿童"更有义务主动化解家庭矛盾、尊重老人，并给自己的孩子树立学习榜样。可见，把儿童视为家庭教育指导的间接对象，体现了家庭教育的终身教育特征。

把儿童视为家庭教育指导的间接对象，需要避免两个认识误区。

一方面，家长是家庭教育指导的直接对象，由此将家庭教育或孩子成长中出现的问题归因为家长方面，即"家长原罪论"，是存在认识误区的。[①]"家长原罪论"忽视儿童的主体性，忽略儿童在成长过程中应该承担的责任，否认了孩子在成长中的主体地位以及自我成长的主体意识，过分夸大家长在儿童成长以及家庭教育中的地位与作用。无论儿童成长出现问题还是家庭教育出现问题，既有家长的责任，也有儿童的责任，还有社会的责任。但是"家长原罪论"视家长为唯一的"被告"，把复杂的问题简单化，不利于全面分析儿童成长的影响因素，难以正确认识家庭教育所存在的真正问题。有的家庭教育指导活动过度鼓励孩子表达对家长的不满，却不注意引导孩子理解家长，使孩子把自己的问题归结为家长的错误，养成片面偏激的思维方式。

---

① 晏红. 家庭教育指导不必心理学化［J］. 家庭教育，2017（10）：20.

其实，孩子是自我成长的主人，有学习的义务，有尊重师长的义务，有自我成长的义务。既要指导家长尊重孩子，也要指导孩子尊敬家长；既要指导家长承担家庭教育的责任，也要指导孩子承担自我成长的责任。这样才能为家长和孩子提供正面支持，确保家庭教育指导的正确导向。

另一方面，儿童是家庭教育指导的间接对象，因此把家庭教育指导变成儿童教育活动也是存在认识误区的。这种认识忽视家长的主导责任，在家庭教育指导过程中缺乏家庭教育的专业视角。由于家庭教育兼职指导者占有一定比例，从事儿童教育的兼职指导者未必具有充分的家长教育经验，那么就可能存在将儿童教育与家长教育简单混同的现象，这种状况不仅导致家庭教育指导缺乏针对性，而且不利于引导家长正视自己的问题。家长群体普遍存在着当儿童成长出现问题时才去寻求家庭教育指导，并只看见儿童问题却忽视自身问题的现象，所以家庭教育指导要注意指导对象的双重性，并把握好直接指导对象与间接指导对象的关系，对他们既分别做工作又有重点地做工作，这样有助于提高家庭教育指导的效果。

家庭教育指导对象的双重性体现了家庭教育指导思路的整体性、层次性与阶段性。无论是家长出现问题还是儿童出现问题，都要把他们放在亲子关系与家庭关系中去分析与解决问题，而不是仅做单方面的工作。与此同时，家长问题与儿童问题具有不同的表现、性质与特点，亲子矛盾与家庭矛盾也有主次之分，所以家庭教育指导要有层次性。另外，在孩子成长的不同阶段，亲子矛盾的责任主体有不同特点，家庭教育指导对象的双重性特点也会有所不同。婴幼儿尚未形成独立性，对家长和家庭的依赖性很强，要侧重指导家长承担养育与监护责任，尊重婴幼儿的身心发育水平，避免包括包办代替在内的各种专制现象。学龄期是儿童学习知识、培养品德的黄金时期，既要指导家长尊重儿童的成长空间，又要指导儿童养成尊敬家长、热爱家务劳动等家庭美德。在孩子成年之后，家庭教育指导的间接对象已经长大成人，要侧重指导他们明确应该承担的家庭责任。此时，家庭教育指导的直接对象已经迈入中年或者老年，在发展迅速的当今社会，他们不但有隔代教育的家庭责任，还有继续社会化的人生发展任务。可见，家庭教育指导作为以人为核心的对象性活动，要紧紧围绕家庭教育指导对象的双重性特点来深入开展工作。

三、家庭教育指导者与家庭教育指导对象之间的关系

家庭教育指导者与家庭教育指导对象都是具有情感和理性的能动主体，这就意味着家庭教育指导过程并不是简单的指导与被指导的关系，而是具有自主意识的主体与主体之间关系的规定。从主体性走向主体间性，是当代哲学观的一个重要演变。主体性是以主客体关系为基础而实现主体在交往中的支配性地位，在教育指导过程中就形成以指导者为中心、指导对象处于被动地位的关系，这样指导对象作为客体就失去了主体性。主体间性则力图突破片面的主体性，力求使主体双方摆脱以自我为中心的局限性，通过双方的情感共通、心灵交换和彼此理解而走向民主、参与、平等的交往关系。主体间性是当代主体教育的价值追求。①

以主体间性哲学认识论为指导，家庭教育指导者与家庭教育指导对象之间不是简单的主客体关系，而是复杂的主体间性。家庭教育指导者固然承担着支持、帮助与引导家庭教育指导对象的责任，但是家庭教育指导者还要把握自身与指导对象之间相互尊重、相互合作、共同成长的关系。

指导者需要有一定的指导高度，以保证导向的正确性，但是不意味着高高在上，而是要尊重指导对象的现有水平和心理接受程度。"尊重"是一种换位思考，即使自己不认同也能设身处地地理解他人，倾听与交谈之时会顾及对方和周围人的感受，让对方感觉到放松与被尊重。这就要求指导者首先要善于倾听，不管是否认同对方的观念，都要尊重对方表达的意愿，然后根据对方的性格特点以及具体的家庭教育情境，选择合适的沟通指导方式。"尊重"是一个微言大义的词汇，人人都能脱口而出，在家庭教育指导实际工作中却由于每个人的理解水平不同而出现一些有违"尊重"的想法和做法。例如，把"尊重"简单地理解为听从与认可，出现一味顺从家长、迁就儿童的情况；把"为了家长好""为了孩子好"等同于"尊重"，将正确的观念和方法强加于家长或者孩子身上，使他们感到紧张、有压力，变得担忧、怀疑、不自信甚至产生情绪对抗。

---

① 岳伟，王坤庆. 主体间性：当代主体教育的价值追求［J］. 华东师范大学学报（教育科学版），2004（6）：1-3.

家庭教育指导者与家庭教育指导对象基于儿童健康成长的共同愿景而建立了合作关系。合作意味着对外在事物保持积极的关注与开放的态度。家长群体一方面对家庭教育指导有需求，另一方面也有丰富的家庭教育资源，家庭教育指导者可以挖掘家长的教育资源并将其转化为家庭教育指导资源。改革开放之后成长起来的现代家长群体中，有一些人学历高、家庭教育热情高、参与意识强，他们善于思考与总结家庭教育经验，成为具有一定真知灼见的榜样家长。家庭教育指导者可以发挥榜样家长的优势，搭建"家长指导家长""家长教育家长"的平台，让一部分家长带动另一部分家长更新家庭教育观念，提高家庭教育能力。这样，家庭教育指导者与家庭教育指导对象之间不仅基于儿童成长建立了合作共育关系，而且基于家长群体的发展建立了合作指导共同体关系。

成长是每个人的终生任务，且每个人的成长与周围人的成长息息相关。家庭教育指导者不但帮助指导对象在家庭教育中获得成长，而且也使自己在与指导对象的互动中获得成长。主体间性视阈下的家庭教育指导者，把家庭教育指导过程视为理解生命、关注成长、包容差异与理解共识的过程，把指导对象的成长与自身的成长都视为人生意义不断生成的过程。这样，家长与儿童出现的所谓问题就是家庭教育指导者与家庭教育指导对象共同面对的成长课题，家庭教育指导过程就是家庭教育指导者与家庭教育指导对象在合理的价值向度引领下和谐共生的过程。

第三节　家庭教育指导措施

教育措施包括教育内容与教育手段，是联系指导者与指导对象的中介要素。家庭教育指导内容的选择与指导手段的运用形成了家庭教育指导过程的活动机制，是实现指导目的的中间环节与途径。

一、家庭教育指导内容

教育内容是教育者用以作用于受教育者的影响物，它是根据教育目的选择与加工的最有价值和适合受教育者的影响物。① 针对不同的教育对象，教育内容有所不同。由于家庭教育指导对象具有双重性，所以家庭教育指导内容可以分为针对家长的家庭教育指导内容和针对儿童的家庭教育指导内容。

（一）针对家长的家庭教育指导内容

针对家长的家庭教育指导内容，既要符合国家和社会层面的家庭教育指导目的，也要符合区域层面的家庭教育水平以及家长层面的家庭教育需求，所以家庭教育指导内容要具有层次性与针对性。很多国家和地区通过制定家庭教育指导大纲来规范家庭教育指导的一般内容，为制定家庭教育指导的具体内容提供依据和参考。

2010 年 2 月 8 日，全国妇联、教育部、中央文明办、民政部、卫生部、国家人口计生委、中国关工委七个部门联合颁布了《全国家庭教育指导大纲》，明确提出了对家长进行家庭教育指导的内容要求。这个国家层面的家庭教育指导大纲按照儿童（18 岁以下）年龄段划分家庭教育指导的一般内容，并兼顾了家庭教育指导的特殊需求，成为全国各级各类家庭教育指导服务机构和家庭教育指导者选择家庭教育指导内容的重要依据。家庭教育指导的一般内容分为新婚期及孕期的家庭教育指导，以及 0~3 岁、4~6 岁、7~12 岁、13~15 岁和 16~18 岁五个年龄段儿童的家庭教育指导，此外，还包括特殊儿童的家庭教育指导、特殊家庭的家庭教育指导和灾害背景下的家庭教育指导。

（二）针对儿童的家庭教育指导内容

儿童是基础教育对象，基础教育提倡"五育并举"，即体、智、德、美、劳等方面全面发展，那么针对儿童的家庭教育指导也应围绕这五个方面进行。当然，同样是"五育并举"，家庭教育与学校教育既各有侧重又相互配合，家庭教育不是学校教育的附庸，家庭教育指导不能简单复制学校教育的内容。赵忠心在论述家庭教育与学校教育的区别以及家庭教育的优势和局限性的基础之上，提出了家庭体育、家庭德育、家庭智育、家庭美育和家庭劳动教育

---

① 王道俊，王汉澜．教育学 ［M］．北京：人民教育出版社，1989：30.

的任务与内容①，为"五育并举"的家庭教育指导内容的确定奠定了理论基础。

2016 年，《中国学生发展核心素养》发布，指出了中国学生适应终身教育和社会发展需要应具备的品格和关键能力。它以培养全面发展的人为核心，从文化基础、自主发展和社会参与三个方面，提出人文底蕴、科学精神、学会学习、健康生活、责任担当、实践创新六大素养，并具体细化为人文积淀、人文情怀、审美情趣、理性思维、批判质疑、勇于探究、乐学善学、勤于反思、信息意识、珍爱生命、健全人格、自我管理、社会责任、国家认同、国际理解、劳动意识、问题解决和技术运用十八个基本要点。"核心素养"不但对学校教育课程建设和学生评价具有指导意义，对家庭教育和家庭教育指导工作也具有方向性的引领作用。家庭生活环境需要体现"核心素养"的三个方面、六大素养、十八个基本要点，家庭教育和学校教育要发挥合力，培养儿童的"核心素养"。

针对家长的家庭教育指导内容属于继续教育、成人教育范畴，针对儿童的家庭教育指导内容属于基础教育范畴。针对家长与针对儿童的家庭教育指导虽然具体内容不同，但是指导目的是一致的，都是为了儿童的健康成长，因此两者应该保持价值观的一致性与逻辑上的同一性，都应该以社会主义核心价值观为主导来选择与整合相关指导内容。

二、家庭教育指导手段

教育手段是指教育活动中所采用的方式和方法，包括教育者和受教育者所采用的教和学的方式与方法，也包括教育活动所运用的一切物质手段。②在家庭教育指导过程中，家长是成年人，儿童是未成年人，他们的学习方式与接受能力具有不同的特点，因而要采取不同的家庭教育指导手段。

（一）针对家长的家庭教育指导手段

根据家庭教育指导对象的规模，针对家长的家庭教育指导手段可以分为

---

① 赵忠心. 家庭教育学 [M]. 北京：人民教育出版社，1994：185-194.
② 王道俊，王汉澜. 教育学 [M]. 北京：人民教育出版社，1989：31.

集体指导方式和个别指导方式。集体指导方式具有规模大、受众多、成本低的优点，为家长共同学习、相互交流搭建了桥梁，但是也存在着指导针对性不强、停留于表面现象的问题。集体指导方式主要有专题讲座、视频播放或者发放学习资料等形式，在学校教育系统则通常体现为家长会、家长开放活动或者亲子活动等形式。

个别指导方式具有针对性强、指导内容深入的优点，但是也存在规模小、受众少、成本高的问题。个别指导方式通常为家庭访问与咨询交流等。但当家庭出现资源紧缺、价值观失范、家庭关系紧张、家庭危机重重等严重问题时，通常需要心理咨询和社会工作领域专业人士的介入，他们调动社会资源，帮助家庭修复残缺不全的功能，使之走上正常、健康的轨道。

在家庭教育指导的各种物质手段中，值得注意的是互联网与自媒体工具，它们给家庭教育指导工作带来了挑战与机遇。自媒体工具使每个人都成为信息的发布者与内容的传播者，通过互联网站、移动互联网应用程序等建立的微信群、QQ群、微博群进一步强化了互联网组群工具的自媒体功能。互联网与自媒体工具承载的信息与内容良莠不齐，传播迅速、受众量大，给家长的家庭教育观念、家庭教育知识与方法带来了复杂的影响。因此，家庭教育指导工作要密切关注家庭教育舆论风向标，以正确的教育价值观和科学的教育知识与方法引导家庭教育。

(二) 针对儿童的家庭教育指导手段

儿童是未成年人，主要任务是接受系统的学校教育，针对儿童的家庭教育指导既要使学校教育对家庭教育产生积极影响，又要使家庭教育发挥其独特功能，使学校教育和家庭教育形成教育合力，共同促进儿童的健康成长。

根据指导对象的规模，针对儿童的家庭教育指导手段也可以分为集体指导方式和个别指导方式。由于儿童是在学校集体环境中接受正规教育，学校和教师（尤其是班主任）就成为直接面对儿童的家庭教育指导者，主要采取课程渗透和集体影响两种方式，使孩子学会做人的基本道理。无论是"五育并举"还是"核心素养"，学校教育都会利用教学机制以及同伴学习、集体影响、社团活动等教育机制，对儿童进行全方位的、长期的、深入的教育影响。除此以外，学校、社区、校外教育机构以及相关社会机构所组织的亲子活动、校外教育活动、拓展训练和团体咨询生动活泼，能够调动情绪、丰富体验、促进反思与分享，这些集体指导方式有助于提高家庭教育指导的效果。

　　针对儿童的个别指导方式，除了常规的家庭访问与咨询交流以外，还有以行为主义心理学和人本主义心理学为基础的心理咨询手段。这些手段可以指导儿童树立健康的观念与思想意识，塑造良好的行为习惯，矫正不良行为习惯。

　　家庭教育指导工作者、家庭教育指导对象与家庭教育指导措施，作为家庭教育指导的基本要素，是家庭教育指导过程的必要条件，它们之间的相互关系形成家庭教育指导活动的基础。当然，现实中还存在着家庭教育指导环境、家庭教育指导政策、家庭教育指导理论、家庭教育指导与社会各方面发展之间的关系等因素，它们构成家庭教育指导过程的充分条件。条件越充分，家庭教育指导活动越复杂。因此，无论在理论上还是实践上，把家庭教育指导的基本要素与家庭教育指导的复杂因素相结合，才能更好地把握家庭教育指导活动的规律。

第四章　家庭教育指导目的与目标

　　教育是一种有目的、有意识地培养人的活动，无论学校教育还是家庭教育，对于把受教育者培养为什么样的人，都有某种预设的期待。教育目的对教育实践具有定向、调控和评价的作用。因此，教育目的的确定是至关重要的。

　　家庭教育是一种私人教育，家长的教育目的反映了家长的教育价值观与主观期待，具有突出的个性化特征，对家长的教育行为起着指引作用，影响着未成年人的成长。可见，家长的教育目的是否符合社会发展对人才的要求，是否对儿童的健康发展起着引领作用，对家庭教育能否产生正向功能起着决定作用。而家长是非专业的教育者，教育又是一种非常复杂的专业活动，家庭教育指导就承担了引领家长确立正确的教育目的的任务。因此，家庭教育指导的目的及其价值取向既是一个非常重要的实践问题，也是一个非常重要的理论研究问题。

第一节　教育目的与目标概述

　　康德指出："人，总之一切理性动物，是作为目的本身而存在的，并不是仅仅作为手段给某个意志任意使用的，我们必须在他的一切行动中，不管这行动是对他自己的，还是对其他理性动物的，永远把他当作目的看待。"[①]也就是说，人的行为不是仅仅作为一个对象或者工具完全受外界的支配和影响，而是在主观目的和意识支配之下进行的活动。

---

　　① 北京大学哲学系外国哲学史教研室．西方哲学原著选读：下卷［M］．北京：商务印书馆，1982：317.

教育是一种有目的、有意识地培养人的活动。教育学认为，教育目的是对培养的人的质量规格的设想与要求，反映了教育者的意向、动机和价值观，价值观一旦参与到实践活动和教育行为就构成了人的价值取向，所以教育目的是有价值取向的。所谓教育目的的价值取向，是指教育目的的提出者或从事教育活动的主体依据自身的需要对教育价值做出选择时所持的一种倾向。①

教育目标也称培养目标，是教育目的的具体化。教育目的是国家或社会对教育所要造就的人的质量规格的总设想或者总规定，教育目标则是对各级各类教育所要培养的人提出的具体标准和要求，两者是一般与个别的关系，也是理念与操作的关系。教育目的是教育目标的理论表述与理论前提，教育目标则是教育目的的操作层面，其具体执行结果有助于对教育目的的正确与否进行判断。②

教育目的对教育实践具有导向与调控功能，对教育理论具有价值判断功能。教育目的的实现既受教育自身因素的影响，也受教育之外因素的影响，教育目的是否符合教育对象的发展规律，是影响教育目的实现的根本因素。在教育目的已经厘定的基础之上，组织与组织间沟通协调是实现教育目的的关键。

第二节　家庭教育指导目的
　　　　与家庭教育目的之辨析

家庭教育指导作为一种有目的、有意识、有组织的教育活动，遵循着关于教育目的与教育目标的一般认识与基本原理，家庭教育指导目的和家庭教育指导目的价值取向与教育目的和教育目的价值取向的基本内涵是一致的。家庭教育指导目的就是指国家和社会对家庭教育指导的质量规格的设想与要求，家庭教育指导的价值取向则是国家和社会对家庭教育指导的价值观的判断与选择。与一般的教育指导活动的不同之处在于，家庭教育指导目的及其价值取向与家庭教育目的及其价值取向既是密切关联的，又是有所不同的。

---

① 王道俊，王汉澜．教育学［M］．北京：人民教育出版社，1989：101.
② 瞿葆奎，郑金洲．教育基本理论之研究［M］．福州：福建教育出版社，1998：611-612.

家庭教育目的是家长对子女培养的质量要求与设想，家庭教育目的的价值取向是家长对家庭教育价值观的判断与选择。由于家庭教育指导活动要基于家庭教育活动，所以在教育目的和教育目的价值取向方面需要对家庭教育与家庭教育指导进行辨析，这样才能更好地理解与把握家庭教育指导目的的概念。

一、家庭教育指导目的与家庭教育目的之比较

（一）厘定主体不同

教育目的的主体是指"谁的"教育目的，即教育目的的厘定者是谁。家庭教育目的的厘定者主要是家长，家庭教育指导目的的厘定者则是家庭外的机构、团体和个人。不同的厘定者会从不同的立场和利益出发，做出不同的价值选择，对培养与教育活动的方向与质量有着不同的规定。家长厘定家庭教育目的，主要从家庭的利益出发，以家长的价值观为基础，对子女培养构建一个理想的目标。家庭教育指导目的的厘定则是从国家战略、社会与时代发展的需要出发，以国家、社会和时代的主流价值观为基础，对家长的家庭教育价值观做出相应的要求与引领。可见，家庭教育指导目的及其价值取向与家庭教育目的及其价值取向是不同主体的观念体系。

（二）价值取向不同

关于教育目的价值取向，历来都有不同的见解与主张，其中影响最大的就是从"个人本位"与"社会本位"的相对关系来理解价值取向的差异。虽然"个人本位"与"社会本位"的价值取向并不是截然对立的，但是总体而言，家庭教育目的的基本价值取向是"个人本位"，家庭教育指导目的的基本价值取向则是"社会本位"。家庭教育目的以个人为本的根本原因在于家庭是私领域，家庭教育是私人教育，家庭利益和子女个体需要是家庭教育的基本出发点。家庭教育指导目的以社会为本的基本原因是家庭教育指导实际上是国家和社会为家庭教育所提供的支持与帮助，社会利益和群体需要是家庭教育指导的基本出发点。

（三）教育性质不同

家庭教育是私人教育，家庭教育指导则是具有公共性质的社会教育。在

传统社会，家庭教育的主要目的是传宗接代、养儿防老、光宗耀祖，承载着人类繁衍、社会保障和家庭发展的功能。现代社会的家庭教育已经走出狭隘的家庭观，家庭教育的部分功能已经弱化或者社会化，但是维系家庭的存在、保护家庭成员的利益、促进家庭的发展，是家庭作为一个生命有机体和一个利益主体的基本功能，所以，无论传统社会还是现代社会，家庭教育的私人性质是不可改变的。家庭教育指导虽然是为家庭教育提供社会支持，但它是公共教育服务体系的一部分，必然代表着公共利益，提供公共教育服务。

（四）自觉程度不同

教育是一种有目的、有意识的人类活动，但并非所有的教育活动都有同等的意识程度，即教育自觉程度是不同的。自觉与自发相对，是反映行为活动觉悟程度的一对范畴。自觉是自我觉知之意，对应的英文是"self‐con‐sciousness"，也译为"自我意识"。觉有觉醒、觉悟、觉知之意，自觉意味着自我觉知。自发是不自知、不自觉、没有意识到的，是盲目受外力支配的状态。行为上的自觉源于自觉意识，自觉意识越强，行为的自觉程度越高。

家庭教育指导目的是专家学者和专业人士共同研发的理论成果，代表国家和社会的意志对家庭教育事业进行系统设计、统一规划，具有明确的导向性。家庭教育目的则是家长基于自身的生活经验和理解所产生的儿童教育意愿，并不总是自知的、明确的，也无法进行统一规定，自发与自觉状态兼而有之。因此，家庭教育指导目的的自觉程度高于家庭教育目的。

自觉程度除了具有行为意义以外，还具有认识论意义。自觉产生于对事物的了解、需要与追求，自觉意识会触发问题意识，带动发现问题与解决问题的意愿。这是因为"意识并不是照亮精神和世界的光芒，而是照亮缺口、不确定性、边缘地带的微光或闪光"[①]。自觉程度越高，越敏于发现、乐于思考。家庭教育指导承担着发现家长在家庭教育中意识不到的问题，进而加强指导的使命。如果家长的自觉程度提高了，不但能在日常生活中增加教育子女的自觉行为，而且有助于促进自我觉察与自我反思，进而主动调节自己的家庭教育过程。

家庭教育指导目的与家庭教育目的主体不同、价值取向不同、性质不同

———————————

① 莫兰. 迷失的范式 ［M］. 陈一壮，译. 北京：北京大学出版社，1999：116.

以及自觉程度不同，这些决定了家庭教育指导是私人教育与公共教育的矛盾统一体，承担着既保护家庭、尊重家长又引领家庭、指导家长的社会责任。这就意味着无论是国家、社会和市场，还是学校、社区和指导者个人，各个方面的家庭教育指导主体都应该树立清晰的边界意识，形成矛盾统一体思维方式，把尊重家庭和家长的私人教育与引领文明家庭建设和创建良好的家庭教育环境有机结合起来。

二、家庭教育指导目的与家庭教育目的之对立统一关系

基于以上辨析，需要妥善处理以下四个关系，才能把握好家庭教育指导目的与家庭教育目的之间的对立统一关系。

（一）个人与社会的关系

"个人本位"与"社会本位"是两个不同方向的价值取向，实际上反映了个人利益与社会利益之间所存在的矛盾冲突。关于"个人本位"与"社会本位"的学术思想颇丰，形成了不同的教育流派。总体而言，以卢梭、裴斯泰洛齐等为代表的"个人本位"论者强调个人利益与社会利益的冲突，主张通过自然主义教育方式解放儿童、解放个性来解决这种冲突；以涂尔干、贝尔格曼等为代表的"社会本位"论者强调个人利益与社会利益的一致性，主张社会利益代表个人利益。"个人本位"与"社会本位"看上去是两种对立的学术主张，但两者的关系并不是不可协调的。本位论本身是倾向于某一方向的价值取向，是为解决一定历史背景中的现实问题而做出的价值判断，其针对社会现实问题而提出的论点为实践中的人们提供了一种思维方式，成为重要的思想财富。所以，"个人本位"与"社会本位"的"二元论"常常指引人们兼顾个人利益与社会利益。

事实上，自古以来个人与社会之间就存在对立统一关系，个人不能完全独立于社会，社会也不能完全超越于个人。在家庭教育过程中，家庭发展、个人进步与社会发展、群体进步是互为条件、互为因果的，个人和家庭的存在与发展都离不开社会的支持，社会的发展与进步也离不开家庭的文明进步与个人的积极性和创造性，所以两种价值取向并不是截然对立的，它们之间是对立统一关系。两者之间的内在张力要求家庭教育指导在承担指导的社会

责任时，既要尊重家庭利益、个人利益，又要协调家庭利益、个人利益与社会利益、群体利益的关系，这样才能把握家庭教育发展的正确方向。

（二）多元与统一的关系

家庭教育指导的目的是代表国家和社会的意志统一家长的家庭教育价值观，例如全国妇联和教育部在 2008 年对 1997 年出台的《家长教育行为规范》进行了修订，但是两个版本皆把"树立为国教子思想"列为首条首句，明确了家庭教育指导的主流价值导向。家庭教育目的则反映多元化家长群体所持的多元化家庭教育价值观念，这样就在家庭教育指导过程中产生了"统一目的"与"多元目的"。陈桂生认为"统一目的"与"多元目的"之分的价值在于把隐含的目的或表现出来的目的作为客观存在的事实加以承认，并不表示多元的各个目的都是正当的，有助于唤起教育过程当事人的自觉。①

家庭教育的"多元目的"产生于社会结构分层现象与家庭教育个体的多元化现象。从宏观层面而言，家庭作为社会的基本细胞，直接成为社会分层的基本单元，存在包括经济收入、社会地位和文化背景等在内的家庭资源差异，并导致家长在教育资源、教育需求与教育期待上的差异，这是造成家庭教育目的多元化的社会因素。从微观层面而言，家庭教育所面临的教育对象是儿童个体，促进儿童个体发展是家庭教育的重要任务，而家长对儿童个体的认识水平、教育目的与教育能力存在着差异，这是造成家庭教育目的多元化的家庭因素。但是，家庭教育指导"统一目的"与家庭教育"多元目的"并非机械的对立关系，而是有机的统一关系，统一的逻辑基础在于教育的基本功能是育人，实现人的社会化与个性化。由于家长不是专职的教育工作者，而是基于亲子关系自然获得家庭教育角色与养育责任，相比个体社会化发展而言，在日常生活中更容易把握个体的个性化发展，所以家庭教育的基本功能与优势首先体现在促进儿童的个性化发展上。家庭教育指导的基本功能与优势则首先体现在促进儿童的社会化发展上。可见，家庭教育指导与家庭教育必须有机结合，才能共同完成育人的使命。

---

① 陈桂生. 教育原理［M］. 3 版. 上海：华东师范大学出版社，2012：16.

(三) 内在与外在的关系

杜威认为教育目的有外在目的与内在目的之分。前者是活动外部提供的目的，具有抽象、一般和着眼于将来的特点；后者是存在于活动内部的可以意识与预见到的结果，具有具体、特殊和着眼于现实的特点。他认为教育目的应该发生在活动过程之中而不是活动过程之外，外在目的与内在目的采取合作的方法，才是有价值的。① 以家庭为基点来分析家庭教育指导与家庭教育的关系，家庭教育指导目的是家庭的外在目的，即家庭以外的社会力量基于社会需要对家庭教育所施加的影响；家庭教育目的则是家庭的内在目的，即家庭内部力量基于家庭需要对家庭教育所施加的影响。可见，两者的出发点是不同的。当然，两者并非机械的对立关系，外在的社会需要与内部的家庭需要统一于儿童需要，即儿童发展是协调两者矛盾与冲突的逻辑基础。家庭教育指导过程需要达成社会需要、家庭需要与儿童需要的内在统一。如果家庭教育指导的外在目的不能转化为家庭教育的内在目的，那么家庭教育指导是没有实效的；如果家庭教育指导一味迎合家长的意志，忽视儿童健康成长的根本需要与基本规律，就会损害儿童的利益。教育目的是人的世界观与价值观的反映，所以在家庭教育指导活动中，要关注和研究家长的家庭教育价值观。无视家长的教育目的或者简单地用家庭教育指导的目的代替家庭教育目的，都是盲目的、僵化的、浮于表面的家庭教育指导，唯有深入家长的世界观、价值观、儿童观、教育观等基本观念的家庭教育指导活动，才能实现家庭教育指导的目的。

(四) 实然与应然的关系

实然与应然的关系根源于主观性的人与客观世界的矛盾关系，即世界的客观状况与人对世界的需求之间总是存在一定程度的冲突。实然是一种客观的对象性存在，应然则是一种观念的存在物，实然与应然总是存在着一定的差距，人总是倾向于使实然世界向人的应然观念发展。实然与应然的关系具有极大的普遍性，广泛地存在于人的所有活动领域。

对于家庭和家长而言，家庭教育指导目的指向家长应该遵循的家庭教育

---

① 杜威. 民主主义与教育 [M]. 王承绪，译. 北京：人民教育出版社，2001：111-122.

价值观，属于应然的教育目的；家庭教育目的则指向家长在教育过程中实际遵循的价值观，属于实然的教育目的。与此同时，家庭教育指导者也需要反思自己应该遵循的家庭教育价值观与实际持有的家庭教育价值观。因为应然的教育目的与实然的教育目的在现实生活中往往会存在一定的差距，"如果用应然的教育目的取代实然的教育目的，据以界定教育目的概念，那就会混淆作为价值判断的教育目的'观念'与作为事实判断的教育目的'概念'"①。而不尊重事实的教育指导过程则可能是低效、无效甚至起反作用的。可见，家庭教育指导要善于辨析应然与实然的关系，应然的家庭教育目的常常反映社会的主导价值观，实然的家庭教育目的常常反映社会上流行的价值观。流行的价值观可能具有正当性，也可能缺乏正当性；可能与主导价值观一致，也可能与主导价值观不一致。因此，家庭教育指导需要从现实状况出发，确立具体可行的家庭教育指导目的与目标，并研究实然的家庭教育转变为应然的家庭教育的过程、中介与机制，从而发挥应然的教育目的的导向与调控功能。

家庭教育指导目的与家庭教育目的在个人与社会、统一与多元、内在与外在、实然与应然上的对立统一关系，对家庭教育指导实践具有方法论意义。在家庭教育指导过程中，社会、国家与家庭之间、指导者与指导对象之间会在价值观、理念、利益、制度以及行为规范等各个方面存在冲突与矛盾，正确把握这些冲突与矛盾的对立统一关系，有利于协调冲突、解决矛盾，提高家庭教育指导实效。

第三节　家庭教育指导目的的实现机制

家庭教育指导目的反映一种价值取向，在一定时期内具有一定的稳定性，家庭教育指导目的一旦确立就不会频繁地变换，这样，指导目的的实现就进而成为家庭教育指导过程的着眼点。可见，指导目的的实现与指导目的的规定同等重要，研究家庭教育指导目的的实现机制，既是一个实践课题，也是一个重要的理论课题。

---

① 瞿葆奎，郑金洲．教育基本理论之研究［M］．福州：福建教育出版社，1998：614-615.

机制是事物构成要素之间的结构关系及运行方式。实现机制就是以一定的运作方式把事物的各个构成要素联系起来，使它们协调运行并发挥积极作用。家庭教育指导目的的实现机制，就是促进家庭教育指导目的与家庭教育指导基本要素相互作用并发挥积极作用的协调运行方式。家庭教育指导目的与指导结果之间存在着一系列的影响因素以及过程、环节、阶段和转化机制。影响家庭教育指导目的实现的既有外在的社会因素，也有家庭教育指导系统自身的内部因素。根据外因是条件、内因是根据、外因通过内因起作用的基本原理，首先应该分析与把握实现家庭教育指导目的的内在机制。

陈桂生认为教育目的取向是否有效取决于五个方面：（1）它本身是否合乎时宜；（2）"外在的目的"是否已转化为"内在的目的"；（3）是否具备实现目的的必要手段；（4）所择取的手段同目的之间有无内在的联系，在择定的教育手段中，方法与内容之间有无内在的联系；（5）是否合乎规范地使用教育手段；等等。① 以此为框架可以分析家庭教育指导目的的实现机制。家庭教育指导工作者、家庭教育指导对象和家庭教育指导措施构成家庭教育指导的基本要素，其中家庭教育指导措施包括家庭教育指导内容与家庭教育指导手段。因此，分析家庭教育指导目的与家庭教育指导基本要素之间的关系以及协调运行方式，就成为识别实现家庭教育指导目的内在机制的关键。

一、家庭教育指导目的的正当性

"正当"既是一个日常用语，也是一个学术概念。作为一个日常用语，"正当"通常被理解为正确、恰当。《现代汉语词典》将其解释为合理合法的，或者指（人品）端正。② 《辞海》对"正当"的解释是：伦理学上指符合道德原则和规范的行为，也指社会对这一行为的肯定评价。③ 作为一个学术概念，正当性具有反思性与批判性的内涵，即正当性不仅指符合某种现成的标准、规范与理念，而且包括获得正当化的过程。综合康德、洛克以及哈贝马斯等各个学派的正当性概念，刘杨从两个层面概括了正当性的内涵。正

---

① 陈桂生. 学校教育原理［M］. 上海：华东师范大学出版社，2012：145.
② 中国社会科学院语言研究所词典编辑室. 现代汉语词典［M］. 7 版. 北京：商务印书馆，2016：1671.
③ 夏征农. 辞海［M］. 1999 年版缩印本. 上海：上海辞书出版社，2002：2174.

当性在经验层面表现为得到社会的普遍认同，因而具有符合人的意志的主观性；在理性层面则指经过道德哲学论证而取得合理性，因而具有符合某种规范或客观标准的客观性。正当性概念的二元结构尽管全面，却具有内部矛盾：一方面，客观要素赋予了正当性以"真理"的地位，但它可能沦为一种主观臆断；另一方面，普遍认同并不代表必然正确，真理可能掌握在少数人手里。① 因此，需要在这种矛盾却互补的二元结构中理解目的的正当性。

家庭教育指导目的的正当性是主观因素与客观因素的矛盾统一体。一方面，家庭教育指导目的要获得大多数人的认同，既可能是规避惩罚的外在认同，也可能是价值观念的内在认同。美国政治学家阿尔蒙德说："如果某一社会中的公民都愿意遵守当权者制定和实施的法规，而且还不仅仅是因为若不遵守就会受到惩处，而是因为他们确信遵守是应该的，那么，这个政治权威就是合法的。"② 另一方面，家庭教育指导目的要符合家庭教育指导活动的客观规律，符合家庭教育活动的客观规律，以避免大多数人同意是由于受到现实环境、自身利益、自我状况等因素的局限而具有偶然性。因此，家庭教育指导既要对家庭教育指导目的加强宣传与解释，以获得大多数利益相关者的理解与认同，调动和满足广大家长对家庭教育指导的需要，为开展家庭教育指导活动奠定广泛的群众基础，又要对家庭教育指导目的进行一定的反思与批判，对家庭教育指导目的本身的正当性与适宜性加强学术研究，为家庭教育指导奠定良好的理论基础。这样，家庭教育指导目的才能作为家庭教育观念系统的顶层设计，在家庭教育指导的整个过程中发挥正向的总体调控功能。

二、家庭教育指导目的的转化程度

家庭教育指导是一个由组织过程、指导过程、教育过程和发展过程构成的过程体系，家庭教育指导过程的层次性决定了家庭教育指导目的需要层层转化，最终使家庭教育指导外在目的转化为家庭教育内在目的，实现外在目的与内在目的的统一。

---

① 刘杨．正当性与合法性概念辨析 [J]．法制与社会发展，2008 (3)：15.

② 阿尔蒙德，鲍威尔．比较政治学：体系、过程和政策 [M]．曹沛霖，等，译．上海：上海译文出版社，1987：35-36.

　　家庭教育指导工作需要多个部门协同合作，涉及组织沟通与组织间沟通。家庭教育指导目的承载着具有一定意义的信息，其转化过程是一个组织内部与组织之间进行信息生产、传播、扩散、加工、处理、反馈等活动的完整过程，这样以家庭教育指导目的厘定主体为核心的组织沟通过程就成为家庭教育指导目的转化过程的关键。国家和社会是家庭教育指导目的的顶层厘定主体，各个区域与地方的各级各类家庭教育指导工作主体是家庭教育指导目的的次一级厘定主体，将国家和社会的家庭教育指导目的具体化。由于各个层次的家庭教育指导目的厘定主体存在着不同的利益诉求、主观偏好与认知差异，各级各类家庭教育指导在工作环境、现实条件与服务能力等方面也存在着不同，家庭教育指导目的在层层转化过程中会存在偏离信息源发出的真实信息的信息失真现象，包括信息缺失、信息遗漏、信息虚假、信息滞后等多种情况，给家庭教育指导目的的意义理解、目标分解以及与家庭教育内在目的的结合带来不利影响。可见，实现家庭教育指导目的，需要提高家庭教育指导目的厘定主体以及相关工作者的理解、分析和认知能力，建立动态、畅通的信息沟通渠道，提升组织沟通与组织间沟通能力等，以提高家庭教育指导目的的转化程度，建立完善的家庭教育指导目的转化机制。

三、家庭教育指导内容的合目的性

　　家庭教育指导内容是家庭教育指导工作者与家庭教育指导对象发生相互影响与相互作用的中介物，是两者在沟通与交流过程中选择、提炼与组合的各种信息、资料、资源。由于信息、资料与资源本身是中性的，指导目的却是有价值取向的，所以并非所有的家庭教育指导内容都是合目的的，家庭教育指导内容的合目的性成为实现家庭教育指导目的不可缺少的条件。

　　从表面上看，家庭教育指导内容来源于家庭教育指导工作者与家庭教育指导对象所关心的问题及其解决方式，实际上它们都属于一定社会历史时期的文化体系。文化是人类社会所创造的物质财富与精神财富的总和，文化传承是教育的基本功能之一。在教育学领域，陈桂生把文化分为四个体系：行为—作用文化体系，主要内容是伴随生活情境中的实际行为及社会地位所期待的作用；语言—符号文化体系，主要内容是使成员间的思想沟通与状况了解得以实现的语言与符号；价值—规范文化体系，主要内容是牵涉集合体、组织及其统合的行为容许范围与善恶判断标准；知识—技术文化体系，主要内容是构成生活情境的诸物之认识及其应用知识。[①] 其中，与价值取向关系最为密切的是价值—规范文化体系的内容。可见，厘定家庭教育指导目的之后，需要对指导内容进行价值评价与价值判断，选择与设计合目的性的家庭教育指导内容。当今社会正处于利益格局多元化、多元价值观并存、互联网与自媒体迅速发展的转型时期，真善美与假恶丑混合存在于复杂的现实社会、网络时空与教育环境之中，甄别与选择促进个人成长、家庭发展、社会和谐与国家强盛的家庭教育指导内容尤为迫切与重要。

四、家庭教育指导手段的合目的性

手段属于技术范畴，目的属于价值范畴，教育指导领域中的手段又作用于人的变化与发展，这样教育手段就不再是一种单纯的技术现象，它必须符合育人的伦理道德规范，只有符合教育目的的手段才能称得上"教育手段"。家庭教育指导手段是有效实现指导目的与传达指导内容的组织形式、活动方式与操作方法。家庭教育指导手段虽然表现为一种外在的形式、方式与方法，但是也需要对其进行价值判断与价值选择。家庭教育指导者可以从多个方面实施指导工作，可以采取多种多样的指导手段，但只有既合目的又有效果的指导手段才有利于家庭教育指导目的的实现。杜威不但强调手段与目的密不可分的关系，而且论述了两者之间的转化关系。他说："从活动内部产生的目的，作为指导活动的计划，始终既是目的，又是手段，目的与手段之间的区别只是为了方便。每一个手段在我们没有做到以前，都是暂时的目的。每一个目的一旦达到，就变成进一步活动的手段……目的与手段分离到什么程度，活动的意义就减少到什么程度。"[②] 杜威描述了手段合目的性的最高境界，即手段与目的完全融为一体。

与家庭教育指导内容相比，家庭教育指导手段更具有外显性，突出体现在实施过程中所需要的场地的大小、设施与设备的现代性以及活动形式的多样性等方面。家庭教育指导容易出现形式主义的流弊，手段花里胡哨，形式

---

① 陈桂生. 教育原理 [M]. 3 版. 上海：华东师范大学出版社，2012：16.
② 杜威. 民主主义与教育 [M]. 王承绪，译. 北京：人民教育出版社，2001：117.

花样百出，但是内容平淡，所以有必要制定家庭教育指导措施规范，以避免出现指导行为失范问题。

第四节　家庭教育指导的目标分类与分层

教育目的是对人才培养质量的总体规定，是方向性的抽象设定。教育目的需要进一步分解为教育目标，才具有可操作性。通过理论上逐层次的具体化以及实践中逐环节的转化过程，教育目的才能得以实现。[①] 可见，教育目标的分类与分层是实现教育目的的基础。

一、家庭教育指导目标的分类

教育目标指向人的发展。在教育目标分类理论方面，影响最大的是美国心理学家、教育家本杰明·布卢姆（Benjamin Bloom），他将教育目标分为认知、情感和动作技能三个领域，每一领域又细分为若干具有阶梯关系的层次，每一层次又规定了若干具体目标。虽然布卢姆的教育目标分类实际上是学校教育的教学目标分类，但是他的目标分类概念具有广泛的启发与借鉴意义。因为传统心理学把人的心理现象分为三个方面：认知过程、情感过程和意志过程。认知过程是对客观事物的加工过程，主要体现为对事物感性特征与理性特征的认识；情感过程是认知主体的需求、愿望和追求目标，主要体现为价值倾向；意志过程是认识活动在能动方面和调节方面的延伸，主要体现为动作、技能和能力等外部行为。所以，人们经常把知、情、意、行视为心理活动的基本形式，并在教育目标分类学中意行合一，从知、情、行三个领域来分解教育目标。虽然如此，但教育目标并不能心理学化。布卢姆在讨论教育目标分类原则时指出，分类应该与心理现象相一致，但是只涉及教育上要求达到的目标，因此它基本上不能作为一种适合于所有心理现象的分类方案，而且建立教育目标分类的主旨是促进交流，分类学的类别是观察教育过程与

---

① 董文军. 教育目的的理想与实践的"背离"及协调 [J]. 教育理论与实践，1994（3）：13.

分析其活动的框架。①

　　教育目标分类是结合教育学、心理学与逻辑学的基本原理来建构目标体系。家庭教育指导目标分类则是在教育学、心理学、逻辑学的基本原理基础之上，结合家庭教育学和家庭教育指导基本原理来建构目标体系。家长在家庭教育过程中遵循人的基本心理活动规律，需要对家庭教育持有正确的认知、积极的情感和有效的行为，才能取得良好的家庭教育效果。然而，在现实生活中，家长确实存在着错误的教育观念、消极的教育态度和负面的教育行为，使得家庭教育对孩子的健康成长产生了不良影响。因此，从知、情、行来分解家庭教育指导目的是有理论依据的，也是有现实意义的。

　　家庭教育指导的认知目标是指导家长具备家庭教育的基本知识，帮助家长用科学的家庭教育知识指导自己的家庭教育行为。由于家长要承担教育孩子的责任，而家长又不是专职的教育工作者，所以家长缺乏正规学习（formal learning）家庭教育知识的过程，主要通过非正规（non-formal learning）和非正式（informal learning）学习方式来积累和感悟家庭教育知识，这样的知识往往是不系统的感性知识。调查发现，家长掌握的家庭教育知识首先来自自己的经验积累，其次是家教书籍，其他来源依次是家长学校、自己父母、其他家长的经验介绍和电视节目。这个顺序还存在着城乡差异，来自自己经验积累、家教书籍和其他家长经验介绍的比例，城镇高于乡村；来自学校老师、自己父母、家长学校和电视节目的比例，乡村高于城镇。② 可见，需要建立系统的家庭教育指导知识体系，并创建适合家长的学习方式，促进家长的家庭教育知识理性化。

　　家庭教育指导的情感目标是指导家长具备家庭教育的基本态度和价值倾向，促进家长自觉自愿地用正确的价值观、教育观与儿童观来引导自己的家庭教育过程。由于情感目标的实现是一个价值准则的接受和内化过程，触动家长深层次的心理结构，而且家长是成人，已经基于自己的经验形成一套价值体系，家长的认识、态度与倾向已经根深蒂固，所以家庭教育指导情感目标的实现是很有挑战性的。这里就涉及家庭教育指导的功能边界，

---

　　①　安德森，索斯尼克．布卢姆教育目标分类学［M］．谭晓玉，袁文辉，等，译．上海：华东师范大学出版社，1998：13-15.
　　②　全国妇联儿童工作部．全国家庭教育调查报告［M］．北京：社会科学文献出版社，2011：197.

也就是说家长自身的社会经验和感性认识会影响他对家庭教育的情感、态度与价值倾向，家庭教育指导者要指引家长树立正确的人生观、价值观和世界观，但又不可能在短时间内实现。所以，家庭教育指导目标主要是围绕儿童的教育与发展设定的，引领家长从儿童成长的立场出发来调整自己的态度与倾向，建立"儿童本位"的思维方式，从"为了孩子"的角度反观自己、改变自己，意识到教育孩子的同时也要加强自我教育，认识到家庭教育过程不仅是孩子成长的过程，也是自身成长的过程，从而树立亲子共同成长的新理念。

家庭教育指导的行为目标是指导家长养成科学的教养方式和行为方式，使家长的行为方式有益于儿童的健康成长。根据美国心理学家戴安娜·鲍姆林德（Diana Baumrind）的研究，父母的教养方式可以归纳为两个维度。一个是"接受—拒绝"维度，即在日常生活中，父母通常对儿童所持的情感态度是接受的还是拒绝的。父母的行为方式偏向接受端，说明父母是以积极、肯定、耐心的态度对待儿童，尽可能满足儿童的各项要求；父母的行为方式偏向拒绝端，则意味着父母常以排斥的态度对待儿童，甚至不闻不问。另一个是"控制—容许"维度，即在日常生活中，父母对儿童的要求和控制程度。父母的行为方式偏向控制端，说明父母对儿童的要求比较高；父母的行为方式偏向容许端，则意味着父母宽容放任，对儿童缺乏管教。将这两个维度进行不同组合，可以形成四种教养方式：权威型（authoritative）、专制型（authoritarian）、放纵型（permissive）和忽视型（neglectful）。权威型教养方式对孩子既接纳、肯定，又有合理的要求；专制型教养方式常常拒绝孩子的要求，以家长的意志代替孩子的意愿；放纵型教养方式对孩子缺乏明确的要求，比较溺爱、娇纵孩子；忽视型教养方式经常拒绝孩子并对孩子的事情不管不问。不同的教养方式会对儿童的社会性发展和个性形成产生不同的影响。其中，权威型教养方式是理性而且民主的行为方式，一方面父母在孩子心目中有权威，另一方面父母理解和尊重孩子，对孩子有适当的要求，以积极肯定的态度对待孩子，对孩子的需要、行为及时做出反应，有着良好的亲子沟通和亲子互动。这种教养方式下的儿童独立性强，自尊感和自信心较强，人际关系较好。权威型教养方式通常被认可为家庭教育指导的行为目标。

值得注意的是，家庭教育指导目标的特殊性在于家庭教育指导对象的双重性，家庭教育指导是在亲子关系中指导家长与儿童，不是孤立地针对家长做指导，也不是孤立地针对儿童做指导，需要在亲子关系和家庭关系中来建构家庭教育指导目标体系。也就是说，建构针对家长的指导目标要同时考虑儿童作为间接指导对象所对应的指导目标，使家长与儿童的指导目标保持方向上与逻辑上的一致性，这样才有利于改善亲子关系，进而实现家庭教育指导目标。

家庭教育指导的认知目标、情感目标和行为目标分别指向理想的家庭教育"是什么""应如何""怎么办"这三个基本问题。虽然对家庭教育指导目标在认知、情感和行为三个领域进行分解与分类，但是三者是密切相关的，不能割裂它们之间的关系。三者既有侧重，又相互联系。家庭教育指导要促进家长把科学的家庭教育知识内化于心，外化于行，才能使家庭教育对儿童的健康成长发挥积极的促进作用。

二、家庭教育指导目标的分层

关于教育目标的分层，教育学的研究与实践通常有两个思路。一个思路是按照教育活动的科层性进行逐级分解，第一层次的教育目标就是国家的总教育目的与教育要求，第二层次就是地方根据国家的总教育目的或者国家课程标准制定的地方教育目标，第三层次就是各级各类教育部门根据国家和地方的教育目的与目标制定的相应教育目标。另一个思路是与国民经济和社会发展五年规划相配套，以五年规划的方式制定教育总目标，然后制定五年内的分期目标或者具体目标。在实践过程中，教育总目标与分解目标通常综合了两个思路，即制定五年规划总目标与全国目标，然后制定五年内的分期目标或者具体目标。

长期以来，我国的家庭教育指导工作都是由全国妇联牵头，联合教育部、民政部、关工委等相关部委制定全国家庭教育工作五年规划，各级地方妇联及相关部门再根据全国家庭教育指导总目标进行分解。例如，《全国家庭教育工作"九五"计划》提出的总目标是："到2000年，使90%儿童（十四岁以下）的家长不同程度地掌握保育、教育儿童的知识。引导家长树立正确的教子观念，掌握科学的教育方法，提高家长素质，使家庭、学校、社会协调配合，面向新的世纪，共同促进儿童身心健康发展，培养有理想、有道德、有文化、有纪律的社会主义事业的建设者和接班人。"分期目标则按"划三片，分两步走"的原则，以省为单位确定阶段性目标。全国各个省（自治区、直辖市）都有相应的中期目标与终期目标。2016 年，全国妇联等九部门制定了《关于指导推进家庭教育的五年规划（2016—2020 年）》，提出的总目标是："加快家庭教育事业法制化、专业化、网络化、社会化建设，到2020 年基本建成适应城乡发展、满足家长和儿童需求的家庭教育指导服务体系。"然后根据总目标从 7 个方面制定了 18 项重点任务。

第五节 制定家庭教育指导目标的主要依据

教育目标是教育目的的具体化。教育目的的理论性、抽象性更强，与基本理论研究密切相关；教育目标的实践性、具体性更强，与实际工作过程密切相关。教育目标落实教育目的不能照本宣科，不能仅仅停留在文本表达上，而应是一个在复杂的情境中进行创造性思维与实践的过程。教育目的与教育目标需要一个载体来呈现，这就是教育指导内容。因此，家庭教育指导主体需要在理解教育目的的基础上，选择与提炼合目的的指导内容，同时还要分解指导内容所蕴含的教育目标，使教育目的落地生根。由于家庭教育指导内容涉及多个领域与多个学科，对指导内容的价值判断与目标制定就涉及多个领域与多个学科的基本知识与基本理论。

教育不是纸上谈兵，需要在具体的工作过程中进行实践，这就要求教育目标的制定与实施符合工作逻辑。而政策是实践的指南，对实践工作的指导性与规范性很强，因此要具有突出的政策思维。同时，还需要考虑指导对象的适宜性与指导手段的适应性，即是否有利于指导对象的理解与实践，是否具备适宜的家庭教育指导环境与条件。

可见，教育目标既与基本理论密切相关，又与教育政策和客观现实密切相关。家庭教育指导内容以健康学、心理学、教育学、家庭教育学、伦理学、社会学、家庭学等基本理论为基础，家庭教育指导工作体系则要以政策学、管理学、社会工作等理论为基础。因此，制定家庭教育指导目标，不但要依据相关基本理论，还要依据相关法规与政策以及客观现实。

一、制定家庭教育指导目标的理论依据

家庭教育指导对象具有双重性，指导家长的目的是帮助家长指导儿童，因此儿童的身心发育特点是家庭教育的基础，也是家庭教育指导的基础。有关儿童的生理与心理发展规律以及营养、卫生、保健等基本的健康学和心理学原理与知识，成为确定家庭教育指导目标的首要依据。教育是培养人的活动，要尊重人的学习规律以及教育自身的活动规律，这种复杂的人类教育现象便是教育学的研究对象。家庭教育指导是一种指导成年人的教育活动，因此涉及普通教育学、家庭教育学以及终身教育、成人教育等相关教育基本原理。可见，制定家庭教育指导目标既要尊重一般教育规律，也要尊重家庭教育与成人教育规律，为家长提供适宜的教育指导，以促进儿童健康成长。

除了健康学、心理学和教育学以外，伦理学、社会学、家庭学的基本原理与知识同样是制定家庭教育指导目标的理论依据。家庭教育依托于健康文明的家庭关系，而调整家庭成员之间关系的行为规范与准则，则需要依靠家庭伦理来建立。家庭伦理又称"家庭道德"，是社会伦理道德的组成部分，伦理学基本理论与知识是家庭教育指导的专业基础。家庭又是社会的细胞，深受社会发展与变化的影响。社会学是系统地研究人与社会关系的学科，社会学认为家庭、家庭教育和家庭教育指导等活动与现象受社会结构的支配，社会学成为分析家庭教育内部问题与外部环境以及两者之间的关系，进而制定家庭教育指导目标所不可缺少的视角。

家庭学是社会学的一个分支，也是一门交叉学科，是集社会学、心理学等相关学科于一体的综合学科。现代家庭学的独立性和专业性都有了很大的提高。家庭是家庭教育产生与发展的生态系统，家庭内部的诸要素及其相互关系既是儿童的生活环境，也是影响儿童发展的教育因素。儿童出现问题，常常是家庭问题综合作用的结果，或者是由于家庭关系不和睦甚至矛盾重重，或者是由于家庭成员之间在合作教育方面出现了相互抵消的力量，因此需要把教育学视角与家庭学视角结合起来。这样，家庭教育指导对象与其说是家长，不如说是家庭；家庭教育指导工作与其说是解决教育问题，不如说是解决家庭关系问题。这种客观状况加大了家庭教育指导的复杂性与难度。可见，以家庭学知识与原理为依据制定家庭教育指导目标，有助于透过现象看本质，

深刻地认识儿童行为背后的家庭因素，从根本上分析与解决问题。我国正处于社会变迁之中，现实生活纷繁复杂，家庭在变革中处于多样化和不稳定状态，这会使得儿童成长的家庭环境变得更加复杂。因此，认识和指导家庭教育也不能再仅仅局限于狭隘的教育学视角，而要具备系统论的思路，从家庭系统乃至社会系统观察与思考家庭教育现象和家庭教育指导工作。

二、制定家庭教育指导目标的法规与政策依据

家庭教育指导是一种培养人的活动，在人的培养方向与培养目标上会有社会期待和国家意志，家庭教育指导要超越家庭教育的私人教育范畴，引领家长培养出适应社会发展与投身国家建设的人才。因此，各种反映社会与国家发展需求的法规与政策成为制定家庭教育指导目标的政策依据。

随着家庭教育事业的发展，我国已经出台了一系列家庭教育指导总政策以及专项政策与法规。我国的教育法、反家庭暴力法、儿童发展规划纲要、国家中长期教育改革和发展规划纲要，以及全国家庭教育工作五年计划、关于指导推进家庭教育的五年规划、全国家长学校工作指导意见、全国家庭教育指导大纲、关于加强家庭教育工作的指导意见，还有最近几年颁布的地方性家庭教育促进条例等，都成为制定家庭教育指导目标的法规与政策依据。除了这些家庭教育指导总政策与专项政策以外，家庭教育指导目标的法规与政策依据还涉及一些其他的法规与政策。

（一）有关儿童的法规与政策

儿童利益是家庭教育指导的根本目标所在，家庭教育指导要引导家长知法守法，以保护儿童权利、增进儿童福利为宗旨。《儿童权利公约》和《中国儿童发展纲要（2011—2020年）》《中华人民共和国未成年人保护法》《中华人民共和国预防未成年人犯罪法》《中华人民共和国母婴保护法》，以及有关儿童权利的其他法律法规与政策，都是家庭教育指导的政策依据。

（二）有关教育的法规与政策

受教育权是宪法赋予公民的一项基本权利，未成年人的受教育权更应该得到国家的基本保障，家长对未成年人的教育与发展具有监护的权利与义务，

因此家庭教育指导要围绕有关教育的一系列法律法规与政策制度确定指导目标与内容。《中华人民共和国教育法》《中华人民共和国义务教育法》《国家中长期教育改革和发展规划纲要（2010—2020 年）》《中共中央国务院关于进一步加强和改进未成年人思想道德建设的若干意见》《完善中华优秀传统文化教育指导纲要》等，都涉及儿童教育的基本要求与基本规范，为提高儿童教育质量、促进儿童发展保驾护航，是制定家庭教育指导目标的法规与政策依据。

（三）有关家庭的法规与政策

家庭的可持续发展既是社会和谐与国家稳定发展的基石，也是儿童身心发展的基础。家庭出现问题，常常会直接影响儿童的健康成长，因此家庭需要国家的法律保护，也需要法律调节家庭矛盾与家庭关系。《中华人民共和国婚姻法》《中华人民共和国妇女权益保障法》《中华人民共和国反家庭暴力法》等法律以及《公民道德建设实施纲要》《关于深化家庭文明建设的意见》等有关家庭美德与家庭文明建设的政策，都是家庭教育指导应该遵循的基本规范，是制定家庭教育指导目标应该涉及的范畴。

（四）有关社会的法规与政策

家庭是最基本的社会设置，通过家庭进行社会治理是一条重要的现代治国之道，许多有关政治、经济、人口、文化等的社会政策与法规会影响家庭的发展和家庭教育的内外部环境。家庭联产承包责任制和城市经济体制改革虽然都属于经济制度，但是它们强化了家庭的经济功能，促使家庭成员就业多元化，影响了家庭收入以及孩子的家庭教育环境，同时也成为家庭教育过分重视物质利益的一个重要影响因素。人口政策对家庭与家庭教育的影响最为突出，"独生子女"政策和"二孩"政策分别造就了具有中国特色的独生子女家庭教育模式和二孩家庭教育模式。中国城乡二元结构、社会人口的流动以及户籍制度作为家庭发展和儿童教育所依赖的外部环境与制度，导致留守儿童、城市随迁子女家庭教育现象的产生，成为当代家庭教育指导公共服务体系建设中最为迫切的问题。在社会文化方面，有关弘扬中华优秀传统文化、加强家庭文明建设、加强党风廉政建设等的一系列社会主义精神文明建设政策与法规都涉及注重家庭、注重家教、注重家风"三个注重"的重要问题。因此，家庭教育指导要紧跟有关的社会政策与法规，使家庭教育与社会文明发展相辅相成。

三、制定家庭教育指导目标的现实依据

由于目标具有很强的实践性和现实性，家庭教育指导目标的制定既要具有理论基础，遵照相关法规与政策，还要调查和研究家庭教育指导所面临的具体问题与具体环境，这样才能提高家庭教育指导效果。

家庭教育指导目标的制定不能闭门造车，也不能主观臆断，而要以正确的价值观为导向，根据家长的需求、家庭教育现状以及家庭教育指导的基础，确定具有可行性的家庭教育指导目标。这种可行性既包括对家庭教育指导对象而言具有可接受性，也包括对家庭教育指导者而言具有可操作性。这就要求家庭教育指导主体建立正确的思维方式。一般情况下，人们多以经验思维为主，其特点是基于一定的经验事实做出判断，但是缺乏足够的调查与论证。即使加以论证，也是逻辑思辨较多，调查实验较少。家庭教育指导目标是家庭教育指导活动的直接或间接参与者对活动结果的预期，在制定过程中容易采取主观性较强的经验思维方式。为了提高家庭教育指导目标的科学性与实效性，需要采取经验思维与实证思维相结合的方式，一方面利用经验思维的发散性与灵活性，另一方面对经验判断加强调查与实证，充分发挥两种思维方式各自的优势。

制定家庭教育指导目标要有理论依据、法规与政策依据以及现实依据，家庭教育指导目标要成为理论与实践、价值取向与客观现实之间的桥梁，只有这样，家庭教育指导目标才能发挥细化、分解与实现教育目的的功能。

第五章　家庭教育指导内容

教育内容是教育活动的基本要素，是实现教育目的与目标的载体与媒介，解决"教什么"与"学什么"的问题，对于家庭教育指导内容而言，就是要解决"指导什么"与"学习什么"的问题。

家庭教育指导内容非常复杂，涉及双重对象和多个领域。从指导对象而言，既有指导家长的内容，又有指导儿童的内容。从指导领域而言，既涉及儿童身体发育、卫生保健、营养健康、心理成长、思想品德、行为习惯、学习品质、社会交往、能力培养、全面发展等方面的知识，又涉及家长需要掌握的教育学、家庭教育学、心理学、社会学、家庭学、伦理学等学科的基本知识。这些内容不能像一盘散沙一样散落各处，需要对其进行一定的组织与编排，使其有序，形成体系。

第一节　家庭教育指导内容体系的构建原则

家庭教育指导内容体系是家庭教育指导者根据一定的社会要求和家庭教育的需求，经过选择、设计和编排，有目的、有计划地向指导对象传授的具有一定系统性的知识与规范。家庭教育指导者可以从不同的角度对家庭教育指导内容进行选择与编排，形成不同的家庭教育指导内容体系，同时它们应该遵循一些基本原则。

一、科学性原则

家庭教育指导内容要符合儿童的成长规律，符合教育的基本规律，符合家庭教育指导活动自身的特点，这就要求家庭教育指导内容要建立在各门学科、各个领域的科学知识基础之上，家庭教育指导内容体系首先要具有科学理性。

科学性原则在当代社会还涉及正确处理现代与传统、中国与外国之间的关系。中国处于改革开放的社会变迁时期，各种社会观念、价值取向并存，家庭教育领域在现代教育观念与传统教育观念、中国家庭教育与外国家庭教育等方面呈现出比较研究、广泛探讨的活跃局面。科学性原则要求家庭教育指导内容体系的构建基于马克思主义的世界观和方法论，正确认识民族性和国际化、时代创新与传统继承之间的关系，构建对古今中外家庭教育进行扬弃之后的进步文化体系。

二、导向性原则

家庭教育指导是影响人的活动，既影响成年人，也影响未成年人，而人是有世界观、人生观和价值观的主体，所以家庭教育指导内容具有价值导向。家庭教育指导内容的导向性不仅直接体现在社会传统、家庭伦理和道德发展等方面，还体现在内容的选择倾向以及指导目的与指导目标的价值取向上。

导向性原则涉及教育内容与教育目的和目标的关系，教育目的制约着教育内容的导向。家庭教育指导内容来源于理论研究、政策规范或者家长需求，家庭教育指导目的和目标则是对内容的引导，一个具体问题可以朝这个方向解决，也可以朝那个方向解决。社会主义核心价值观是家庭教育指导内容体系构建的价值基础。

三、儿童优先原则

1989 年第 44 届联合国大会上通过的《儿童权利公约》确立了儿童最大利益原则，明确了儿童利益在各种利益冲突中位居优先的价值序列，其哲学理念在于童年的价值是独立的，并非成年生活的准备阶段。因此，"官方在任何时候做出会对儿童产生影响的决定时，都应该把儿童的利益看作重要的。父母的利益或国家的利益不应该成为首先予以考虑的问题"[1]。

---

① 海莫堡. 儿童 [M] // 艾德，克洛斯，罗萨斯. 经济、社会和文化权利教程. 2 版. 成都：四川人民出版社，2004：290.

家庭教育指导是一项通过提供家庭教育社会支持系统来保护儿童利益、促进儿童发展的事业，家庭教育指导内容体系的建构应该遵循儿童优先原则。家庭教育指导领域存在着一系列的冲突与矛盾，儿童优先原则对于协调成人与儿童的矛盾、家庭教育长期发展性与短期功利性的矛盾、家庭教育指导公益性与市场活动逐利性之间的矛盾都具有指导意义，因此在制定法律、政策和发展计划以及进行价值取向、内容选择和资源配置时都要体现儿童优先精神。

四、整体性原则

虽然儿童的成长被划分为多个方面与多个阶段，但这只是一种研究的视角，儿童的成长实际上是一个连续发展的过程，教育要为培养全面发展的人服务，家庭教育不能因急功近利的目的而对儿童进行阶段性的、片面的训练，导致儿童整体人格的割裂。

家庭教育指导内容体系的构建要充分考虑儿童成长所涉及的方方面面以及次第成长阶段的衔接，为家长提供家庭教育支持的时候要围绕儿童的整体性充分考虑家长在养育知识、教育观念、方法和能力等各个方面应该具备的基本素养。整体性原则不仅要求构建全面的内容体系，还要求家庭教育指导内容的各个具体部分与各个方面是相互关联、目标一致、逻辑统一的，这样有助于建立内在统一的家庭教育思维。

五、针对性原则

家庭教育指导作为一个独立的教育指导领域存在的基本理由就在于家庭教育指导对象的特殊性，家庭教育指导内容应该针对家庭教育指导对象的需要而构建。

家庭教育指导活动具有很强的实践性，针对家长的指导内容常常是问题导向，而不是理论导向，不能总是对家长抽象地"坐而论道"。这要求家庭教育指导内容与家长的需求密切相连。而且家长群体的需求存在着很大的差异与层次性，因此构建家庭教育指导内容体系要充分考虑家长作为非专业教育工作者对家庭教育知识体系的需求以及成人的学习特点，提高家庭教育指导内容的针对性。

第二节　家庭教育指导内容的理解要素

家庭教育指导内容体系的构建原则是明确、清晰的，但家庭教育指导内容的解释与理解却是多义的，甚至是含混不清、有歧义的。同样的内容会产生不同的解释、理解与意义，这是因为解释与理解是一种把握意义的活动，而意义并不停留在各种言说与符号的表层，需要"从中隐喻地而不是字面上地抽取那些具有教育学意义的观点和理想"①。家庭教育指导内容并不能自由地显示其意义，其意义既存在于作者的原意或文本中，也存在于理解主体的活动中，两者可能是一致的，也可能是不一致的，这就是家庭教育指导者需要关注的理解现象。

解释与理解是人们在日常生活中随时出现的现象，但是对解释与理解现象进行反思并非随时出现，诠释学是对理解现象的理性反思，即"把一种意义关系从另一个世界转换到自己的世界"②。理解的基本要素是理解主体与理解客体，理解就是这两个基本要素相互作用的意义建构活动。在家庭教育指导活动中，家庭教育指导者和家庭教育指导对象是理解主体，家庭教育指导内容是主体的理解对象，即理解客体。理解主体对理解客体进行重复、传达、翻译、解释等各种转换活动的时候，既与理解客体发生关联，也与自身的已有经验及现实世界发生关联，于是形成不同理解主体的话语体系。可见，不同的理解主体对同一理解客体会产生不同的解释与意义。为了把握家庭教育指导内容的意义，就需要把握家庭教育指导内容理解要素之间的关系。

家庭教育指导内容是以书面语言、口头语言或者非语言形式等多种符号来传达信息、沟通思想的，家庭教育指导内容作为一种自身呈现意义的独立存在，家庭教育指导者与家庭教育指导对象需要对它进行解释、理解并相互沟通。这样就存在着多边与多重理解关系，即家庭教育指导者与家庭教育指导内容之间，家庭教育指导对象与家庭教育指导内容之间，以及家庭教育指

---

① 多尔. 后现代课程观 [M]. 王红宇，译. 北京：教育科学出版社，2000：18.

② 伽达默尔. 诠释学 [M] //洪汉鼎. 理解与解释：诠释学经典文选. 北京：东方出版社，2001：475.

导者与家庭教育指导对象之间都存在着解释与理解关系。家庭教育指导内容在多边与多重理解关系的相互作用中被多次建构意义，就会造成解释与理解的多义，进而在指导目的与目标的达成过程中增加了多重交互的环节与路径。家庭教育指导者需要把握家庭教育指导内容的这种理解特征，以更好地理解家庭教育指导内容以及与家庭教育指导对象沟通的特征，最终提高家庭教育指导的效果。

一、理解家庭教育指导内容所赋予的意义

在家庭教育指导过程中，家庭教育指导者首先要理解家庭教育指导内容的文本意义及其想要表达的象征意义，这种意义独立于理解主体而存在。家庭教育指导者要以中立的立场，排除主观因素，去理解家庭教育指导内容原有的意义世界。这是从主客二分的角度，要求家庭教育指导者追求一种客观性的理解，对家庭教育指导内容进行对象性的正确把握。但实际上，文本意义并不能完全独立于理解主体，理解主体的理解视野会导致理解意义具有倾向性与局限性，造成主体所理解的意义与文本自身意义之间产生间距。理解主体需要不断缩短这种间距，不断提高与文本自身意义的融合程度，才能使理解的意义不断深化，进而提高对家庭教育指导内容的解释与理解能力。

理解是一种内在的精神活动，具有隐蔽性，需要反思与比较的光芒来照耀理解的深邃，因此，家庭教育指导者要加强对自身理解的反思以及与同行的专业沟通。一方面把家庭教育指导内容放在一定的背景下加强整体性认识，避免断章取义、望文生义，并反思自身先入为主的思想意识，厘清自身已有的见解与文本意义的间距；另一方面注意倾听同行的解释与理解，与同行做深度的沟通与交流，在比较与反思中加深理解并明确自身的观念与主张。

二、理解家庭教育指导对象所产生的意义

从诠释学的角度而言，家庭教育指导就是家庭教育指导者与家庭教育指导对象关于家庭教育指导内容的意义交换与沟通过程，其间存在着家庭教育指导内容的文本意义、家庭教育指导者的理解意义以及家庭教育指导对象的理解意义三方的意义交换与沟通，它们之间既存在着意义交融也存在着意义

间距。家庭教育指导者需要理解家庭教育指导对象所产生的意义，才能更好地与家庭教育指导对象进行沟通与合作。

任何理解都不是始于空白而是以已有经验为基础的，诠释学称这种基础为"前理解"或者"前见"，是影响理解主体产生理解差异的重要因素。不同理解主体的生活经验与专业背景越相似，"前见"交融的机会越多，越容易产生共同理解。家长来自各行各业，家长之间的"前见"差异比较大，而且家长与家庭教育指导者之间的"前见"差异也比较大，家庭教育指导者需要缩短与家庭教育指导对象之间的"前见"距离，在家庭教育指导内容的理解上达成一致。

对于理解主体而言，"前见"可能是主体意识到的，也可能是未意识到的，取决于主体的理性反思能力。虽然同为家庭教育指导内容的理解主体，家庭教育指导者应该比家庭教育指导对象有更强的理性反思意识，才能提高自己的专业指导能力。家庭教育指导者不但要反思自己的"前见"，还要了解与分析家庭教育指导对象的"前见"，避免照本宣科以及以自我为中心的宣教方式，关注家庭教育指导对象的理解特征，与他们建立平等的、交互的理解关系，而不是自上而下、单一的灌输关系。

三、家庭教育指导内容的理解与误解

理解家庭教育指导对象所产生的意义之后，家庭教育指导者常常会对其进行一个正确或者错误的判断，并希望家庭教育指导对象能够正确地理解家庭教育指导内容，这样才有可能实现家庭教育指导目的。这种愿望是合理的，但是从诠释学的角度来看，理解、误解与误读是三个不同的概念，对之进行辨析可以更好地理解家庭教育指导对象所谓的"误解"与"错误"。潘德荣综合了诠释学认识论与本体论之辨，对三者进行了释义。[①] 从认识论出发，所谓理解就是对文本客观意义的把握，误解意味着对作者原意或者文本原意的错误理解。本体论则将理解视为意义的生成，表明了理解主体的生存状态，所谓误解也表明了主体的一种存在方式。如果强调理解活动指向的不是理解

---

① 潘德荣. 诠释学：理解与误解 [C] //现代德国哲学与欧洲大陆哲学学术研讨会论文汇编. 2007：32-35.

对象，而是理解主体本身，那么理解也就没有正确与错误之分，而只是以不同的方式在理解，所表明的是主体的不同存在方式而已。为避免陷入相对主义，潘德荣辨析了误解与误读的不同。误解（misunderstanding）是无心之举，误读（misreading）乃有意为之，即知其正解而有意曲之。可见，家庭教育指导者应该基于认识论来把握家庭教育指导内容的"正解"，基于本体论来认识家庭教育指导对象所出现的"误解"，从中解读和分析他们所处的生存状态与思维方式，增加对他们的深度了解，更加精准地把握他们的真实需要以及提供适合他们的改进家庭教育的途径与方法。

从诠释学的角度来把握家庭教育指导内容的理解要素，有助于家庭教育指导者增强理解责任，提高对家庭教育指导内容的理解能力，并在分析家庭教育指导对象理解特征的基础上，实现家庭教育指导目的。

第三节　家庭教育指导内容体系的构建模式

从理想状态而言，家庭教育指导内容体系应该是完整的、全面的，对家庭教育指导需求进行全面覆盖，但是从内容体系构建的现实性而言，还是要分而述之。这主要是因为现代社会分工细化、领域发展专业化、专业发展精细化，知识被分隔为各行业、各领域、各学科的专业话语，而家庭教育指导活动需要汲取各方面的专业知识以构建一个科学的知识体系。所以，家庭教育指导内容体系的构建模式是多维度的，以确保家庭教育指导基本内容的完整性与全面性，使各种各样的指导对象都可以得到相应的家庭教育指导。

一、分阶段构建家庭教育指导内容体系

分阶段构建家庭教育指导内容体系是基于事物本身所存在的纵向的时间属性，一方面人的发展与需求具有阶段性，另一方面家庭也具有生命周期性，这是分阶段构建家庭教育指导内容体系的逻辑基础。根据儿童发展阶段构建家庭教育指导内容体系，可以按照儿童的年龄段划分，构建0~3岁儿童的家庭教育指导内容、3~6岁儿童的家庭教育指导内容、6~12岁儿童的家庭教育指导内容、12~15岁儿童的家庭教育指导内容、15~18岁儿童的家庭教育

指导内容，使之形成一套针对未成年人及其家长的家庭教育指导内容体系。当然，按照终身教育理念，家庭教育指导内容体系的构建也应该体现出终身性，但传统上仍然以18岁以下儿童及其家长的家庭教育指导内容为主。

仅仅分年龄段构建家庭教育指导内容体系，还不足以体现家庭教育指导内容的独特性。学校教育内容是分学段建构的，它的独特性在于学校教育环境，家庭教育指导的独特性则在于家庭教育环境。家庭生命周期是一个把儿童年龄段和家庭发展阶段有机结合的概念，以此为基础分阶段构建家庭教育指导内容体系具有浓厚的家庭教育特征。

家庭生命周期是指家庭有机体从无到有、再从有到无的发展过程，在现实生活中，随着时间推移，它呈现出阶段性的变化规律。家庭教育作为一个重要的家庭功能和发展课题，在家庭周期的不同阶段要面临和解决不同的问题，而且阶段之间环环相扣。家庭生命周期中的每一阶段都存在着相应的家庭教育主题，其内容是有所侧重的，可以从这个角度来构建家庭教育指导内容体系。见表1。

表1　家庭生命周期不同阶段的家庭教育主题①

家庭生命周期	周期的基本状态	家庭教育主题	解决的主要矛盾	提示
前家庭期（尚未成家，与父母生活在一起）	父母抚养子女长大成人，子女从中获得基本的家庭观念。	子女潜移默化地从父母那里习得家庭教育观念，并影响一生。	儿童不知不觉地学习父母的基本观念，父母要以身作则，树立好榜样。	孩子身上的很多问题是家庭整个系统出现问题的反映。
尚未生育子女的家庭	夫妻享受爱情生活，并揣摩和探讨父母角色的意义。	为做幸福的新爸爸、新妈妈而准备。	对夫妻关系持有信心的同时，建立初为父母的信心。	年轻夫妻是否要做父母，需要慎重选择。
抚养三岁前子女的家庭	不断调整原来的生活、学习、休闲和工作秩序。	精心呵护婴儿的健康，丈夫照顾刚做妈妈的爱妻。	爱情的色调由浪漫变得朴实，家庭关系复杂多变。	男主人发挥家庭关系协调功能，并学做父亲。

---

① 晏红. 把握好每一阶段的家教主题［J］. 家庭教育，2004（11）：39.

续表

家庭生命周期	周期的基本状态	家庭教育主题	解决的主要矛盾	提示
入园子女家庭	家庭生活逐渐恢复秩序。	培养孩子良好的行为习惯，使其奠定优良的性格基础。	调整较高的期望值与全面打好教育基础的关系。	使孩子萌发积极的情感和态度，而不是单纯地灌输知识和技能。
入小学子女家庭	父母的事业正攀高峰，孩子接受义务教育。	全面实施素质教育，知识和技能是手段而不是目的。	在应试教育氛围中坚定素质教育信念。	素质教育"德"为先，心理健康要维护。
入中学子女家庭	担负上有老、下有小的家庭责任和作为骨干力量的工作责任。	引导孩子树立正确的人生观、价值观和升学就业观，适应老年父母的变化。	妥善解决与中学生子女及刚退休的老年父母的亲子关系矛盾。	教子的关键是"抓大放小"，做孝子的关键是和颜悦色。
青春期子女家庭	与青春期子女的观念经常冲突。	与孩子共建体现时代文明的家庭文化。	在传统与现代的矛盾冲突中寻找融合地带。	尊重、宽容和引导爱冲动的子女。
隔代子女家庭（三代同堂）	家庭规模暂时扩大，三代人观念互相碰撞。	两代父母探索"隔代不隔理"的家教真谛。	协调处理在价值观、教育方法和教育干预权限上的分歧。	家和万事兴。让老人把传统美德传给下一代。
空巢家庭（子女离家，只剩下老年父母）	孝顺与否决定家庭生活质量。	检验德育的最终成效，身体力行孝德文化。	年轻父母突破孝敬障碍，给未成年子女树立孝敬榜样。	关怀老年父母的"四大丧失"*，使他们身心愉快。

　　可见，以家庭生命周期为基础构建家庭教育指导内容体系需要把家庭生命周期、儿童发展阶段和家庭教育等相关因素有机地结合起来，把家庭教育融于家庭生态系统与家庭发展过程之中，这样的家庭教育指导才更符合实际情况。

---

　　* 老年父母的"四大丧失"是指角色丧失、亲友丧失、健康丧失、理想丧失。

二、分类构建家庭教育指导内容体系

儿童是一个群体，家长也是一个群体，不同的群体有不同的特征与需求，需要不同的家庭教育指导，指导对象的多样性决定了分对象构建家庭教育指导内容体系的必要性。

（一）根据儿童分类构建家庭教育指导内容体系

除了根据儿童发展阶段来设置家庭教育指导内容以外，还可以从许多维度来认识儿童的差异性与丰富性，从不同的维度为儿童群体选择和设计相关的指导内容。首先可以设置普通儿童与特殊需要儿童的家庭教育指导内容体系，还可以根据男孩、女孩的生理差异和性别教育的需求构建男孩与女孩的家庭教育指导内容体系。在多民族、多语言的国际环境中，可以构建不同民族的家庭教育指导内容，以提高儿童的文化认同感以及相互尊重、和谐共处的能力。

（二）根据家长分类构建家庭教育指导内容体系

家长是一个复杂的、多元的群体，在年龄、性别、性格、职业、文化背景和婚姻家庭等方面存在很大的差异，他们对家庭教育的理解与需求也有很大的差异，层次性突出，所以不能无视他们的差异而进行单一、雷同的家庭教育指导。可以根据家长在性别和家庭角色上的不同，分别构建针对母亲、父亲、祖辈的家庭教育指导内容体系。此外，家长的职业与从业背景会影响家长的职业观以及时间分配方式，职业观则会影响家长的教育观和价值观，时间分配方式则会影响亲子共处的时间与方式，所以从家长的职业角度构建有针对性的家庭教育指导内容是具有理论基础和现实需要的。

（三）根据家庭分类构建家庭教育指导内容体系

家庭的类型也是多样的，不同的家庭为儿童提供了不同的成长环境，有的类型的家庭具有健全的教育功能，有的类型的家庭则存在着教育功能缺失的问题，所以根据不同的家庭类型构建家庭教育指导内容体系是非常有必要的。根据家庭结构，可以构建核心家庭、主干家庭、联合家庭的家庭教育指导内容体系。根据新中国人口政策的变化，可以构建独生子女家庭、二孩家庭和多子女家庭的家庭教育指导内容体系。根据家庭婚姻状况，可以构建普通婚姻家庭、单亲家庭、重组家庭的家庭教育指导内容体系。此外，在城市化发展过程中还出现了随迁子女、留守儿童和贫困儿童等类型的家庭，应该将其纳入家庭教育指导内容体系，使各类家庭中的儿童都能得到家庭教育的支持与帮助。

三、分模块构建家庭教育指导内容体系

由于家庭教育指导涉及多学科与多领域的知识，分模块构建家庭教育指导内容体系有利于确保知识的专业性、系统性与完整性，这也是家庭教育学科建设的惯常思路。家庭教育学、家庭教育健康学、家庭教育心理学、家庭教育社会学、家庭教育伦理学、家庭教育法学、家庭教育与社会工作等，都是家庭教育与相关学科融合而形成的知识体系。家庭教育指导内容体系可以学科为基础分成与家庭教育相关的生理心理、卫生健康、伦理道德法律、家庭关系与家庭生活方式等不同的知识模块，并按照家庭教育指导的目的与目标构建相应的家庭教育指导内容。

以上分阶段、分类、分模块构建家庭教育指导内容体系，有利于增强家庭教育指导内容的针对性与专业性，但是不能割裂家庭教育指导内容的整体性，不同模式下的内容体系应该是交叉、互补、融合的，并保持价值取向与逻辑上的统一。因此，从一个角度构建内容体系的时候，就要考虑其他角度的相关内容，并确保各个角度的内容具有共同的价值基础与一致的概念界定。即使学术观点有分歧、研究结果有差异，也要确保内容体系的构建符合基本的逻辑规律，以避免出现概念模糊、逻辑混乱与各说各话的现象。可见，家庭教育指导内容体系的构建既要"分而述之"，也要"总而言之"，以协调事物的个性与共性之间的关系。既要加强家庭教育指导内容的针对性和层次性，又不能过于强调各种分类、分级的特殊性，要以系统思维架构家庭教育指导内容体系。

第四节　家庭教育指导内容的来源

家庭教育指导是理论与实践相结合的教育活动，家庭教育指导内容既要有理论依据，又要有实践需要与实践基础，因此家庭教育指导内容既可以自上而下地来源于系统知识，也可以自下而上地来源于实际问题。如果在实际工作中把两者结合起来，家庭教育指导内容就会既有高度又接地气。

一、自上而下的菜单式家庭教育指导内容

2010 年颁布的《全国家庭教育指导大纲》设置了孕期和 0~3 岁、4~6 岁、7~12 岁、13~15 岁、16~18 岁儿童以及特殊儿童的家庭教育指导内容要点，为全国各级各类家庭教育指导服务机构和家庭教育指导者规范家庭教育指导行为提供了重要依据。根据上位的法律法规或者学术系统制定一套菜单式的家庭教育指导内容体系，是家庭教育指导工作常用的方式。

自上而下的菜单式家庭教育指导内容就是根据国家法律法规或者学科知识体系，为家长选择的应知应会内容。这种由供给侧提供的菜单式内容具有权威、专业、系统的特点，有利于家长掌握系统的家庭教育知识，提高家庭教育思维能力，但是未必适合家长的学习方式，也未必适合所有的家长。一方面，家长是一个松散的群体，家长自行把握学习时间，难以保障系统的学习时间，也难以硬性规定他们的学习进度和学习内容。另一方面，家长群体的学习意识和学习能力差异很大，学历比较高、自学能力强、对系统知识感兴趣的家长，适合通过学习自上而下的菜单式内容来构建自己的知识体系，以提高对家庭教育的判断水平与反思水平。学历比较低、自学能力比较弱、对零散知识比较感兴趣的家长，可能未必适合学习自上而下的菜单式内容，而是比较适合学习自下而上的订单式内容。

二、自下而上的订单式家庭教育指导内容

《全国家庭教育调查报告》显示，按照从高到低的排列顺序，家长对家

教知识的需求超过 50% 的选项依次是儿童心理健康、管教孩子的方法和孩子的学习辅导，对孩子的道德引导和人生理想教育知识需求均不足 50%。家长最不能容忍的孩子行为是不诚实、不听话和不认真学习。家长认为，在家教中的最大困难是亲子沟通不良、孩子不听话与家教知识不足。① 可见，家长对家庭教育指导内容的需求与他们在实际生活中遇到的具体问题密切相关。除了这种全国性的调查以外，家长主动咨询的内容更加个性化，可见，来自家长的自下而上的订单式内容是必不可少的。

自上而下的菜单式家庭教育指导内容是由家庭教育指导者选择的，自下而上的订单式家庭教育指导内容则是由家长选择的，是家庭教育指导者对家长进行调查或者通过家长咨询收集家长在实践中遇到的困惑与问题，并通过专业解答而汇集成家庭教育知识。这种自下而上的订单式内容具有较强的针对性和实践性，有利于帮助家长分析和解决在实际生活中所面临的具体问题，但是存在着知识不系统、内容的选择受制于家长等问题，不利于培养家庭教育系统思维。市场经济环境中还存在着急功近利的家庭教育倾向，需要对家长进行引导。可见，家庭教育指导不能一味地迎合市场与家长的片面需求，自下而上的订单式内容还需要家庭教育指导者的专业判断与正确引领。

第五节　家庭教育指导内容的编排

家庭教育指导内容的编排是指家庭教育指导者根据家庭教育指导的环境与条件，对指导内容的侧重点、先后顺序、呈现方式等进行选择、设计与组织，使之有利于家庭教育指导对象学习与掌握。在现代社会，家庭教育指导内容通常会物化为纸质或者电子介质的讲义、资料或教材，其中教材对家庭教育指导内容的系统性、科学性与规范性等要求最高。根据呈现方式，可以采用三种方式对家庭教育指导内容进行编排：学术式编排、问题集式编排、案例式编排。

---

① 全国妇联儿童工作部.全国家庭教育调查报告［M］.北京：社会科学文献出版社，2011：206-233.

一、学术式编排

学术式编排是按照学术思路将家庭教育指导内容体系进行系统、专门的安排，通常是按照篇、章、节的结构，从基本概念入手，逐步进入知识系统，篇、章、节之间或者纵向深入，或者横向互补，形成一个完整的家庭教育知识体系。学术式编排方式具有系统、专业、规范、权威的特点，但在知识的应用性与可操作性上有一定的局限。

二、问题集式编排

问题集式编排是收集家长在家庭教育实践中产生的问题，对具体问题采取一问一答的形式，按照一定的方式对问题及其解答进行分类或排序，汇集成以问题为中心、以实践为导向的知识框架。问题集式编排通常是汇集自下而上的订单式家庭教育指导内容，针对性、实用性与操作性都很强，但是存在着内容不全面、知识不系统等问题。

三、案例式编排

案例式编排是以故事讲述或者经验描述的方式呈现具有典型意义的家庭教育事件，把家庭教育指导内容融于生动的情境之中，形成注重体验与感悟、具有原型启发特点的内容框架。案例式编排具有生动形象、个性化突出与开放性强等特征，但同时也可能存在着总结经验肤浅、类比推理随意的问题，容易出现思维机械化、推理简单化的现象。

可见，学术式编排"系统"——认知性强，问题集式编排"解渴"——实用性强，案例式编排"生动"——可读性强，不同的家庭教育指导内容编排方式具有不同的特点，适合不同的对象群体。对于相关教育工作人士或者对系统专业知识有需求的家长，适合采取学术式编排方式；对于缺乏系统学习条件却被实际问题所困的家长群体，适合采取问题集式或者案例式编排方式。鉴于三种编排方式各有特色，最理想的编排方式是混合式编排，即把三种编排方式有机地结合起来，使家庭教育指导内容体现出专业性、系统性和生动性、实用性。

　　确定家庭教育指导内容体系的构建原则与家庭教育指导内容的理解要素，是从内涵上对家庭教育指导内容进行把关；确定家庭教育指导内容体系的构建模式以及家庭教育指导内容的来源与编排方式，则是对家庭教育指导内容的组织形式和载体进行设计。只有把两者结合起来，才能在实质上和形式上共同解决家庭教育指导内容的构建问题。

第六章　家庭教育指导方法

教育方法作为教育的基本要素之一，是完成教育任务、实现教育目的不可缺少的条件与因素，因此，人们在解决问题的时候，总是对方法寄予一定的期待。在家庭教育领域，家长更是期待破解管教孩子难题的"方法"，对家庭教育指导者"支招"的诉求格外强烈，家庭教育指导应该回应与满足家长的这种家庭教育指导需求。但事实上，方法的指导是非常困难的，因为"别人在类似的事例中所采用的标准化的或一般的方法，特别是已经成为专家的那些人所用的方法，这些方法的提出有价值还是有害，要看它们使人做出个人的反应时是更加明智，还是诱使他不去使用自己的判断"，"方法永远是个人的事情"①。可见，家庭教育指导者需要传授一般的方法，以期对家庭教育指导对象在思想上有所帮助，在思路上有所启发，最终的目的却是指导家长成为家庭教育方法的主人。

第一节　方法概述

何为方法？"方法"一词在我国最早出现于《墨子》："'中吾矩者谓之方，不中吾矩者谓之不方。'是以方与不方皆可得而知之。此其故何？则方法明也。"可见，"方法"最初的含义是测量方形之法，来源于木工实践中的测量活动。后来，"方法"的外延逐渐扩大，现在指关于思想、说话、行动等问题的门路、程序等，如工作方法、思想方法。② "方法"是一个在日常生活中广泛使用的术语，而在各个行业、专业、学科与领域中则具有丰富而严谨的

---

① 杜威. 民主主义与教育［M］. 王承绪，译. 2版. 北京：人民教育出版社，2001：188-189.
② 中国社会科学院语言研究所词典编辑室. 现代汉语词典［M］. 北京：商务印书馆，1983：306.

内涵，成为有一定理论依据、价值基础和操作规范的专业概念。

在家庭教育领域，家庭教育指导活动的方法既遵循普遍方法论和一般教育方法与指导方法的规律，也体现着家庭教育指导活动对方法的要求与限定。家庭教育指导方法是实现家庭教育指导目的与任务不可缺少的中介要素。

第二节 家庭教育指导方法的内涵

家庭教育指导方法是指为实现家庭教育指导目的，家庭教育指导者在向家庭教育指导对象传达家庭教育指导内容的过程中所采用的各种方式的总和。可见，在家庭教育指导活动中，家庭教育指导方法是一个不可缺少的要素，而且与家庭教育指导的其他要素有着密切的关系。因此，一方面要把握好家庭教育指导方法的独特性与独立性，另一方面要把握好家庭教育指导方法的条件与边界，以确保家庭教育指导方法的科学性。

一、指导方法与指导者之间的关系

家庭教育指导方法是家庭教育指导者所使用的方法，所以方法受到方法实施主体的制约。家庭教育指导者在家庭教育指导活动中所处的地位、扮演的角色与担负的责任等社会因素，以及家庭教育指导者的学识、能力等个人因素，都影响着家庭教育指导方法的选择与实施，因此，家庭教育指导方法具有鲜明的个性化特征。

二、指导方法与指导对象之间的关系

在家庭教育指导的各个基本要素中，指导者和指导对象都是具有能动性的主体，家庭教育指导方法不仅受制于实施主体，也受制于对象主体。指导方法与指导对象的年龄、性别、性格和经验、阅历等因素相匹配，指导者与指导对象之间才能产生基于指导内容的互动与沟通。因此，针对家长与儿童群体，以及针对群体中不同的个体，家庭教育指导方法都是有所不同的。

三、指导方法与指导目的之间的关系

指导目的具有价值取向，对整个家庭教育指导活动起着统领作用，所以方法是有价值观基础的，突出表现为权宜之计与长远之计之分。在家庭教育指导活动中，有些指导者为迎合市场需求或者家长的焦虑与非理性需求，采取急功近利的手段与策略向家长销售课程、产品或者服务，却没有为儿童的长远发展着想，没有基于家庭教育的复杂性与漫长性来指导，这些指导方法违背了家庭教育指导的最终目的和正确导向。

四、指导方法与指导内容之间的关系

从哲学意义而言，指导方法与指导内容的关系，相当于形式与内容之间的关系。世界上任何事物都是内容与形式的统一体，没有无形式的内容，也没有无内容的形式。内容决定形式，形式依赖内容，形式随着内容的发展而改变，同时形式也会反作用于内容，在一定条件下可以对内容的变化起着促进或者阻碍作用。对于家庭教育指导活动而言，指导内容有多少、深浅与领域之分，指导内容本身影响着适配的指导形式。

五、指导方法与指导环境之间的关系

方法是实现目的与任务所需要的思路、程序、步骤、手段、工具等物质条件和精神环境的集合体，所以方法受制于环境与条件状况。家庭教育的个体差异与区域差异都很大，家庭教育指导所处的具体环境与具备的条件差异也非常大。即使家庭教育指导有美好的愿景与完整的规划，也要根据所处的具体情境，即在一定时间和空间内的境况，来选择最佳的指导方法。

以上通过辨析家庭教育指导方法与指导者、指导对象、指导目的、指导内容以及指导环境的关系，阐述了家庭教育指导方法的内涵，而且主要论述了家庭教育指导方法的受制性，其实家庭教育指导方法对家庭教育指导的内外部因素也具有反作用。由此可见，家庭教育指导方法是各种因素综合作用与相互作用的结果。

第三节　家庭教育指导方法的特征

与其他专业、学科或领域相比，家庭教育指导具有其独立存在的价值与特征，这就决定了家庭教育指导方法具有家庭教育指导的领域特征，对家庭教育指导活动产生促进或者阻碍作用。

一、家庭教育指导方法具有理论性与价值取向

任何方法都是由一定的理论、理念和价值观所支撑的，方法是不可能孤立存在的。在家庭教育指导活动中，指导者经常会听到家长的要求："不要讲一大堆道理，直接告诉我怎么做就行。"家长的这种诉求反映了家长对解决实际问题所需方法与策略的渴望，这就要求家庭教育指导者不能无视指导对象的需求与特殊性，不能总是泛泛而谈，要增强家庭教育指导的实效性与针对性。另外，家长的这种诉求也反映了家长存在着缺乏基本的方法论意识的问题，即任何方法都是有一定的理论基础与价值取向的，家庭教育绝不是简单的操作技巧，家庭教育指导也绝不是简单的支招，家庭教育指导方法的理论性与价值取向是方法的科学性与正确导向的基本保障。因此，对家庭教育指导方法的探索、总结、传授和研究，首先要把握好家庭教育指导方法的理论根基与价值导向。

二、家庭教育指导方法具有复杂性与效果的不确定性

家庭教育指导方法是直接作用于指导对象的行为方式，它与直接作用于物质产品的生产方法具有很大的差异，因为指导对象是具有能动性的主体，物质和产品则是客体。指导对象的主观能动性会对指导方法产生适应能力、选择能力以及反作用能力，指导对象的这种特殊性决定了家庭教育指导方法的复杂性以及指导方法与指导效果关系的不确定性。一方面，一种方法可能产生多个效果，一个效果可能是由多种方法产生的，方法与效果之间并非简单的一一对应关系。另一方面，虽然任何方法都会产生一定的效果，但未必

都是正面效果，也可能是负面效果。负面效果对人与物质产品的影响作用也具有很大的差异，儿童的成长是不可逆的，教育不能把儿童当作实验品去试误，所以家庭教育方法与家庭教育指导方法的选择、实施、总结、传授以及研究都务必慎重。

三、家庭教育指导方法具有边界性

家庭教育指导方法与家庭教育指导内部诸要素之间的关系以及与家庭教育指导外部环境和条件之间的关系，决定了家庭教育指导方法具有边界性。也就是说，家庭教育指导方法都有一定的理论背景、价值基础和使用范围，方法产生效果需要一定的条件，方法的有效性要受到一定的限定。因此，一种家庭教育方法是否科学，是否具有代表性，是否适合推广，家庭教育指导者需要进行严谨的分析与理性的判断，厘清家庭教育指导方法的边界，在指导过程中不能无限夸大某种方法的效果。当今家庭教育指导领域存在的"一招鲜""家教秘籍"以及炒作概念、吸引眼球的理念满天飞等现象，都是无视方法的边界性而违背实事求是的科学精神的。

第四节　家庭教育指导方法的类型

家庭教育指导方法在实践过程中呈现出丰富多彩的形式，同时各种方法相互融合，形成家庭教育指导领域独特的工作方式与实践智慧。从不同的维度对家庭教育指导方法进行分类，可以更加清晰地了解各种家庭教育指导方法的特征。

一、家庭教育指导的方法论、一般方法与具体方法

从方法的哲学层次而言，可以把方法从高到低依次分为方法论、一般方法和具体方法。具体方法是针对具体问题所采用的方法。一般方法是对具体方法的总结和概括，是在某一专业或领域普遍适用的方法。方法论则是哲学层面关于认识世界和改造世界的根本方法的学说。可见，一般方法是对具体

方法的抽象，方法论是对一般方法的抽象。反过来同理，具体方法比一般方法丰富生动，一般方法比方法论丰富生动。在日常情境中，人们比较关注具体方法。具体方法固然非常重要，但它受一般方法和方法论的制约，所以在方法的实施、反思与研究过程中，对方法的层次性要进行统整。

对于家庭教育指导活动而言，方法从高到低依次为家庭教育指导的方法论、家庭教育指导的一般方法与家庭教育指导的具体方法。

首先，家庭教育指导是人们认识世界与改造世界的一个领域，遵循着人类认识世界与改造世界的根本方法。马克思主义哲学方法论是关于人们正确认识和改造世界的一般方法的理论，是家庭教育指导需要遵循的方法理论：一切从实际出发，实事求是；发挥人的主观能动性，将主观能动性与客观事实和客观规律相结合；坚持理论与实践相结合以及理论与实践的具体的、历史的统一；既要坚持唯物论，又要坚持辩证法；既反对唯心主义，又反对形而上学；等等。这些都是基于马克思主义哲学原理的哲学方法论，对各行各业的实践都有普遍的指导意义。在很多情况下，家庭教育指导效果不明显，从表面上看是家庭教育指导的具体方法不够完善，而深层次上与没有完全贯彻马克思主义哲学方法论有关。可见，以马克思主义哲学方法论为最高层次的方法理论，来引领家庭教育指导的整个过程，是家庭教育指导者应该掌握的基本思维工具。

其次，家庭教育指导作为一种教育指导活动，要遵循教育指导的一般方法。家庭教育指导不仅是教育工作的一部分，也是社会工作的一部分，教育工作领域和社会工作领域中的教育指导方法，都是家庭教育指导的一般方法。在教育领域中，因材施教、循序渐进、寓教于乐、启发式教育、教育与实践相结合、身教与言教相统一等，都是教育活动普遍遵循的方法。在社会工作领域中，个案社会工作、小组社会工作与社区社会工作是社会工作的三大方法，每种方法又包括若干工作模式，都是社会工作者在指导活动中普遍遵循的方法。家庭教育指导工作的综合性，决定了家庭教育指导方法的综合性，整合相关领域的教育指导方法，成为家庭教育指导方法不断丰富与发展的基础。

最后，在哲学方法论和教育指导一般方法的指导下，根据家庭教育指导的具体情境选择和实施的方法就是家庭教育指导的具体方法。具体方法是最贴近生活实践与社会实践的。由于实践环境的复杂性，家庭教育指导方法既要遵循一般理论与一般方法，还要根据实际情况采取变通与融合策略，最终探索出最适合特定环境中指导对象的一套方法。从这个角度而言，家庭教育指导的具体方法具有"一把钥匙开一把锁"的特点，即某一套具体方法是特定时空中特定内外部因素综合作用的产物，是不可复制的。也就是说，这种具体方法既符合方法论和一般方法的原理，又具有自己的特色，是一般性与特殊性的有机结合体。

二、家庭教育集体指导方法、小组指导方法与个体指导方法

根据家庭教育指导对象的数量，可以把家庭教育指导方法分为集体指导方法、小组指导方法和个体指导方法。

家庭教育集体指导方法是家庭教育指导者组织较多的家长或者儿童参加家庭教育的学习、讨论或者活动。常见的集体指导方法有在真实的生活空间开展的家庭教育讲座、家长会、家长开放活动、亲子活动等，也有在虚拟的互联网空间开展的远程教育讲座、微课、论坛等。这种方法具有成本低、效率高、覆盖率高的优点，同时也存在着针对性弱、互动不足以及指导深度不够等问题。

家庭教育小组指导方法是家庭教育指导者根据一定的维度把指导对象分为若干小组，促进小组成员在交流信息、观点碰撞、体验活动或者专业干预中对家庭教育进行学习。常见的小组指导根据指导目的与任务可以分为教育小组、成长小组、支持小组和治疗小组等不同的组织方式。教育小组的主要任务是交流经验、丰富认知，例如家长沙龙、亲子教育小组；成长小组的主要任务是探索自我、丰富体验，例如拓展训练活动；支持小组的主要任务是同质性成员建构关系、相互支持，例如单亲家庭教育小组；治疗小组的主要任务是针对家庭教育困难群体进行心理介入与社会工作干预，例如家庭暴力干预小组。家庭教育小组指导方法具有针对性强、互动充分、深度指导的优点，但也存在着成本高、覆盖率低等问题。

家庭教育个体指导方法是家庭教育指导者与指导对象进行一对一的深入沟通与交流，设计与实施个性化的指导方案。常见的个体指导方法可以分为面对面的直接指导方法与凭借纸质或者电子媒介的间接指导方法。针对个体的直接指导方法的优势在于，面对面的沟通不仅能收集到指导对象的口语表

达信息，而且能收集到表情、手势、姿势等肢体语言所传达出的信息，在面对面的家庭访问过程中还可以了解到指导对象的家庭教育环境以及家庭成员之间的关系，这些信息都有助于指导者更加清晰地了解指导对象，但是这种指导方法存在着成本高的问题。针对个体的间接指导方法缺乏直接指导方法的优势，但是能弥补直接指导方法的劣势。在互联网时代，电子邮件、通信工具、视频等为个体沟通提供了极大的便利，突破了空间的限制，而且既可以实时沟通也可以延时沟通，降低了家庭教育指导的成本。一般情况下，在家庭教育个体指导中可以根据指导的进度把直接指导方法与间接指导方法结合起来使用。

三、家庭教育正式指导方法与非正式指导方法

根据家庭教育指导者与指导对象建立指导关系的正式程度，可以把家庭教育指导方法分为正式指导方法和非正式指导方法。正式的家庭教育指导方法是家庭教育指导者与指导对象建立正式的指导关系，指导者通常采取有计划、有目的、有组织、形式规范的指导方式逐步开展家庭教育指导活动，例如政府、社区、学校或者教育机构等按照年度计划和工作方案逐步开展家庭教育指导活动，以及个人按照个性化指导方案而逐步开展家庭教育指导活动。这种正式的指导方法组织周密、结构严谨、操作规范，能为家庭教育指导对象提供范围较广的系统服务，但是这种方法存在关系正式、缺乏情感沟通的问题。

家庭教育非正式指导方法是家庭教育指导者与指导对象建立非正式的指导关系，以聊天的方式围绕家庭教育话题进行信息沟通、观点交换与相互启发。家庭教育非正式指导方法通常发生在亲朋好友之间，这种方法具有自主约谈、随机交流、关系亲密、气氛融洽的优势，但是存在着结构松散、知识表达不严谨的问题。

四、家庭教育书面语指导方法与口语指导方法

根据家庭教育指导所采取的语言表达方式，可以把家庭教育指导方法分为口语指导方法与书面语指导方法。有的指导对象擅长倾听，有的指导对象擅长阅读，这两种方法分别适合具备不同学习能力与学习习惯的指导对象。

家庭教育口语指导方法是指家庭教育指导者向指导对象讲述家庭教育知识。这种指导方法的优势在于为不便阅读的群体提供了便利，例如眼睛老花的老人和阅读经验有限的学前儿童等。对于比较忙碌的上班族家长而言，家庭教育口语指导方法也是很有必要的，他们可以随时收听存放于电脑、手机或者其他播放器中的音频文件来学习家庭教育知识。

家庭教育书面语指导方法是指家庭教育指导者通过书写指导内容为指导对象提供阅读学习的内容。这种指导方法的优势在于书面语言严谨、逻辑性强，能够系统地传达家庭教育知识，指导对象可以自由支配学习时间，在阅读的过程中可以停顿思考、翻阅资料。对于学习能力强的指导对象而言，阅读纸质或者电子介质的报刊书籍与文字资料是提高家庭教育系统思维的主要方法。

综上所述，各种类型的家庭教育指导方法各有千秋，也各有局限性，在实践过程中有机结合多种方法，并创新家庭教育指导方法，才能提高家庭教育指导效果。

第五节　学校的家庭教育指导方法

学校作为家庭教育指导工作主体，具有其他家庭教育指导工作主体所不具有的组织特征，因此，学校的家庭教育指导方法具有浓厚的学校组织特征。我国的学制系统涵盖了学前教育、初等教育、中等教育、高等教育四个部分，处于各个学段的儿童青少年群体既是学校教育的对象，又是家庭教育的对象，学校成为联系学校教育与家庭教育的天然桥梁，因此，各级各类学校的教育工作者是家庭教育指导的主力军。学校在家庭教育指导上具有合法性、主导地位以及天然优势，学校指导家庭教育的实践也非常丰富，形成了多种指导方法，而且每一种指导方法都发挥着独特的作用，共同推进着家庭教育指导工作的质量提升。

一、家长委员会

家长委员会是一个由学校和家长共同组建的群众性自治组织，以家长和儿童的根本利益为宗旨，代表全体家长参与学校民主管理，支持、协调和监督学校做好各项工作，是家长与学校沟通、联系的桥梁，是依法治校、自主管理、民主监督、社会参与的现代学校制度的重要内容。2012 年 2 月，教育部为贯彻落实《国家中长期教育改革和发展规划纲要（2010—2020 年）》，推进现代学校制度建设，完善中小学幼儿园管理制度，专门颁布了《关于建立中小学幼儿园家长委员会的指导意见》（以下简称《指导意见》），从"充分认识建立家长委员会的重要意义""明确家长委员会的基本职责""积极推进家长委员会组建""发挥好家长委员会支持学校工作的积极作用""为家长委员会的建设提供有力保障"五个方面做了具体指导。许多省、自治区、直辖市都转发了教育部的《指导意见》，并依据《指导意见》颁布本省、自治区、直辖市的实施意见或者方案。

二、家长学校

家长学校以未成年人的家长及其抚养人为主要对象，是为提高家长素质和家庭教育水平而组建的成人教育机构，是宣传正确的家庭教育思想、普及科学的家庭教育知识的主要场所，是学校开展家庭教育工作和进行公民素质教育的有效途径。我国非常重视家长学校的建设工作，1998 年全国妇联、国家教委就颁布了《全国家长学校工作指导意见（试行）》，2004 年全国妇联、教育部颁布《关于全国家长学校工作的指导意见》，2011 年全国妇联、教育部、中央文明办颁布《关于进一步加强家长学校工作的指导意见》。可见，我国一直都在加强家长学校的管理与指导，力图把家长学校建设为联系学校、家庭、社会，促进形成三结合教育网络的工作桥梁。

三、家长会

家长会与家长委员会和家长学校虽然都是家庭教育指导的形式，但它们还是有所不同的，各自有着特殊的意义。家长委员会主要是从家长的知情权、参与权和管理权等方面来保障家长的教育权利。家长学校则主要是从满足家长的教育培训需求，使家长获得家庭教育学习机会以及提高家庭教育能力等方面保障家长的教育权利。家长会是由学校或班级教师专门面向家长发起的，以学校或班级教师讲述、介绍和传达为主，以家长提问为辅的常规沟通形式，分为学校家长会和班级家长会两个层次，具有受众人数多、沟通效率高的特点。

四、家长开放日

家长开放日是学校定期或不定期邀请家长参观学校，帮助家长了解儿童在学校的生活与学习情况，以促进家校沟通的家庭教育指导形式。家长开放日活动为家长提供了亲身观察的机会，没有任何语言沟通能够代替亲眼所见的力量，它给予家长的视觉冲击与思维启迪是生动而且深刻的，因而深受家长欢迎。在我国，家长开放日活动是中小学和幼儿园常规的家庭教育指导形式。幼儿园实施家长开放日制度则是国家教育政策的明文规定，2016 年教育部在《幼儿园工作规程》中指出"幼儿园应当建立家长开放日制度"。

五、家访

家访即家庭访问，是教师走进儿童的家庭进行个别交流，与家长深入交流儿童的生活状况，沟通教育观念，共商教育策略。在电话、手机和电脑等电信手段尚未普及的年代，家访是经常使用的家校沟通方式，教师会制订学期或者学年家访计划。家访的发起者主要是教师，也有少数情况是家长主动邀请教师家访。随着电信手段的迅速发展与普及，以及人们家庭私密生活意识的增强，传统家访式微，但是传统家访的深度沟通优势是不可替代的。通过电话和互联网可以进行一般信息沟通，而家访则有利于深度沟通。现代教育研究已经证明，在学生的成长过程中，家庭教育对学生的影响排在首位，其次才是学校教育。因此，教师对学生所做的观察、发现、分析和指导，都需要参考学生所处的家庭环境。而教师了解家庭教育不能仅仅依靠家长的口头描述，还需要深入家庭进行观察和了解，得到第一手资料，这样才能更加客观地分析家庭环境对学生产生的影响，从而在科学调研的基础上构建家校合作思路和策略。

六、家长志愿者

志愿者活动在世界上已经存在和发展了一百多年，志愿服务最近几年越来越成为一种国际潮流。作为志愿者的一种，家长志愿者在自身条件许可的情况下，以不谋求任何物质、金钱及相关利益回报为前提，自愿参加学校提倡或组织的相关活动，合理运用自身的专业、技能或服务等资源，为学校无偿提供力所能及的、切合实际的帮助与服务。家长志愿者是家长参与学校活动的一种有效形式，是学校和班级老师与家长沟通的一种特殊形式。更好地发挥家长志愿者的优势，对于班级工作、学校发展和家庭教育指导都具有积极的促进作用，有助于办学质量和教育质量的提升。

第六节　家庭教育指导方法的经验化问题

目前，家庭教育指导方法所存在的现实问题主要体现为经验总结与推广简单化。

在家庭教育指导过程中，很多家庭教育指导者为了把内容讲解得简单易懂，经常会采取讲故事的方式，而且很多家长也有听故事学家教的习惯，这样就导致家庭教育指导存在着轻知识、轻理论，重操作、重技巧的问题。另外，家庭教育指导者过度依赖所谓的成功案例，如成功人士的成长案例、因子女成功而造就的"成功家长"的教育案例，由此总结出来的教育经验很容易成为令人信服的教育法宝，成功人士或者"成功家长"也对此坚信不疑。正如一位培养儿子在国际钢琴大赛屡次获奖的单身母亲所言："我是一个普通的女性，亲手培养了一个优秀的孩子，证明我的教子经验是成功的，比只讲理论却没有培养出成功子女的空洞说教更有说服力。"这种与所谓成功实例捆绑在一起的经验自信非常普遍，不仅"成功家长"有这种想法，家庭教育指导者中也普遍存在着乐于宣传家教成功经验的现象。这些想法一方面说明成功案例自有可取之处，另一方面也陷入"以成败论英雄"的逻辑缺陷，似乎只要孩子成功了，倒推出的家庭教育经验就一定是科学的。其实，这种思维方式把教育经验美化了，也把教育现象简单化了。

过度依赖讲故事与成功案例的家庭教育指导现象，一方面反映了家庭教育指导重实践、接地气，另一方面暴露了家庭教育指导过度依赖经验方法、缺乏科学方法的问题。

杜威对经验的思维与科学的思维进行辨析，提出了"科学的方法"。一般情况下，人们认识到方法是在实践活动中逐步积累的有效经验，于是人们会比较信赖已有方法和已有经验，乃至产生依赖，而杜威发现了这种"方法"存在的问题，认为它们"并非在科学方法指导下进行的推论……实际上是在同过去经验有某些固定的结合或相吻合的基础上形成的期望的习惯"[1]。也就是说，它们是由于不断重复的联结而变成一个确定的信念，当一件事情发生后，另一件事情一定会相伴而来。虽然在某些情况下这种经验的思维是有用的，但其存在三个明显的缺点：（1）它具有引出错误信念的倾向；（2）它不能适用于新异的情境；（3）它具有形成思想懒惰和教条主义的倾向。[2] 科学的方法与经验的方法正好相反。经验的方法常常受到偶发事件的直接力量和强度的控制，科学的方法则不受直接的、强烈的因素的影响。科学的方法是找出一种综合的事实，来代替彼此分离的种种事实的反复结合或联结。为了达到这个目的，需要进行抽象，科学抽象的作用在于把握任何感觉都不能发现的关系，只有这样才能进行更深入的分析和更广泛的推论。[3]

可见，经验的方法可能有效地解决一些问题，但是这种有效性具有偶然性，因为经验的方法是事物与事物之间在时间上的连续或者空间上的联结经由主体的联想所产生的，未必揭示了事物之间的内在联系，所以它对实践的指导意义也就具有偶然性。认识到经验的方法的意义与局限性，有助于摆脱对经验的方法的过度依赖，避免简单化与表面化推理所产生的似是而非甚至错误的观念，主动树立科学思维意识，尽可能地发现与总结科学的方法。

---

[1] 杜威. 我们怎样思维：经验与教育 [M]. 姜文闵，译. 北京：人民教育出版社，2005：159.
[2] 同①160.
[3] 同①162-168.

第七章　家庭教育政策

政策是指导和规范人们从事社会活动的重要手段，家庭教育政策是家庭教育指导者的行动指南，直接关联着家庭教育事业的发展，因此，家庭教育指导者要具有一定的政策理论水平和政策行动能力，以提升家庭教育政策效果。

第一节　政策与家庭教育政策概述

一、政策概述

在我国古代社会，"政"与"策"二字各表其义，并不连用。"政"与政治、政权、政事有关。《论语·学而》曰："夫子至于是邦也，必闻其政，求之与？抑与之与？""策"的本义为马鞭，引申为鞭打、策动之意。"策"又通"册"，古代用木片或者竹片记事编成"策"。在《吕氏春秋》"此胜之一策也"中，"策"又为谋略之意。

在现代社会，"政策"一词被广泛使用，作为解决实际问题的工具和手段对人的活动和行为加以规范，而这些实际问题既包括国家与社会层面的，也包括群体与社会组织层面的，还包括个体与家庭层面的。可见，政策在日常用语中的外延非常宽泛。在研究领域，政策常常被视为社会公共领域的治理工具，称为"公共政策"（public policy），所以，政策科学一般都是从公共政策的角度来界定政策的内涵。我国学者认为，公共政策是国家及地方的权威机构为了解决特定的社会问题、促进公共利益的实现和社会进步而制定的相关规定或公共指导准则，这些相关规定或公共指导准则往往是以法律法规、路线方针、谋略策略、法令、决策、办法、方法、规章制度的形式体现出来的。① 这种界定在民主的语境下体现了现代政策治理理念，政策主体不仅包括政党、政府机关、立法机关、司法机关，还包括相关社会团体与公民组织，涉及官方主体和非官方主体所共同构成的范围更为广泛的利益相关者群体。政策不仅仅服务于政治生活，还服务于社会公共问题，促进公共利益的实现和社会进步。

二、家庭教育政策概述

家庭教育政策是公共政策的下位概念。从公共政策内容所涉及的领域而言，公共政策可以分为政治政策、经济政策、社会政策、科技政策、教育科学文化政策等。家庭教育政策并不只属于教育领域，因为家庭教育并不是单纯的教育问题，它与家庭问题直接相关，而家庭问题的解决与关涉家庭利益和家庭发展的社会政策密切相关。可见，家庭教育的特点决定了家庭教育政策是社会领域与教育领域政策的结合。

（一）家庭教育政策是社会领域与教育领域政策的有机结合

家庭是家庭教育的母体，而家庭是人类社会中最早形成的社会制度和最基本的社会组织细胞，社会的历史与传统，社会的现状、变化与发展等会渗透到家庭的组织机体，使家庭成为社会化的重要工具，因此通过家庭治理来实现社会治理，是很多国家都采取的社会治理模式。家庭以及家庭教育与社会和国家的关系，在中国有着悠久的历史传统与民族特色。《墨子·兼爱》道："视人之国若视其国，视人之家若视其家，视人之身若视其身。"《孟子·离娄上》云："天下之本在国，国之本在家，家之本在身。"《大学》言："古之欲明明德于天下者，先治其国；欲治其国者，先齐其家；欲齐其家者，先修其身。"这些经典言论奠定了中国社会家国同构治理模式的思想基础，家庭教育政策也成为中国社会制度不可缺少的内容之一。在现代社会，社会领域的许多政策行动和政策效果都会体现在家庭领域之中，有些政策的目标群体直接就是家庭，因此，社会政策不但构成家庭发展和家庭教育的外部环境，而且直接引发家庭和家庭教育的变化，例如人口政策、婚姻政策、福利

① 莫勇波. 公共政策学 [M]. 上海：上海人民出版社，2013：3.

政策以及社会服务政策等。1978 年，计划生育作为我国的基本国策被写入宪法。1980 年 9 月 25 日，《中共中央关于控制我国人口增长问题致全体共产党员、共青团员的公开信》指出："提倡一对夫妇只生育一个孩子。"2016 年 1 月 1 日，修订后的《中华人民共和国人口与计划生育法》正式实施，第十八条规定："国家提倡一对夫妻生育两个子女。"中国独生子女政策实施了三十多年，独生子女家庭教育成为全国家庭教育指导的核心内容。目前，二孩家庭教育成为家庭教育指导面临的新课题。可见，与家庭相关的社会政策直接关系到家庭教育问题与家庭教育利益。

家庭教育早于学校教育，是学校教育最重要的合作伙伴，家庭教育、学校教育和社会教育共同构成了影响人终身发展的完整教育体系，但"在近代国家公共教育制度出现之前，教育被看成私事，因而不时兴教育政策。随着近代国家公共教育制度的建立，国家的教育政策变得重要了"①。可见，教育政策的诞生是指向公共教育制度化的学校教育系统的，主要为各级各类、各个区域的学校教育问题提供政策指导与政策保障。教育政策的理论研究也是基于学校教育系统，有关家庭教育的政策是作为学校教育政策中的一个或若干条款出现的，而独立的家庭教育政策并没有纳入教育政策体系，也没有纳入教育政策科学研究范畴。除了总政策与综合政策以外，我国的家庭教育政策主体主要是全国妇联，教育部和其他部委是联合发文的政策主体，而全国妇联是社会团体，并不属于教育系统。可见，家庭教育政策与学校教育政策是并列的，家庭教育政策虽有教育政策的教育性，但又不完全属于教育政策领域。

家庭教育政策是社会政策与教育政策的结合，这一判断既有政策意义，也具有理论意义与实践意义。在政策科学理论研究中，社会政策研究和教育政策研究都已经积累了丰富的成果，把家庭教育政策纳入其中，不但有利于建构家庭教育政策理论，而且有利于拓展社会政策和教育政策研究领域。在实践层面，不同领域的政策有不同的资源与解决问题的手段，家庭教育政策既涉及社会政策又涉及教育政策，因此需要发挥社会政策和教育政策在解决问题上各自所具有的资源优势与策略优势，对家庭教育问题采取综合治理的

---

① 筑波大学教育学研究会. 现代教育学基础［M］. 钟启泉，译. 上海：上海教育出版社，1986：195.

方式，从而促进社会政策和教育政策以及其他相关政策领域共同建构家庭教育友好型政策。英国政府曾在 1998 年发布了以"支援家庭"（supporting families）为主题的家庭政策咨询书，核心内容就是建立一套家庭友善（family-friendly）政策，建议从五个方面给予家庭支持：保证所有父母都具有接受指导和帮助的渠道，改善家庭服务的内容和方法；在税收和各种福利制度中体现对抚育子女成本的承认；帮助家庭实现工作与家庭生活的平衡，使父母有较多的时间与子女在一起；巩固婚姻生活，减少家庭破裂的风险；解决更严重的家庭生活问题，包括家庭暴力和学生怀孕现象等。[①] 可见，家庭教育友好型政策直接关涉家庭教育利益，促进家庭教育指导，解决家庭教育问题。

（二）家庭教育政策的界定

根据公共政策原理，家庭教育政策可以界定为政党、政府、社会团体、大众传媒机构、公民等官方或非官方的组织及个人等家庭教育利益相关者为了解决家庭教育问题、促进家庭教育指导服务的发展而制定与执行的相关规定或公共行动准则。这一概念包括如下几层含义。

1. 家庭教育政策主体

政策主体是相对于政策客体而言的，是指在政策制定、实施、监督、评估的整个政策过程中对政策目标群体直接或者间接施加影响的所有行动者。家庭教育政策主体是指政党、政府、社会团体、大众传媒机构、公民等官方或非官方组织及个体等家庭教育利益相关者。由于他们拥有不同的机构、权力、制度、物资、信息、知识、技术以及时空等资源，他们在家庭教育政策过程中发挥着不同的作用。他们都是具有能动性的主体，以不同的方式、在不同的方面对家庭教育政策施加着不同程度的影响。

2. 家庭教育政策客体

政策客体是指政策作用的对象，涉及政策所要解决的公共问题和所要指向的目标群体。家庭教育政策所要解决的是家庭教育公共问题和家庭教育指导服务公共问题，目标群体既包括儿童、家长和家庭教育指导工作者，也包括从事家庭教育管理、指导、服务、研究、人才培养与培训的各种官方或非

---

① 吕青，赵向红. 家庭政策［M］. 北京：社会科学文献出版社，2012：55.

官方机构以及商业组织。家庭教育和家庭教育指导服务在发展过程中会不断出现新问题，只有上升为公共问题才有可能纳入政策议题。政策客体会涉及反映家庭教育公共利益的人、事、物以及相关机构与组织，其中人和组织是最活跃的能动因素，兼具主客体性。在一定的条件和环境中他们是政策客体，在另外的条件和环境中他们是政策主体。相对较高的结构层级中的人与组织他们是政策主体，相对较低的结构层级中的人与组织他们则是政策客体。

3. 家庭教育政策目的与功能

家庭教育政策目的反映人们对政策的主观期望，家庭教育政策功能则反映政策效果是否符合人的主观期望的客观事实。家庭教育政策是社会政策与教育政策的有机结合，这就决定了家庭教育政策目的既不同于一般的社会政策目的，又不同于一般的教育政策目的，解决家庭教育问题、促进家庭教育发展就成为家庭教育政策的独特目的。

家庭教育政策是指导和规范家庭教育活动的重要手段，因此人们对家庭教育政策目的寄予期望，然而家庭教育政策效果是否达到了政策目的，则是一个以事实为依据的客观存在：达到政策目的，家庭教育政策就发挥了正向功能；没有达到政策目的甚至与主观期望背离，家庭教育政策就产生了负向功能。从正向功能而言，家庭教育政策具有保障功能、规范功能、激励功能、制约功能与管理功能。[①] 保障功能主要体现在为家庭教育的公共利益提供保护、创造有利条件与环境，规范功能主要体现在为家庭教育活动指引方向、制定规则，激励功能主要体现在为家庭教育的发展提供正面刺激与倾斜，制约与管理功能主要体现在对家庭教育活动进行监督、评估以及准入审批与考核等。

第二节　家庭教育政策的类型与特征

相关政策涉及的家庭教育条款以及家庭教育专项政策，共同构成了家庭教育政策体系。根据不同的标准，可以把家庭教育政策分为不同的类型。

---

① 张乐天. 教育政策法规的理论与实践［M］. 上海：华东师范大学出版社，2002：27—30.

一、家庭教育政策的类型

根据政策所统领的范围、层次，家庭教育政策可以分为总政策、基本政策与具体政策。

总政策是在政策体系中处于统领地位、能够影响全局的政策，具有高度的概括性、综合性、长期性和全局性。根据总政策的合法形式①，涉及家庭教育内容的总政策主要有以下四种表现形式。一是在宪法和其他法律的条文中出现。例如，我国宪法规定公民有受教育的权利和义务，婚姻、家庭、母亲和儿童依法受国家保护，父母有抚养教育未成年子女的义务，成年子女有赡养扶助父母的义务，等等；有关妇女权益的法律，如《中华人民共和国妇女权益保障法》《中华人民共和国母婴保健法》《中华人民共和国反家庭暴力法》等；有关儿童权益的法律，如《中华人民共和国未成年人保护法》《中华人民共和国预防未成年人犯罪法》《中华人民共和国义务教育法》等。二是在执政党的党纲中出现。例如，《中国共产党党章》指出，中国共产党领导人民发展社会主义先进文化，大力发展教育、科学、文化事业，领导人民构建社会主义和谐社会，以保障和改善民生为重点，解决好人民最关心、最直接、最现实的利益问题，等等；党的十九大报告指出，把教育事业放在优先位置，深化教育改革，加快教育现代化，办好人民满意的教育，以及在发展中补齐民生短板、促进社会公平正义，在幼有所育、学有所教、劳有所得、病有所医、老有所养、住有所居、弱有所扶上不断取得新进展，等等。三是在国家元首、政府首脑的正式报告中出现。例如，在 2015 年春节团拜会上，习近平主席特别强调要重视家庭建设，注重家庭、注重家教、注重家风。四是在执政党、政府的正式文件中出现。例如，党中央、国务院颁布的《国家中长期教育改革和发展规划纲要（2010—2020 年）》提出，把德育渗透于教育教学的各个环节，贯穿于学校教育、家庭教育和社会教育的各个方面，充分发挥家庭教育在儿童少年成长过程中的重要作用；《九十年代中国儿童发展规划纲要》《中国儿童发展纲要（2001—2010 年）》《中国儿童发展纲要（2011—2020 年）》中也包含相关内容。

---

① 莫勇波. 公共政策学［M］. 上海：上海人民出版社，2013：9.

基本政策是总政策在某一领域或某一区域的延伸与具体化，是该领域或区域工作的指导原则，具有区域性和阶段性，如21个部委联合颁布的《关于贯彻未成年人保护法 实施"未成年人保护行动"的意见》《浙江省实施〈中华人民共和国妇女权益保障法〉办法》《广东省未成年人保护条例》《浙江省预防和制止家庭暴力条例》以及《重庆市家庭教育促进条例》《贵州省未成年人家庭教育促进条例》《山西省家庭教育促进条例》《江西省家庭教育促进条例》《江苏省家庭教育促进条例》等。

具体政策又称实质政策，是基本政策的进一步细化，是专门就解决家庭教育特定问题而制定的行动目标、任务和准则，具有针对性强、可操作性强、时效短、变动快的特点，如《全国家庭教育工作"九五"计划》《全国家庭教育工作"十五"计划》《全国家庭教育工作"十一五"规划》《关于指导推进家庭教育的五年规划（2016—2020年）》《全国妇联、教育部关于进一步加强家庭教育工作的意见》《教育部关于加强家庭教育工作的指导意见》《全国家长学校工作指导意见（试行）》《全国妇联 教育部 中央文明办关于进一步加强家长学校工作的指导意见》等。家庭教育具体政策目标清晰、内容详尽、针对性强，包括计划、条例、法规、章程、说明、措施、办法、细则等多种形式。

二、家庭教育政策的特征

美国政治学家戴维·伊斯顿（David Easton）揭示了政策的本质："政策是对全社会价值的权威性分配。"① 公共利益是公共政策的价值取向，家庭教育政策就是对家庭教育的公共利益进行权威性分配，而家庭教育利益的特殊性在于它既关系到家庭私领域的私人利益，又涉及儿童权益保护、培养未来公民的社会公共利益。可见，调节家庭教育利益的独特性在于既要尊重家庭教育的私人利益，又要注重家庭教育的公共利益，这是家庭教育政策区别于其他领域政策的本质特征。

---

① EASTON D. The political system［M］. New York：Kropf，1953：129.

（一）家庭教育政策的逻辑起点：家庭教育问题

公共政策的逻辑起点是与公共利益分配密切相关的公共问题，而一个领域内公共问题的产生与时代发展密切相关。在传统社会，不但家庭教育属于私人教育问题，而且学校教育在发展初期也没有产生突出的利益分配问题，并没有引起公共政策的关注。当学校教育的发展关系到国家利益、社会进步和公民权利的时候，国家和地方的权威机构才把学校教育政策纳入公共事务的管理工具。"通常，只有当某些教育利益的分配缺失或不当，导致客观存在的教育现实与教育期望之间的差距以及建立在教育现实基础上的教育价值诉求问题在公共生活中凸显出来，并造成一定后果，形成一定的问题，被不同的主体感知、体验和发觉，并给予一定的关注时，方才有可能通过政策手段予以调节。"①

在现代社会，家庭教育依然具有私人教育特征，但是家庭教育问题已经不再完全是私人领域的"家务事"，而是逐步受到公众、社会、政府、国家和国际的共同关注与干预，具有了"公共事务"特征。1989 年 11 月 20 日，第 44 届联合国大会第 25 号决议通过《儿童权利公约》（Convention on the Rights of the Child），标志着家庭教育问题具有公共性质并获得国际社会的广泛认可。《儿童权利公约》是第一部有关保障儿童权利且具有法律约束力的国际性条约，意味着缔约国政府既有权利也有义务为儿童的父母和家庭提供支持与保障，以确保儿童享有相应的权利。《儿童权利公约》规定："缔约国承担确保儿童享有其幸福所必需的保护和照料，考虑到其父母、法定监护人或任何对其负有法律责任的个人的权利和义务，并为此采取一切适当的立法和行政措施。"《儿童权利公约》是联合国历史上加入国家最多的国际公约。1990 年 8 月 29 日，中国常驻联合国大使代表中国政府签署了《儿童权利公约》，中国成为第 105 个签约国。1991 年 12 月 29 日，第七届全国人民代表大会常务委员会第二十三次会议决定批准我国加入《儿童权利公约》，同时声明：中华人民共和国将在符合其宪法第二十五条关于计划生育的规定的前提下，并根据《中华人民共和国未成年人保护法》第二条的规定，履行《儿童权利公约》第六条所规定的义务。1992 年 3 月 2 日，中国常驻联合国大使

---

① 范国睿. 教育政策的理论与实践 [M]. 上海：上海教育出版社，2011：13.

向联合国递交了中国的批准书，从而使中国成为该公约的第 110 个批准国，该公约于 1992 年 4 月 2 日对中国生效。1992 年国务院颁布了我国第一部儿童工作纲领《九十年代中国儿童发展规划纲要》。进入 21 世纪后，国务院颁布了《中国儿童发展纲要（2001—2010 年）》和《中国儿童发展纲要（2011—2020 年）》，后者明确提出"适应城乡发展的家庭教育指导服务体系基本建成"的工作目标。可见，家庭问题和家庭教育问题涉及保护儿童权利的公共利益，不但得到国际公约的认定，也得到我国政府和政策的认定，这是家庭教育问题具有公共性的法律认定。

（二）家庭教育政策目的的独特性：以促进家庭教育的发展为目的

从逻辑起点上看，家庭教育政策源于家庭教育问题，而不是其他教育问题和社会公共问题，这是由家庭教育活动的独特性所决定的。

与一般教育政策不同，家庭教育政策是以促进家庭教育的发展为目的，正确处理家庭教育与学校教育的关系，在强大的学校教育场域中保持家庭教育的独立性，发挥家庭教育在促进儿童发展中的独特优势。在人类历史发展进程中，"家庭的教育权利是一种自然的、渊源深远的权能"[1]。家庭教育早于学校教育，学校教育则是家庭教育部分权利的让渡，但是随着学校教育的边界不断扩大，家庭教育逐渐成为学校教育的附属。然而，学校教育所存在的问题不断凸显，家长对学校教育的不满逐步加大，家庭教育与学校教育之间的权利之争一直没有停止。20 世纪 60 年代兴起于美国的家庭学校教育运动（home-schooling）就是旨在向学校教育争夺儿童在家接受教育的权利，这种教育利益之争在其他许多国家也出现了，并促进相关政策与法规的制定与执行。新西兰的法律规定，学生在家接受教育，要确保和在注册学校受教育一样规范和良好，要纳入督导部门的检查范围，教育督导办公室向教育部部长报告没有在正规学校上学的学生的受教育情况。[2] 在我国，"孟母堂事件"引发了在家进行义务教育合法性的讨论，有学者就此展开了我国宪法文本中"受教育义务"的规范分析[3]。虽然促使家庭教育与学校教育竞争并非家庭教

① 劳凯声.教育法论 [M].南京：江苏教育出版社，1993：6.
② 黄崴.教育督导学 [M].北京：中国人民大学出版社，2011：75.
③ 张震.我国宪法文本中"受教育义务"的规范分析：兼议"孟母堂"事件 [J].现代法学，2007（5）：22.

育政策的目的，但是家庭教育政策是以促进家庭教育的发展为目的，必然维护家庭教育利益，解决家庭教育问题，其政策效果不但有助于提高家庭教育水平，也促使学校教育提高效能。这样有效能的家庭教育与有效能的学校教育相结合，才能共同维护儿童的权利，促进儿童的发展。

家庭教育是私人教育和非正式教育。自从学校教育发展强大之后，在微观层面与家庭教育关系最为密切的纵然是学校教育，但是对家庭教育影响最大的并非学校教育因素，而是通过影响家庭变迁进而影响家庭教育的政治、经济、文化以及人口政策因素。在中国社会历史进程中，以阶级斗争为纲的政治制度破坏了家庭的情感功能，导致以亲子关系为逻辑起点的家庭教育受到重创；以经济建设为中心、家庭联产承包责任制等经济制度强化了家庭的经济功能，直接影响了家长的教育价值观；计划生育政策等人口制度塑造了具有中国特色的家庭结构，产生了独生子女家庭教育和二孩家庭教育现象；开放的人口流动制度与保守僵化的户籍制度之间的矛盾导致了留守儿童教育、外来人口子女教育以及择校、学区房等一系列问题。这些既是社会问题，也是家庭教育问题。可见，解决家庭教育问题的框架要与相关社会政策领域建立关联，才能从根本上促进家庭教育的发展。

在家庭教育与学校教育并存的场域中，家庭教育政策的目的是维护家庭教育利益，并且家庭教育问题的解决需要社会政策系统的支持，而一般的教育政策是以解决学校教育问题为主，这些都使得家庭教育政策与一般的教育政策区别开来。与一般的社会政策相比，家庭教育政策具有突出的教育特征。在家庭教育的微观环境中，家长、儿童和家庭环境成为相互作用的三个基本因素，其活动规律符合一般的教育原理，这就需要用普通教育原理来分析和解决家庭教育问题。家长作为未成年人的法定监护人，具有相应的教育权利、责任与义务。儿童作为受国家和国际社会保护的权利主体，享有接受良好教育和不受家庭伤害的权益。然而，家长并不是专业与专职的教育工作者，所以家长的教育价值观以及教育方法都应该受到国家与社会的引导，家庭教育指导服务体系应该纳入社会公共服务体系，获得相应的政策规范与政策保障。可见，家庭教育政策的教育规范特征使之与一般的社会政策区别开来，它是以家庭教育的发展为目的，指导和帮助家长在价值观、儿童观、文化素养、生活习惯、家庭关系、教育观念和教育方法等方面得到提升，为儿童的学习与发展创造良好的家庭教育环境。

可见，家庭教育活动的独特性，使家庭教育政策既具有教育性，又具有社会性；既与一般的教育政策不同，又与一般的社会政策不同。而促进家庭教育发展的政策目的使相关家庭教育政策体系化，具有了整合性与独立性。一方面，家庭教育政策无论在教育政策领域还是在社会政策领域都应该具有自己的话语权；另一方面，无论教育政策还是社会政策都应该把家庭教育发展视为教育发展与社会发展的有机组成部分，制定家庭教育友好型的教育政策和社会政策。

（三）家庭教育政策的基本价值取向：家庭教育公平发展

公平作为人类行为的终极价值追求，理应成为政策的价值取向。家庭教育政策以家庭教育公平发展为基本价值取向，突出了家庭教育政策的独特价值，超越了狭隘的学校教育公平观，完善了公平政策视阈。

家庭教育公平取向与社会分层和教育成层现象密切相关。一方面，社会分层结构是导致社会不平等、决定社会利益结构以及造成社会矛盾与冲突的最重要的社会基础①。每个家庭作为最基本的社会组织，都处于一定的社会分层结构中，这导致不同家庭的后代在教育机会和教育成就的获得上存在差异。另一方面，教育不但对社会结构具有延续、再生产和发展作用，而且个人会将教育资本转化为就业所需的文化资本和社会资本，可见，教育获得的差异也能够对社会分层产生影响，这是教育的成层功能。社会分层和教育成层是相互作用的，可见教育公平对社会和谐发展与个人充分发展具有重要意义。关于教育公平，无论是义务教育还是高等教育，人们对学校教育的关注比较多，其实，对儿童而言，家庭教育质量存在差异是毋庸置疑的事实。儿童无法选择家庭和父母，也就意味着儿童无法选择家庭教育机会。家庭作为儿童安身立命最基本的经济单位和社会保障单位，家庭所处的阶层决定了家长所拥有的经济资本、社会资本和文化资本的结构与数量。这样，儿童即使在义务教育机会上是平等的，他们在义务教育过程以及之后的教育阶段中所获得的家庭教育资源也是不平等的，而教育资源的差异会直接导致教育成就的差异，进而形成教育成就的代际传递。著名的《科尔曼报告》指出，教育机会不平等的根源首先在家庭及其周围的文化环境。我国学者也研究发现，

---

① 刘精明，等．教育公平与社会分层［M］．北京：中国人民大学出版社，2016：13.

在中国现阶段，那些受教育程度较高的父母，其子女在教育机会、学业成绩和最终教育成就上都表现出优势，父辈的教育成就在子辈得以延续和传承，从而完成了教育成就的代际传递。①

20世纪60年代以来，家庭教育公平从理念走向政策行动，欧美发达国家纷纷制定相关政策，直接干预家庭教育，促进教育公平。美国的"开端计划"（Project Head Start）旨在面向少数民族和低收入家庭，帮助父母成为教育孩子的老师，强化和发挥家庭的教育职能，打破贫困和文盲的代际恶性循环，为处境不利儿童创造适宜的家庭学习条件和机会，推进教育机会在起点上的平等。英国的"确保开端计划"（Sure Start）通过向家庭提供育儿咨询、儿童保育和教育服务，帮助家长理解和支持儿童游戏，以确保所有儿童拥有尽可能好的生命开端。② 在我国由城乡二元结构向城乡一体化发展的过程中，消解家庭教育不公平所造成的教育成层，无疑具有体制创新与政策创新意义，因此，我国家庭教育政策的公平价值取向非常突出。国务院于1992年颁布的《九十年代中国儿童发展规划纲要》特别提出"保护处于困难条件下的儿童"，要求"特别关注离异家庭的儿童保护和教育，帮助单亲家庭的家长为儿童创设良好的家庭环境。妥善安排流浪儿的生活和教育"，"对经济不发达地区儿童的生存、保护和发展给予特殊支持"。国务院还相继颁布了《中国儿童发展纲要（2001—2010年）》和《中国儿童发展纲要（2011—2020年）》，其中都有促进家庭教育公平的原则、目标、策略与措施。

教育在当今社会不仅具有国家战略意义，受教育也成为个人的基本人权，家庭教育公平价值取向意味着国家在公平发展制度化的教育体系的同时，也在缩小非制度化的家庭教育阶层差异对儿童享有教育公平的影响，确保儿童不因家庭出身、性别、种族、学校教育资源等非个人控制因素的影响而受到不公平待遇，为儿童通过个人努力和能力差异等个人控制因素获得人生发展创造公平的环境。因此，家庭教育公平不但是教育公平与社会公平的重要组成部分与题中应有之义，而且是增进与完善教育公平与社会公平的重要手段。

以家庭教育问题为逻辑起点、以家庭教育发展为政策目的、以家庭教育

---

① 池丽萍，俞国良. 教育成就代际传递的机制：资本和沟通的视角［J］. 教育研究，2011（9）：23.

② 郭丽英. 发达国家政府促进家庭教育公平的行为及其启示［J］. 内蒙古师范大学学报（教育科学版），2008（10）：31.

公平发展为基本价值取向，家庭教育政策的这些独特性决定了家庭教育政策存在的必要性。家庭教育政策可以自成体系，可以将其作为一个独立的政策门类进行研究与实践。

第三节 家庭教育政策过程

家庭教育政策旨在解决家庭教育问题，需要经过政策问题认定、政策方案制定、政策执行、政策评估诸环节，形成一个完整的政策过程。政策的制定、出台、执行、监控、评估到终结构成一个政策生命周期，新政策既有可能是原有政策的延续，也有可能为适应新情况而对原政策加以修正，从而形成一个新的政策周期。

一、政策问题认定阶段

家庭教育存在各种各样的问题，但并不是所有的家庭教育问题都能成为家庭教育政策问题。政策问题的产生和政策议程的设置，需要经由一个从问题到私人问题、再到公共问题、最后形成政策问题的渐进过程。因此，首先要把握好这四个"问题"的层次性及其区别与联系。

问题是一个日常用语，在不同的语境中有不同的具体含义，在大多数情况下都表达了现实与理想之间的差距，人们会因此紧张、困惑，感受到某种压力或者威胁。从影响范围而言，问题可以分为私人问题和公共问题。私人问题就是对个别人和少数人产生影响的问题，如果同一问题对很多人和大众产生影响，私人问题就转化为公共问题。"公共问题具有不可分割性和社会共享性，即公共问题一旦产生，它对所有个体或团体产生的影响是相同的，没有一个个体或团体可以置身于这些问题之外。"① 私人问题可以通过私人力量解决，而公共问题则是一己之力所无法解决的，需要引起社会关注，依靠社会力量来解决。公共问题虽然影响范围比较大，但并非所有的公共问题都能成为政策问题，只有那些受政府关注并纳入政府议程的公共问题才是政策

---

① 王达梅，张文礼. 公共政策分析的理论与方法［M］. 天津：南开大学出版社，2009：151.

问题。政策问题有三个构成要素：首先，政策问题是一种客观事实，任何捏造、歪曲或主观想象的问题都不属于政策问题；其次，政策问题表现为价值冲突、利益失衡或生命受到威胁，引起多数人的关注；最后，政策问题属于政府职权范围内的事务以及政府能力范围内的公共问题，因而被纳入政府日程并开始着手解决。[①] 可见，家庭教育领域存在很多问题，只有私人问题转化为公共问题，并进一步转化为政策问题，才有可能形成家庭教育政策问题。

公共问题转变为政策问题的过程被称为"政策议程"。政策议程的设置有公共议程与政府议程以及实质性议程与象征性议程之分。公共议程（public agenda）是社会公众和社会组织已经对公共问题展开广泛的讨论，对政府形成外在压力，从而使得该问题或多或少具有进入政府议程的可能性。政府议程（governmental agenda）是指某些公共问题已经引起政府的关注，并按正式程序行动的过程。政策问题的最终认定是公共议程和政府议程共同作用的结果。根据政策问题的重要性，政策议程又可以分为实质性议程和象征性议程。实质性议程（substantive agenda）是指认定那些涉及经济、安全、生存等公众切身利益，实际影响深远，潜在意义重大的政策问题的议程。象征性议程（symbolic agenda）是指认定那些涉及公共伦理与价值领域等具有抽象意义或符号意义的政策问题的议程。由于家庭教育是私人教育，具有比较封闭的私领域边界，社会和政府有义务尊重家庭的边界，所以家庭教育问题常常首先进入公共议程，当公众关注的范围、强度和时间达到一定阈限，它才会进入政府议程。同时，许多家庭教育政策问题都是象征性政策问题，即家庭教育价值观和家庭教育行为规范等方面的抽象问题，因而较多地进入象征性政策议程。

政策问题的形成原因既有客观因素，也有主观因素。客观因素主要指产生触发机制（trigger mechanism）的突发事件，即已经存在的社会问题，由一个突然发生的特殊事件引发广泛的公众关注，形成一种政治压力，从而进入了政策议程。触发机制的作用取决于三个因素：范围、强度和时机，即触发机制的影响范围、对公众的刺激强度和重要事件展开的时间段。在信息时代，很多触发机制都是由大众传媒和互联网发起的。政策问题形成的主观因素包

---

① 王达梅，张文礼．公共政策分析的理论与方法 ［M］．天津：南开大学出版社，2009：153-155.

括社会流行观念和社会现状的理性分析。社会流行观念是基于传统社会思想文化意识，对公共政策问题产生原因的直观认识，其中既有理性成分也有非理性成分。当社会流行观念与客观事物的本质不统一的时候，就有可能导致政策问题的认定失误。因此，对社会现状的理性分析非常重要。社会学家鲁宾·唐纳德（Rubin Donald）和温伯格（Weinberg）认为，可以从社会病态、社会解组、价值冲突、偏差行为和主观认定五个方面进行理性分析。① 政策问题的提出主体通常是政治领袖、政党组织、政府部门、民意代表、利益集团、社会团体、大众传媒、政策咨询与研究机构、各领域的专家学者及其他公民个人。2015 年 2 月，习近平主席在春节团拜会上提出"重视家庭建设，注重家庭、注重家教、注重家风"之后，家庭教育政策问题引起相关部门的关注。2015 年 10 月，教育部颁布了《关于加强家庭教育工作的指导意见》。2016 年至今，《重庆市家庭教育促进条例》《贵州省未成年人家庭教育促进条例》《山西省家庭教育促进条例》《江西省家庭教育促进条例》《江苏省家庭教育促进条例》相继出台。

二、政策方案制定阶段

政策问题认定之后，就进入政策方案制定过程，即通过政策目标确立、政策方案设计、政策方案评估、政策方案抉择的制定程序，形成最佳的政策方案，接着通过行政程序或者法律程序使政策合法化，以树立政策在社会上的权威性。

政策目标是期望政策实施后达到的效果，对整个政策方案制定过程具有指导作用，可以分为方向性目标、阶段性目标和量化指标三个类型。方向性目标为解决政策问题提供方向性的指导，具有笼统抽象的特点；阶段性目标是分阶段地解决政策问题，以最终达到方向性目标，具有逐步分解目标的特点；量化指标是对政策目标的具体数量规定，具有具体、操作性强的特点。有的政策目标只有其中一个类型的目标，有的政策目标则包含三个类型，需要根据政策问题的具体情况而定。全国妇联、教育部等九部门联合制定的《关于指导推进家庭教育的五年规划（2016—2020 年）》所提出的总体目标

① 莫勇波. 公共政策学［M］. 上海：上海人民出版社，2013：88-89.

"加快家庭教育事业法制化、专业化、网络化、社会化建设，到 2020 年基本建成适应城乡发展、满足家长和儿童需求的家庭教育指导服务体系"就是方向性目标，其中"继续巩固发展学校、家庭、社区相衔接的指导服务网络，城市社区、学校建立家庭教育指导服务站点或家长学校的比率达到 90%，农村社区（村）、学校建立家庭教育指导服务站点或家长学校的比率达到 80%"就是量化指标。

确定政策目标的依据主要有政治因素、政策问题和价值因素三个方面。政策目标是政治过程的产物，政治体制、意识形态、政治形势、政治任务、政治权力和政治运作等政治因素对政策目标的影响很大，家庭教育政策目标的确定不能违背现有的政治立场和政治观念。政策问题的性质、特点和范围也是确定政策目标的重要依据。对家庭教育政策问题性质、特点和范围的理解与认识直接影响家庭教育政策目标的确定，但是目前关于家庭教育政策的理论研究比较薄弱，对这些基本问题并没有进行深入研究、形成共识。价值因素也是确定政策目标的主要依据。政策的实质就是对价值的权威性分配，而价值分配涉及多个群体的利益，所以政策目标的选择过程实际上就是对所涉及群体和个人的价值进行分析和排序的过程，在确定政策目标的时候就要考虑各个利益相关者和各种利益团体的价值观及偏好、谁的以及什么样的价值观起主导作用、如何取舍以及如何安排价值序列等问题。可以说，价值因素是政策目标确定的最大障碍。

如果说政策目标解决"为谁做"和"做什么"的问题，那么政策方案设计就是解决"如何做"的问题。政策方案设计是一个设想、初选、分析、淘汰、评定等若干环节循环往复的动态过程，通常采取借鉴现有政策、现状调查研究、参阅文献资料、请教专家学者、征求社会各方面和政策分析人员的意见以及借鉴国外经验等方式来寻找备选方案。政策方案评估则是对备选方案进行后果评估、风险评估和可行性评估，接着按照公平、效率、效益、科学性等标准做出政策方案优选，再结合经验、试点和试验以及模型分析等方法做出政策方案抉择，最后提出最佳政策方案。但这不是政策制定过程的终结，为了保证政策方案的权威性与合法性，还需要一个经过行政程序或法律程序的合法化过程，以使政策方案取得合法地位。

合法性是指正当性、正统性，比"合法"狭义所指"合乎法律"的含义要宽泛。广义的政策合法性不仅包括政策本身的合法化，而且包括其合法化的基本前提——政治系统统治合法化的过程。狭义的政策合法化一般指政策方案获得合法性地位，并被公众接受、认可、遵从和推行的过程。^① 政策合法化包括政策主体合法化、政策内容合法化和决策过程合法化三个方面。^②从总体上看，政策合法化的主体相当广泛，包括立法机关、行政机关、司法机关、执法机关、利益团体以及公民个人等。政策内容合法化不仅指政策规范遵守法律、党纪等基本原则，不能与之相抵触，还指以规范合理的、公众可信的方式促进公共价值的实现。决策过程合法化是指政策主体依照法定权限和程序制定政策方案。

由于家庭教育政策治理薄弱、体系不完善，家庭教育政策的合法化过程还需要改进，主要体现在以下几个方面。

第一，家庭教育政策主体缺乏系统整合资源的能力。我国家庭教育政策主体是通过法定程序授予的，具有形式上合法的政策权威。政策权威以政治系统合法性为基础，又与政策主体的专业知识、业务水平和政策能力密切相关。^③ 由于我国的家庭教育政策主体多元化，具有妇联、教育部、中央文明办、共青团中央、民政部等多个部门联合发文的特点，意味着家庭教育政策条款是为支持各个部门的本职工作和主要任务而作为相关策略出现的，缺乏以家庭教育为本的政策目的，对家庭教育缺乏充分的理解与专业支持，也缺乏以一种系统的方式整合权力资源、财政资源、物质资源、信息资源、技术资源的能力，来做出强有力的集体决策。这就导致家庭教育政策文本内容抽象，象征性政策多于实质性政策，家庭教育政策的社会公众知晓度不高，在社会上缺乏应有的权威。

第二，家庭教育政策方案缺乏保障与制约功能。政策应该具有保障、规范、激励、制约与管理等功能。家庭教育政策内容的规范功能突出，主要体现为引导正确的价值观、教育观、儿童观以及行为规范，政策方案的概念性定义多于操作性定义，分配性政策与规制性政策不足，这样家庭教育政策就以宣传、倡议、号召为主，较少涉及实质性的利益分配。政策方案对经费、物资、设备设施、组织机构、人员编制等政策资源的保障不够充分，遵照执行家庭教育政策的效力微弱，问责制与制约功能不足，家庭教育的公共价值

①　范国睿．教育政策的理论与实践［M］．上海：上海教育出版社，2011：116.
②　莫勇波．公共政策学［M］．上海：上海人民出版社，2013：150.
③　同②152.

在社会上得不到应有的尊重。

第三，决策程序行政本位，公民参与不足。从理论上说，政策方案制定主体应该包括官方与非官方的各类主体，不仅包括政府部门，还包括政策研究机构、利益相关者与团体、专家学者以及普通公民。实际上，我国家庭教育决策过程具有明显的行政本位特点。一方面，在家庭教育政策决策过程中，决策主体行政化，非官方的家庭教育利益团体和公众的参与度不高，家庭教育的利益分配方案不能满足各方需求。另一方面，条块分割的行政格局难以形成政策资源整合，不利于形成强有力的政策效力。

可见，提升政策主体能力、完善政策功能、改善决策机制，将会促进家庭教育政策方案制定的民主化、科学化与法制化。

三、政策执行阶段

政策方案制定之后，就进入政策执行阶段。由于政策执行环境的复杂性，政策执行常常会出现偏差，导致政策目标难以实现，精心制定的政策方案也无法推行，可见政策执行之重要。政策科学把政策执行当成一个独立的、专门的领域加以研究，形成了丰富的政策执行理论研究成果。

我国学者把政策执行定义为，政策执行者通过一定的组织形式，利用相关的政策资源和政策工具，采取宣传、解释、协调、控制等行动方式，将政策付诸实施，从而推进政策内容转化为现实效果，以有效实现政策目的的过程。[①] 有效的政策执行的基本条件是有胜任力的政策执行主体、必要的政策执行资源、正确的政策执行技术、顺畅的政策执行机制以及适宜的政策执行环境。如果缺乏政策执行的基本条件，可能会导致政策执行偏差，即政策执行过程中不能完全按照政策方案行动，执行结果不同程度地偏离了预定的政策目标，具体表现为行为偏差或结果偏差。行为偏差有政策照搬、政策不作为、政策对抗、执行过度等不同形式。结果偏差有政策缺损（对政策内容进行取舍）、政策附加（附加了不当的政策内容）、政策扩大（扩大政策范围）、政策替换（曲解政策内容）和政策贪污（政策内容不能传达给目标群体和利

---

① 莫勇波 . 公共政策学［M］. 上海：上海人民出版社，2013：162.

益相关者）等形式。①

在政策执行的基本条件中，有胜任力的政策执行主体是最能动的人的因素，包括个人层面的政策执行者和组织层面的政策执行者，政策执行者的个人素质和政策执行组织的执行力在政策执行活动中发挥着核心作用。政策执行者的政策态度、价值观、利益倾向及认知水平、理解能力、执行技术，都直接影响着政策任务的完成质量。此外，政策执行是在复杂的组织体系中完成的，非个人能力之所及，而组织并非个人的简单叠加，组织结构、组织关系、组织运作、组织效能都在政策执行中发挥着巨大的组织力量。

我国的家庭教育政策文本并不少，但是所取得的实际效果并不令人满意。家庭教育政策效力不足与家庭教育政策执行组织力量不足密切相关。中国家庭教育政策联合发文的特点说明家庭教育政策执行需要跨界组织的跨界行动，不能局限于单一的政策领域和政策执行部门。跨界组织的跨界行动会形成组织场域，基于组织场域的制度建设是促进家庭教育政策执行的关键。场域不是空间区域概念，而是揭示复杂关系的概念，是指在社会和文化再生产领域中各种参与者的总和及其充满矛盾与冲突的动态关系，最初由法国社会学家布迪厄提出。组织场域则是利益相关者在场域内的相互作用与相互影响，其中既有可能是通过竞争而实现组织自身的生存与发展，也有可能是通过合作模式而实现集体的生存与发展。在组织场域中，组织之间在权力、人力、物质、信息、知识、技术等各方面所拥有的资源是不同的，资源的差异性决定了组织之间进行资源交换的不均衡性，组织之间的复杂关系和互动模式就促使组织场域行动规则的形成。这样，组织场域就存在两种不同的制度逻辑：组织自身的制度逻辑与组织场域的制度逻辑。组织已经在认知、信念、价值观、组织文化以及行为方式等方面形成自己的制度逻辑，并不会完全被动地顺从组织场域的制度逻辑，那么组织会根据自身在组织场域中所处的位置，从维护组织自身利益的角度，对组织场域的制度逻辑持有排斥与对立的态度而采取不合作的独自行动，或者持有改变与操纵的态度而重新建构制度逻辑。可见，组织场域充满了张力，跨界组织的跨界行动需要在组织场域中建立合理的制度逻辑与政策执行机制。我国家庭教育的组织场域并不成熟，属于在制度安排上具有模糊性和不确定性的新兴场域，因此需要加强组织场域制度

---

① 范国睿．教育政策的理论与实践［M］．上海：上海教育出版社，2011：156-160.

建设，才能为政策执行提供制度保障。

第一，要在组织场域进行共同价值观建设，培养良好的组织文化，促进组织的政策执行是基于组织愿景与组织使命的，不是迫于政府的外在压力而采取形式主义或者被动的政策行动。第二，优化组织架构，建立结构合理、机构精简、职权配置科学明确、运转协调的组织体系，从根本上削弱组织场域中相互掣肘、妨碍政策执行的力量。第三，建立政策执行利益整合机制，既要对组织场域的利益冲突进行约束与调节，又要健全利益补偿机制，对组织场域中受损的组织提供一定程度的补偿，促进组织场域公平，提高政策执行主体的动力。第四，强化政策执行的责任机制与监督机制，注重政策后果，对政策执行形成良性的责任导向。

四、政策评估阶段

政策评估是政策动态运行中的最后一个环节，在政策过程中具有重要意义，也具有很强的专业性。政策评估是政策评估主体依据一定的标准，运用特殊的方法，对政策的科学性、可行性及其实施后的效果、效益与效率进行分析、比较与综合后做出一种价值判断，以此作为政策继续、调整、创新或终结的依据。[①] 政策评估要素包括政策评估主体、政策评估客体、政策评估标准、政策评估信息。

政策评估主体是指参与政策评估过程的组织、团体和个人，可以分为官方评估主体和非官方评估主体。前者主要指立法机关、司法机关、行政机关等，其优势在于具有权威性，掌握的政策相对比较完整，但由于他们也是政策制定主体与政策执行主体，受到自身利益的驱使，在某种程度上难以保证评估的客观性与公正性。后者主要指专业评估机构、专业评估人员、企业组织、社会组织、大众传媒以及公民个人等，其优势在于独立性与自主性较强，与政策没有直接的利害关系，能够站在较为客观公正的角度进行评估，但存在的问题是他们不是当事人，对政策过程不甚了解，评估的可信度受到一定程度的影响。可见，政策评估主体应该多元化，各种评估主体优势互补，以确保评估的客观性与公正性。

---

① 莫勇波. 公共政策学［M］. 上海：上海人民出版社，2013：199.

政策评估客体是指政策评估所指向的具体政策与具体内容。虽然与政策相关的所有事项以及政策过程的所有环节都可以纳入政策评估，但是由于政策资源的有限性以及政策评估的时效性、可行性与可操作性，政策评估客体要有针对性，要精选评估对象，以提高评估的效果。一般情况下，政策评估主体常常优先选择预定政策目标所指向的内容以及影响较大的政策后果作为评估对象。在政策目标范围内选择评估内容，把政策执行后的某些指标与预定指标进行比较，就可以评估政策是否实现了目标。这样的评估比较直观，但也存在简单化的问题，把评估对象狭隘地限定在预定目标之内，而预定目标本身常常是模糊的、与现实有一定距离的，更为关键的是没有考虑政策过程中的非预期结果。因此，要把政策后果纳入评估对象。政策后果既包括正面后果也包括负面后果，不宜只评估正面后果即政策绩效。另外，要结合政策成本评估，既包括投入政策过程的资金、人力、物力等直接成本，也包括资源一旦用于该用途就不能用于其他用途的机会成本，还包括对政策目标群体之外的个人、组织甚至整个社会所造成的影响。

政策评估标准是测量、评价的指标或者准则，政策评估是一种事实判断和价值判断相结合的过程。政策评估事实标准是以既成事实为基础，一般用数量、成本和统计结果来测量，大致包括政策效益、政策效率、政策回应的充分性、政策的公平性以及适当性五个方面。[1] 政策评估价值标准是以价值取向、政治社会、伦理文化为基础，主要包括社会生产力标准和社会公平标准。政策评估通常将事实标准和价值标准结合在一起。

政策评估信息是与评估内容有关的事实、资料、数据、文字、符号等，真实和充分的评估信息是政策评估的基础，如何收集评估信息是政策评估主体面临的主要问题之一。评估信息主要有两个来源，一个是通过实地观察、问卷调查和访谈获得原始的或第一手资料，另一个是通过查阅档案、文本文件和工作报告获得间接的或第二手的资料。

政策评估类型分为正式评估与非正式评估，内部评估与外部评估，事前评估、执行过程评估和事后评估。政策评估方法非常多，学者将众多的方法划分为若干模式，包括目标达成模式、附带效果模式、综合模式、顾客导向

---

① 邓恩. 公共政策分析导论 [M]. 谢明，伏燕，朱雪宁，译. 2 版. 北京：中国人民大学出版社，2002：437.

模式、利益相关者模式、群体评估模式、实验和准实验模式、成本—效益分析模式等。①

政策问题认定、政策方案制定、政策执行与政策评估是政策运行依次展开的线性过程，在政策生命周期中还有政策终结环节。在实际的政策过程中，还会产生政策监控与政策调整这样的功能性环节，以及并非按照线性过程依次运行的非线性政策过程。

政策科学是一个概念密集、逻辑严谨、模型丰富、理论性强、系统性强的专业领域，已经形成自成一体的知识体系，研究成果非常丰富，这里只做了初步归纳与总结。我国的家庭教育政策研究比较薄弱。家庭教育政策研究需要依托政策科学的基本理论与分析框架，并随着家庭教育政策实践的发展与家庭教育研究力量的日益强大，逐步深入推进并走向科学化。

第四节　家庭教育政策网络分析

家庭教育政策研究虽然起步晚，但是可以借鉴和吸收政策科学的研究结果进行高起点探索。政策分析是政策科学的一个组成部分，是政策分析者采取各种分析方法对公共问题、政策目标、政策方案、政策执行和政策效果进行分析，以向决策机构和决策者提供有关政策信息和建议的过程②，对减少政策失误、促进社会发展具有重要的意义。政策分析有许多分析理论与分析工具，在此以政策网络理论为分析工具对中国家庭教育政策进行研究。③

政策网络是指在公共政策制定和执行过程中，政府和其他行动者围绕不断协商而形成的共同信念和利益而结成的正式的（制度的）和非正式的联系，这些行动者相互依赖，而政策就是从他们的相互作用中产生出来的。④政策网络概念最早出现于美国，后来在英国和欧洲大陆继续发展，用于隐喻政策过程中的复杂关系，突破了传统政策研究只关注制度层面、正式关系和纵向垂直关系对政策的影响，进而关注结构层面、非正式关系和横向水平关

---

① 莫勇波 . 公共政策学［M］. 上海：上海人民出版社，2013：206-220.
② 王达梅，张文礼 . 公共政策分析的理论与方法［M］. 天津：南开大学出版社，2009：17.
③ 晏红 . 21 世纪中国家庭教育政策网络分析［J］. 少年儿童研究，2019（1）：63-69.
④ 林震 . 政策网络分析［J］. 中国行政管理，2005（9）：36.

系对政策的影响。政策网络的基本假设为政策行动者是多元的、独立的而且具有结构性，因而形成政策主体网络。政策过程涉及很多行动者，包括决策者、执行者、政策目标群体、媒体、相关机构与个人等多种类型的利益相关者，每种类型的行动者（个体或者组织、团体）都希望影响政策过程以维护自身利益，实现自身价值。政策网络理论作为政策科学的一个分析框架，主要用于分析政策主体之间的互动及其对政策过程的影响。

一、家庭教育政策网络类型

英国学者罗茨（R. A. W. Rhodes）以参与主体资格和资源分配关系为标准，把政策网络分为政策社群（policy community）、专业网络（professionalized networks）、府际网络（intergovernmental networks）、生产者网络（producer networks）、议题网络（issue networks）各具特点的五个类型，见下表①。

表2　政策网络类型与特征

政策网络类型	特征
政策社群	成员稳定、资格受限、范围有限，垂直依赖，有限的水平联系。
专业网络	成员稳定、资格受限、范围有限，水平依赖，有限的垂直联系，为特定利益集团服务。
府际网络	成员资格受限、范围固定，垂直依赖有限，水平联系广泛。
生产者网络	成员是流动的，垂直依赖有限，水平联系广泛，为生产者利益服务。
议题网络	成员众多且不稳定，垂直依赖有限。

我国家庭教育政策网络类型是由家庭教育和家庭教育工作特点所决定的。家庭教育工作涉及儿童及其家长，涉及卫生学、营养学、生理学、心理学、教育学、社会学、家庭学、伦理学等多学科的专业知识，进而涉及卫生工作、教育工作、社会工作等多领域的专业指导工作，以及卫生系统、教育系统和民政系统等多个部门的协调工作，因此文本形式的家庭教育政策以联合发文、共同执行为主，牵头部门常常是全国妇联，联合签署的部门还有教

---

① 林震．政策网络分析［J］．中国行政管理，2005（9）：37.

育部、民政部、文化部、中国关心下一代工作委员会等。可见，立法机关、党中央、国务院及其部委等构成了家庭教育政策社群。

在政策网络中，专业网络是为特定利益群体提供智力支持和技术标准的。从政策议程设置开始，政策问题认证就需要得到专业网络的分析与论证，以促进政策问题提上议事日程并纳入决策领域。我国家庭教育政策专业网络由中国家庭教育学会、中国教育学会家庭教育专业委员会、家庭教育专家学者以及相关家庭教育研究机构等构成。

家庭教育府际网络是由省级人民代表大会及其常务委员会以及地方政府构成，在与法律、行政法规相一致的前提下，可以制定地方性家庭教育法规和地方政府规章。

家庭教育生产者网络是围绕家庭教育市场需要而提供相关教育服务与教育产品的政策行动者群体，这是一股推进家庭教育政策行动的市场力量。家庭教育首先是家庭利益的需求，家长为了提高儿童在学校教育中的竞争能力，对针对儿童的课外学习辅导班产生需求。在教育治理过程中，学校教育联合家庭教育的意识在增强，产生了针对家长工作的家庭教育指导者培训需求。此外，家长提高自身教育能力的愿望增强，产生了学习家庭教育知识与方法的需求。这样，围绕家庭教育服务供求关系所产生的消费者、生产者和家庭教育指导服务产品构成了家庭教育指导服务市场的基本要素，那么，为儿童、家长和家庭教育指导者提供各种教育产品或服务的市场组织，例如提供与家庭教育相关的书籍、报刊、玩具、课程、辅导班、培训活动等的市场主体，就构成家庭教育生产者网络。

在家庭教育政策网络中，议题网络涉及的利益范围最为广泛，包括家庭、家长、儿童、学校、教师、家庭教育工作者、大众传媒及其他家庭教育利益相关者。家庭教育议题网络的形成总是伴随着由突发事件引起的媒体关注与社会热议。最近几年来，引发家庭教育议题网络的突发事件主要有四种类型。第一种是青少年犯罪事件，引发社会关注家庭教育；第二种是家长对儿童实施家庭暴力的事件，引发社会关注儿童权益和家长的法制观念及教育素质；第三种是家校矛盾，尤其是家长殴师事件，引发家庭教育与学校教育的话题；第四种是家庭教育服务市场出现消费者利益受损事件，引发社会关注家庭教育管理。

政策社群、专业网络、府际网络、生产者网络和议题网络共同构成了家庭教育政策网络，使政府与社会、公共部门与私人部门、正式关系与非正式关系、个体与群体在家庭教育领域形成了相互作用的复杂关系，共同推进家庭教育政策行动。[①]

二、家庭教育政策网络类型的场域关系

现代社会的各个组织既高度分工又紧密关联，某一方面的行动与发展会涉及相关领域的多个部门和利益群体，形成组织场域。场域中的组织具有各自不同的利益诉求、资本格局与制度逻辑，因此，组织场域在政策过程中存在着张力与博弈。

在家庭教育政策网络中，政策社群场域具有横向政策行动威权不均衡、组织关系松散的特点。家庭教育政策联合发文是不同系统的同级科层组织之间的政策行为，存在着条块分割的路径依赖。各个系统的组织部门拥有自身的一套经济资本、社会资本、文化资本及制度逻辑，行政分割会导致共同行动障碍。家庭教育政策目标群体是儿童及其家长，儿童与家长的群体特点加强了家庭教育政策社群的这种横向关系。学生是儿童在未成年阶段的主要角色，学校是儿童最重要的生活场域之一，所以儿童对教育组织场域的隶属性很强，其他场域的力量经常需要通过教育组织场域才能产生一定的政策效果。家长则是因为家庭和亲子关系而产生的社会角色，绝大部分中国家长视儿童的学生生涯发展为最重要的家庭利益，因此，教育组织与家长和家庭的切身利益产生了紧密关联。可见，教育组织场域对儿童和家长的控制力量都是强大的。从政策实践惯习而言，家庭教育联合发文需要通过上级教育部门的转发才会在教育系统内部得到自上而下的执行，这样教育组织就拥有了家庭教育政策社群中丰富的资本与强大的威权。与此同时，由于自上而下的组织内部自成体系，组织内部政策直指组织发展目标，完成组织中心任务与中心工作关系到组织发展和切身利益，受理性选择的驱使，组织内部政策行动具有优先于组织联合政策行动的惯习，这样家庭教育联合发文政策在组织场域的地位降低了。可见，家庭教育政策社群力量既不均衡又比较松散。

在家庭教育政策网络中，家庭教育专业网络为家庭教育利益群体服务的

① 晏红. 21 世纪中国家庭教育政策网络分析 [J]. 少年儿童研究, 2019 (1): 63-69.

能力不足，导致这种状况的主要原因有两个方面。一方面是外在的政策环境。在现代教育场域，学校教育占绝对优势，享有国家优先发展的各种资源，包括政策资源。在资源有限的情况下，家庭教育政策问题认定让位于学校教育政策问题认定。另一方面是内在的专业环境。家庭教育的重要性与地位一直停留在理念层面，制度层面的建设薄弱，智库建设尤其薄弱。家庭教育学科建设和专业设置不足，缺乏专业人才和高层次人才。家庭教育专业网络的构成主要是"兼职"与"转行"的专家学者，即家庭教育专业网络缺乏专职人员，很多家庭教育领域的专家学者是在本专业的研究过程中发现家庭教育的相关性，转而关注家庭教育，也就是说并非出自家庭教育本体问题的驱动，基于家庭教育专业的相对独立的研究滞后。可见，在家庭教育政策网络中，专业网络具有专业资本不足和专业权威有限的特点。

在家庭教育政策体系中，家庭教育基本政策的法律位阶低，主要存在于府际网络层次，这是家庭教育政策网络与许多其他场域的政策网络的一项重要区别。除了涉及为家庭教育权利提供基本保障的宏观层面的《中华人民共和国妇女权益保障法》《中华人民共和国反家庭暴力法》《中华人民共和国教育法》《中华人民共和国未成年人保护法》《中华人民共和国预防未成年人犯罪法》等法律外，家庭教育专项政策与具体政策主体主要是国家部委和地方政府。自从习近平主席在 2015 年春节团拜会上提出要"注重家庭、注重家教、注重家风"，地方政府采取多种政策行动贯彻讲话精神，其中力度较大的政策行动有：《重庆市家庭教育促进条例》于 2016 年 9 月 1 日起实施，《贵州省未成年人家庭教育促进条例》于 2017 年 10 月 1 日起实施，《山西省家庭教育促进条例》于 2018 年 9 月 1 日起实施，《江西省家庭教育促进条例》于 2018 年 12 月 1 日起实施，《江苏省家庭教育促进条例》于 2019 年 6 月 1 日起实施。在经济和高等教育等场域，一直存在着中央政府对府际网络放权、分权的呼声，家庭教育场域恰恰缺失高位威权的中央政府政策行动。家庭教育政策主体结构具有分散化与碎片化特点，府际网络的政策行动局限于部门系统内部和地方区域边界，跨界跨区域的共同行动缺乏有力的法规保障。

家庭教育生产者网络对家庭教育的市场需求反应最为敏锐，是家庭教育市场多元化、差异化和个性化需求的供应侧。在各个阶段的家庭教育服务中，0~3 岁儿童早期家庭教育服务市场最为活跃；在各种类型的家庭教育服务中，家庭教育指导者培训市场最为活跃。但是由于家庭教育政策社群主体责任的缺失，家庭教育服务行业归属不明，家庭教育服务市场存在着乱收费、不规范、不专业、服务质量低等混乱现象，因此，规范家庭教育服务市场、出台家庭教育管理政策的呼声不断出现。

家庭教育政策议题网络具有范围广却整合程度低的特点。许多家庭教育领域的突发事件还达不到触发机制阈限，不能形成政策问题，随着时间的推移，议题网络逐渐进入零星的松散状态。相关突发事件的出现会再次引发议题网络的行动，由于依然达不到触发机制阈限，政策问题依然得不到认定。

政策社群、专业网络、府际网络、生产者网络和议题网络在家庭教育政策网络中的场域特征，反映了各类政策网络在家庭教育政策过程中的利益诉求、资本结构差异与制度逻辑冲突。由于家庭教育事业是一个社会系统工程，各类政策网络既是理性行动者，又在威权、信息、资本、技术、制度等方面存在着资源依赖，因此，要建立一种基于政策网络的治理模式，以促进家庭教育事业的发展。

三、家庭教育政策网络治理模式的反思

家庭教育政策涉及千家万户的家庭利益与儿童发展，涉及诸多相关部门的组织使命与社会责任，然而长期以来，家庭教育政策网络存在着政出多门、各自为政、政策执行力量薄弱、缺乏有力的集体行动等问题，专家学者曾经开列的"处方"大多数都属于政府主导的科层治理模式。

（一）中国家庭教育科层治理模式的路径依赖

1981 年 5 月 16 日，中共中央以中发〔1981〕19 号文件转发全国妇联党组《关于两个会议情况及 1981 年妇联工作要点的报告》，指出"妇联在以抚育、培养、教育好儿童和青少年为重点开展工作时，要注意抓住六个环节"，其中一个重要环节就是"帮助家长加强和改进对子女的教育，关心和培养从事儿童和少年工作的人员"。至此，全国家庭教育就形成了由妇联牵头、多个部门齐抓共管的管理体制。2016 至今陆续颁布的五个地方性法规依然是这种路径依赖。《重庆市家庭教育促进条例》规定："市、区县（自治县）人民政府妇女儿童工作委员会是本行政区域家庭教育议事协调机构，负责组织、

协调、指导、督促有关部门做好家庭教育工作。妇女联合会（以下简称妇联）负责家庭教育议事协调机构的日常工作。"《贵州省未成年人家庭教育促进条例》规定："县级以上人民政府妇女儿童工作委员会是本行政区域内家庭教育议事协调机构，负责组织、协调、指导、督促有关部门做好家庭教育相关工作，其办事机构负责日常工作。"《山西省家庭教育促进条例》规定："县级以上人民政府负责妇女儿童工作的机构，负责组织、协调、指导、督促有关部门做好家庭教育工作。县级以上妇女联合会（以下简称妇联）负责指导推进本行政区域内的家庭教育工作，宣传家庭教育知识，开展家庭教育培训工作。"《江西省家庭教育促进条例》规定："县级以上人民政府妇女儿童工作委员会是本行政区域内家庭教育议事协调机构，负责组织、协调、指导、督促有关部门做好家庭教育相关工作。妇女联合会承担家庭教育议事协调机构的日常工作。"《江苏省家庭教育促进条例》规定："县级以上地方人民政府应当将家庭教育事业列入国民经济和社会发展规划，组织制定家庭教育工作专项规划，并对家庭教育工作情况进行督促检查。"

妇联系统把家庭教育作为促进妇女事业和儿童事业发展的重要举措，在家庭教育政策网络中发挥着决策、执行、协调的功能，但这并不是以家庭教育为本的工作，家庭教育政策效果并不理想。2012 年开展的"我国家庭教育指导服务体系现状调查研究"结果显示，妇联"牵头"有责无权，承担着"牵头"职能，却缺少保障条件。所以，家庭教育工作常常只停留在发文件和一般性号召或要求的层面，凭热情和干劲工作，难以形成可持续发展的机制。[①] 针对这种情况，中国教育学会家庭教育专业委员会前理事长、北京师范大学教授赵忠心认为，教育部门应该承担家庭教育的系统指导工作。[②] 他认为妇联是个群众团体，不是行政部门，不能强有力地承担家庭教育的系统指导工作，应该由教育部门承担家庭教育指导工作。

中国教育学会家庭教育专业委员会原副理事长、江西省教育科学研究所原所长谭虎认为，中国特色家长教育管理体系的构建必须成为我国行政管理体系的一部分。根据我国党政管理体制现状，家庭教育应成为中央和各级党

---

① 中国儿童中心. 我国家庭教育指导服务体系构建与推进策略研究 [M]. 北京：中国人民大学出版社，2016：21.

② 晏红. 指导家庭教育是教育部门分内之事：采访赵忠心教授 [N]. 现代教育报，2001-06-25 (3).

委执政的一个重要领域，可以明确由宣传部门或精神文明建设指导委员会担负主管和领导责任。政府系统应在国务院相关部门设立专门的领导机构，可称为"家庭教育工作指导委员会"，下设专门的办公机构。指导委员会应由教育、妇联、公安、财政、新闻出版、共青团、工会、关工委等相关部门领导担任委员。为了体现教育行政部门在家庭教育工作中的主体职能，指导委员会办公室也可以设在教育部门，负责处理日常行政事务。此项工作只有政府负责、行政到位，才能保证统一领导、统一指挥，从根本上改变运行不畅、效率低下和政出多门等情况。① 这种思路更加鲜明地体现了政府主导的自上而下的科层管理模式，但忽视了政策网络共同体建构的意义与价值。

（二）中国家庭教育科层治理模式的分析

科层治理模式体现了在工业社会应运而生的科层制度的特点，即设立垂直分工的组织形态，依赖权力进行自上而下的政策传输和自下而上的政策执行。科层制度"精确、迅速、明确、精通档案、持续、保密、统一、严格地服从、减少摩擦、节约物资费用和人力，在由训练有素的具体官员进行严格官僚体制的特别是集权体制的行政管理时……能达到最佳的效果"②。但是随着信息化、全球化和公民社会的发展，科层制度的封闭性、非人格化以及政府权力边界的扩张与权力滥用、官僚腐败等问题日益暴露，"政府失灵"的现象促使人们探索新的治理模式，市场治理模式和网络治理模式陆续出现。市场治理模式、科层治理模式与网络治理模式是当今社会公共政策治理的三个基本模式，三者的特征和区别如下表所示③。

表3　罗茨关于市场治理模式、科层治理模式与网络治理模式的特征比较

模式	市场治理模式	科层治理模式	网络治理模式
基本关系	契约和财产权	雇佣关系	资源交换
依赖程度	独立	依赖	相互依赖
交换媒介	价格	权威	信任

---

① 谭虎. 中国特色家长教育管理体系的构建思路 [J]. 教育学术月刊, 2008 (8)：10.

② 韦伯. 经济与社会：下卷 [M]. 林荣远, 译. 北京：商务印书馆, 1997：296.

③ 孙柏瑛. 当代地方治理：面向21世纪的挑战 [M]. 北京：中国人民大学出版社, 2004：20.

续表

模式	市场治理模式	科层治理模式	网络治理模式
冲突解决和协调方式	议价、还价和法院	规则和命令	外交式斡旋
文化	竞争	从属与服从	交互作用

从公共选择理论的角度而言，政府官员与市场主体一样，也是追求自身利益最大化的"理性人"或者"经济人"。不同的是，市场经济的主体追求效用与利润最大化，而政府官员追求权力、地位、威望、管理规模最大化。①市场治理模式具有自由竞争、效率较高、反应灵活、鼓励创新等特点，但是难以兼顾公平，经济利益驱动常常导致"市场失灵"。政策网络既是一种理论也是一种模式，作为利益中介理论，可以将其视为利益中介网络来分析政策网络行动者的行为取向及其形成的复杂关系对政策过程的影响。政策网络还可以作为一种网络治理模式，用来解决科层治理模式下"政府失灵"和市场治理模式下"市场失灵"的困境，在政府、市场、社会、公共部门与私人部门之间建立相互依赖、相互信任的自组织网络治理模式。

中国家庭教育政策科层治理路径还停留在政府与行政依赖的思路，迷信理性选择、合法性威权力量以及工具性行动，把行政力量和管制手段看成包治百病的灵丹妙药，把复杂的发展问题简单化，忽略政策网络主体的多样性和复杂性，结果不但没有解决已有的问题，反而出现新的社会问题。这种自上而下的垂直维度的思维方式和行动模式不但不符合我国现代社会多元利益格局以及公民参与社会治理的发展趋势，而且也不符合家庭教育工作的性质。家庭教育指导不仅仅是教育工作，它既有教育工作性质又有社会工作性质。②教育部门和学校在家庭教育指导方面具有责任和义务，也具有很大的优势，但是家庭教育指导所具有的社会工作性质显然超越了教育部门和学校的职能。学校教育的功能是有限的，不宜无限放大学校教育的功能。教育部门和学校的职能与优势主要是基于儿童发展需求进行家校共育，指导家长全面了解儿童，帮助家长用教育手段解决一般的和轻微的家庭教育问题。但是教育部门并无权限直接调用社会工作资源，开展以家庭为基本单位的家庭教育指导服

---

① 王达梅，张文礼. 公共政策分析的理论与方法 [M]. 天津：南开大学出版社，2009：198.
② 晏红. 家庭教育指导不仅仅是教育工作 [J]. 人民教育，2017（13/14）：106.

务。专职的学校教师也不具备社会工作的职业资格和家庭治疗的专业资质，难以对家庭教育的深层次问题进行专业干预。可见，家庭教育指导需要社会资源的综合援助，家庭教育管理体制则要顺应家庭教育指导工作的性质，在体系建构、组织制度、机构设置、隶属关系、监督权限、资源配置等方面建立一整套适应改革开放新时代发展需求的创新管理机制。

四、家庭教育政策网络治理模式的设想

根据政策网络理论，联系我国家庭教育政策网络发展现状，对家庭教育政策网络治理模式做如下设想与分析。

（一） 在家庭教育政策社群中，政府职能转变与强化相结合

改革开放以来，我国政府一直在深入推进职能转变，但是各个领域的政府职能状况差异很大。如果说在经济领域政府存在集权、管得过多、管得过死的情况，限制了经济发展的活力，那么政府职能转变的重心就是放权，由微观管理与直接管理转变为宏观管理与间接管理。在家庭教育管理方面，政府不是管得太多，而是管得太少，政策保障机制和监督管理机制都缺位。仅从家庭教育指导工作的经费保障而言，国务院于 2011 年颁布的《中国儿童发展纲要（2011—2020 年）》提出将家庭教育指导纳入城乡公共教育服务体系，但是 2011 年纳入地方财政预算的家庭教育工作经费超过百万的只有上海市与江苏省。按本省（自治区、直辖市）未成年人数平均计算，除上海以外，其他省（自治区、直辖市）人均不足 1 元。[①] 可见，开展家庭教育指导服务的经费严重不足，政府在家庭教育政策社群中职能缺位。

但是这并不意味着家庭教育政策治理要依赖科层治理模式，这种模式是与政府职能转变的改革方向相悖的。政府职能转变强调政府要有明确的职能边界，由单一的政治管理转变为综合的社会治理，在治理方式上由单一的行政手段转变为经济手段、法律手段和必要的行政手段相结合，由注重计划、排斥市场转变为把计划与市场有机结合起来。政府的首要职能是为社会提供

---

① 中国儿童中心．我国家庭教育指导服务体系状况调查研究 ［M］．北京：中国人民大学出版社，2014：10．

良好的公共服务，所以，政府要强化家庭教育政策治理角色，在家庭教育事业发展方面提高社会治理能力。

（二）在家庭教育政策网络中，塑造政策网络共同体价值观

改革开放以来，我国家庭教育政策体系不断丰富与完善，从"九五"至"十三五"一直都有家庭教育工作计划，而且家庭教育政策一直都是多部门联合发文，但是家庭教育工作依然薄弱，家庭教育政策效果不佳。许多专家学者从相关部门落实不到位、缺乏监督管理的角度进行了批判与反思，但是从政策网络理论的角度分析，家庭教育政策行动滞后、政策执行失真等现象与政策网络缺乏共同体价值观塑造密切相关。

西方政策网络理论是建立在政府、市场、社会以及公私部门之间的激烈竞争基础之上，竞争的前提是利益关联，利益关联的前提是对共同价值观的认可，这样才会产生关系密切的博弈，形成政策共同体。而中国家庭教育政策社群、专业网络、府际网络与家庭教育利益并没有紧密关联，并没有影响部门绩效与利益。虽然生产者网络围绕家庭教育服务市场会产生经济利益，但是目前家庭教育服务行业规模有限，经济利益规模小，尚未形成以此活动为主要收入来源的经济实体群体，从业者需要同时进行其他市场业务活动以获得收入，支撑生活开支。可见，目前家庭教育服务并没有决定生产者网络利益的价值。至于议题网络本身就是松散的利益诉求群体，以舆论为主要政策行动方式，而舆论本身就具有时效性，若达不到触发机制阈限，就是事过境迁的随机行动。

因此，我国家庭教育政策网络治理不仅涉及西方政策网络治理普遍指向的加大政策网络开放程度，提高包容性与参与性，还涉及在我国社会环境中加强各类政策网络的家庭教育价值观塑造和政策认同，加强自组织建设，促进组织内部提高家庭教育政策行动的自主性和完善自我管理机制，这样才有可能形成因家庭教育利益紧密关联而产生竞争与合作需求的家庭教育政策网络。

（三）在家庭教育管理体制中，加强组织场域的制度化建设

在家庭教育政策行动中，家庭教育管理体制的建设是关键。我国虽然明确了家庭教育管理机构体系，形成了形式上的组织体系与政策网络，但是由于组织之间关系松散、政策网络缺乏互动，并没有在功能上形成制度化的组

织场域。

2000 年，中共中央办公厅、国务院办公厅发出《关于适应新形势进一步加强和改进中小学德育工作的意见》，其中第十三条规定："各级党委和政府要关心支持家庭教育，各级教育行政部门要承担组织和指导家庭教育的责任。各级工会、共青团、妇联等群众团体要开展丰富多彩的家庭教育活动。"这一文件明确了党和政府在家庭教育管理体系中的领导职能，但是仅仅确定了"软性"的"关心支持"，并没有提出对组织场域进行"硬性"的制度化建设任务。

《关于指导推进家庭教育的五年规划（2016—2020 年）》指出："建立健全由党委领导，政府负责，妇联、教育部门共同牵头，文明办、民政、文化、卫生计生、新闻出版广电、科协、关工委等部门共同参与的规划实施领导协调机制。""要进一步落实部门职责任务，文明办负责将家庭教育纳入群众性精神文明创建活动和未成年人思想道德建设工作测评体系，作为评选文明城市、文明村镇、文明单位、文明家庭、文明校园和未成年人思想道德建设工作先进城市、先进单位等重要内容，推进构建学校、家庭、社会协调互动的教育网络；教育部门负责与妇联、关工委等共同办好中小学、幼儿园、中等职业学校家长学校，推动高等学校加强家庭教育学科建设和科学研究；妇联、卫生计生、教育等部门负责推进 0—3 岁儿童早期家庭教育指导服务；文化、新闻出版广电部门负责推动公共文化机构积极开展家庭教育服务，开发相关公共文化服务产品；民政部门负责将完善家庭教育服务功能纳入城乡社区服务体系规划，与妇联、教育、卫生计生、关工委等共同做好城乡社区家庭教育指导服务工作，与妇联、教育等部门共同加强对家庭教育服务类社会组织的规范管理；中国科协负责协调推动各类科普教育基地开展家庭科普教育相关工作。"这一文件在继续明确党和政府的领导职能的基础之上，进一步细化了各个部门的分工，但是仍然没有对组织间关系和组织场域的治理进行制度化建设，无法建构边界清晰又激励合作的结构关系。

可见，我国家庭教育管理体系的组织场域是以行政分割为制度逻辑的科层式结构，属于场域制度化程度较弱的新兴场域。组织场域制度化是区分新兴场域和成熟场域的关键，两者的区别在于是否形成了正规化的组织间关系（场域成员之间可辨识的互动模式）和使其有效运转的制度基础设施（包括主体与机制）。衡量场域制度化的指标包括组织之间的互动关系、组织场域内部的关系结构以及引导与规范场域运作秩序的治理规则。组织关系由疏到密可以分为信息交换、资源流动和行动关联三种形式。成熟场域往往规则清晰、结构可辨，具有相对确定性、稳定性与可预见性。新兴场域则在制度安排上具有模糊性和不确定性。①

组织场域是一种实践空间，是宏观制度环境与微观行动者（组织或个人）之间的中介，与制度过程和组织之间关系的联系最为密切，抽象的制度逻辑通过组织场域才能显现为组织或个人具体的实践、惯例和日常行为。关系系统、认知文化系统、组织原型和场域中上演的集体行动是组织场域的四个核心要素。② 家庭教育管理体制的组织场域制度化建设要围绕这四个方面进行，在组织之间建立制度化的互动关系，促进组织之间观念沟通、信息交换、资源流动、技术共享与行政关联，建立完善的家庭教育场域运作的治理规则，促进家庭教育政策的共同行动，提高政策效果。

（四）在家庭教育政策网络中，整合多种制度逻辑冲突

组织或个人的行为都有制度塑造的因素，每种制度都有一个核心逻辑，政策网络中的多个组织或者个人在政策行动中必然存在着制度逻辑冲突。持续的制度逻辑冲突给组织的可持续发展带来合法性不足、权力冲突、目标模糊以及组织不稳定等问题。虽然如此，解决制度逻辑冲突的基本走向是不仅将其视为制度性约束力量，更将其作为一种制度性战略资源，从策略性规避走向整合式创新。③ 创造性地整合多重制度逻辑是政策网络治理的关键。

在家庭教育政策网络中，政策社群的制度逻辑核心是通过立法威权和科层组织对家庭教育活动进行理性化规制，议题网络的制度逻辑核心是通过非正式关系和公民社会治理权利实现家庭教育政策过程的民主参与，专业网络的制度逻辑核心是通过家庭教育专业权威行使专业知识权力，生产者网络的制度逻辑核心是通过市场机制获得家庭教育服务经济利益。家庭教育政策网络的制度逻辑冲突既是场域约束又是资源依赖，充分利用各种制度逻辑的价值，有利于提升处理复杂问题的能力，促进中国家庭教育治理不但能够制定正确的政策，而且能够正确地执行政策。

---

① 毛益民. 制度逻辑冲突：场域约束与管理实践 [J]. 广东社会科学，2014（6）：213.
② SCOTT R. 制度与组织：思想观念与物质利益 [M]. 姚伟，王黎芳，译. 3 版. 北京：中国人民大学出版社，2010：193-198.
③ 同①214.

第八章　家庭教育指导工作概述

工作是一种为社会创造价值的生产劳动，伴随着社会发展在社会分工过程中不断进行新旧更迭，家庭教育指导工作就是现代社会所产生的一种新的社会需求。

第一节　家庭教育指导工作的内涵

家庭教育指导工作是一种用专业手段援助家庭发挥积极的教育功能的综合性教育服务。家庭教育指导工作的内涵主要体现在以下三个方面。

一、家庭教育指导工作是一种教育服务

家庭教育指导工作是社会发展和劳动分工的产物，它为社会提供的劳动产品是一种教育服务。教育服务是指由教育劳动者创造的，向社会、家庭、个人提供的用以满足改善和提高人的素质需要的非实物形态的劳动成果，教育服务的形式包括教育、教学过程中的一切活动。[①] 教育服务属于服务消费品，服务消费品与实物消费品共同构成社会产品的消费资料。[②] 家庭教育指导工作是家庭教育工作者为社会、家庭和家长提供的用以改善和提高家庭教育素质的精神劳动成果，是社会总产品的一个组成部分。家庭教育指导工作的劳动形式及其产生的劳动成果，决定了家庭教育指导在社会生活中的必要性以及在社会劳动中的地位。

---

① 　梁永丰．教育服务市场化的探讨 ［J］．教育与经济，1994（1）：7.
② 　张铁明．教育是新兴的第三产业 ［J］．中国教育学刊，1993（1）：10-11.

家庭教育指导工作已经被纳入公共服务体系。国务院颁布的《中国儿童发展纲要（2011—2020年）》在"儿童与社会环境"部分提出的主要目标之一是"适应城乡发展的家庭教育指导服务体系基本建成"，策略措施是"将家庭教育指导服务纳入城乡公共服务体系"。可见，家庭教育指导工作的公共性和公益性已经得到政府的认可与政策的支持。全国妇联与其他部委联合发布的《关于指导推进家庭教育的五年规划2011—2015年》和《关于指导推进家庭教育的五年规划（2016—2020年）》对构建基本覆盖城乡的家庭教育指导服务体系，推进完善基本的家庭教育公共服务做了总体要求和具体部署。

二、家庭教育指导工作是一种综合性的专业活动

家庭教育指导作为一种教育服务，是具有专业性的服务活动，这使它与一般的社会服务活动有了本质的区别。世界贸易组织统计和信息系统局（SISD）把服务业分为商业服务、通信服务、销售服务、教育服务、金融服务等十一大类。教育服务要遵循一般的服务规律，即服务要关怀与满足他人需求，对他人负责，服务主体要有强烈的当事人取向，以服务对象的满意为衡量服务质量的标准，所以服务面向、顾客导向、客户中心是服务业的基本理念。与此同时，教育服务还有专业引领性，主要体现在教育的价值取向与专业定位上，所以面向社会、服务国家是教育行业的基本理念。从根本利益而言，服务业的一般理念与教育行业的基本理念是一致的，但是在家庭教育指导工作过程中，还存在着认识误区与局部利益冲突，所以，处理好"服务"与"指导"的关系，成为家庭教育指导工作面对现实、解决问题的常态。家庭教育指导工作是一种对家长提供家庭教育服务与指导的社会支持系统，"服务"与"指导"成为家庭教育指导者的两项基本工作内容。在工作过程中"服务"与"指导"常常融为一体，但是两者的出发点、侧重点和目标指向又具有一定的差异。"服务"侧重站在服务对象的角度认识和理解问题，从服务对象的角度"想家长之所想"，行为目标是满足服务对象的个性化需求；"指导"则侧重站在教育和发展的角度认识与理解问题，从社会发展和教育价值取向等专业角度"想家长之所未想"，行为目标是引导家长的

需求、促进家长改善教育方法。① 因此，当服务对象的需求出现非理性、非专业的状况时，家庭教育指导工作者既要有服务育人的情怀，还要具备一定的专业判断力，根据家长所提出的问题和需求，对其进行理性的、专业的引导与帮助。可见，家庭教育指导者既不能割裂"服务"与"指导"的关系，又不能把它们混为一谈。

家庭教育指导工作是一种综合性的专业活动，这是由家庭教育指导对象的特点所决定的。家庭教育指导对象是儿童及其家长，儿童及其家长对家庭教育知识的需要是全方位的，全方位的家庭教育知识则是为人的全面发展服务的，而知识的发展越来越专业化，知识的传授越来越专门化，这就要求家庭教育涉及卫生学、营养学、生理学、心理学、教育学、社会学、家庭学、伦理学等多学科的专业知识，进而涉及卫生工作、教育工作、社会工作等多领域的专业指导工作，以及卫生系统、教育系统和民政系统等多个部门的协调工作。可见，家庭教育指导工作不是单一的孤立活动，而是一种综合性的专业活动，这就决定了家庭教育指导工作具有跨界行动的特点。

三、家庭教育指导工作专门面向家庭教育

成熟的专业有六条标准：一个正式的全日制职业、专业组织和伦理法则、知识和教育、服务和社会利益定向、社区的支持和认可、自治。② 家庭教育指导的专业活动还远未达到这个成熟水平，精准的服务面向意识是家庭教育指导工作成为专业活动的起点。

虽然家庭教育指导工作是一种综合性的专业活动，但并不是专业知识的简单拼凑，而是以系统的家庭教育思维对各方面的专业知识进行整合，使之满足儿童及其家长对家庭教育知识的需求。因此，家庭教育指导工作是一项专门指向家庭教育的综合性专业活动，它要求有关学科、领域和部门树立精准的服务面向意识，既要基于本专业、本部门的体系与思维方式，又要超越专业本位和部门本位思路，树立儿童本位、家长主体的思维方式，形成家庭教育指导的行动取向与实践意识，这样才能使各方面的专业知识和专业活动

① 晏红. 幼儿园家庭教育指导形式与方法 [M]. 北京：中国轻工业出版社，2013：22.
② 赵康. 专业、专业属性及判断成熟专业的六条标准：一个社会学角度的分析 [J]. 社会学研究，2000（5）：36-37.

服务于家庭教育指导工作。

第二节　家庭教育指导工作的性质

　　事物的性质是某一事物与其他事物在相互联系中所表现出来的特性。在现代社会，家庭教育指导工作既与教育工作有密切的关系，又与社会工作有密切的关系，兼具教育工作性质与社会工作性质。

　　现代大教育观认为，完整的教育系统包括学校教育、家庭教育和社会教育三个部分。这就意味着家庭教育要与学校教育和社会教育在价值取向、教育目标上保持一致，这样才能发挥教育合力，促进儿童、青少年的健康成长。因此，家庭教育指导旨在帮助和引导家长摒弃狭隘的家庭观念，树立现代教育观念，掌握科学的教育方式与方法，发挥家庭教育的积极功能。可见，家庭教育指导工作具有教育工作的性质。

　　与此同时，家庭教育并非完全是家长个体的教育行为，家庭教育功能的发挥需要家庭系统的良性运转，依赖于家庭功能的完善以及家庭资源的支持。当家庭对外部的社会变化与变迁缺乏适应能力，或者家庭内部结构受损、缺乏自我修复能力的时候，家庭外的社会力量就要调动各种必要的社会资源，对家庭功能缺失进行干预，为家庭提供必要的物质援助、心理援助以及精神援助，以增进家庭福利和儿童福利，这是社会工作的重要任务与主要内容之一。可见，家庭教育指导工作具有社会工作的性质。

　　可见，在现代社会，家庭教育指导工作是教育工作与社会工作的有机融合，并在自身的工作系统中形成育人与助人相结合的专业特征。

一、家庭教育的育人功能使家庭教育指导工作具有教育工作性质

　　教育活动的本质是育人，既遵循教育规律，又尊重人的发展规律，通过育人过程使儿童从具有依赖性的自然人成长为具有独立性的社会人。虽然家庭教育指导在教育对象、工作机制、工作途径与工作方法等方面与学校教育工作有所不同，但是家庭教育指导与学校教育都属于教育服务活动，在育人

本质与最终目的上存在一致性，都要遵循普通教育学的一般原理。从大教育观的角度而言，家庭教育指导工作的教育工作性质主要体现在三个方面。

（一）以儿童发展为本位的工作价值取向

家庭教育指导以家长和儿童为服务对象，家长是家庭教育的直接指导对象，儿童是家庭教育的间接指导对象，家庭教育指导工作的出发点与归宿是促进儿童健康发展，即指导家长的最终目的是促进儿童的成长与进步。因此，以儿童发展为本位是从事家庭教育指导工作的前提。

儿童本位是相对于社会本位和成人本位而言的。在教育价值取向上，社会本位是把人作为社会发展的工具，人的个体发展价值位居社会发展价值之下；成人本位是把成人的教育意志强加于儿童，忽视儿童的独特性；儿童本位则是尊重儿童作为"人"的尊严与价值，尊重儿童的发展价值，教育是基于儿童的身心发展特点的。虽然在实践活动中儿童本位与社会本位和成人本位并不是完全对立的，但是教育价值取向从社会本位与成人本位走向儿童本位是社会进步与教育事业发展的产物，在我国由传统社会向现代社会转型的过程中具有深刻的社会意义，对家庭教育指导工作具有重要的理论意义与现实意义。

儿童是未成年人，家庭教育是家长引导儿童的过程，家长的教育价值观会先入为主地影响家庭教育过程，所以，良好的家庭教育既要基于家长的教育观念以及家长对儿童的监护与引导，又要超越成人本位思想，摒弃家长专制主义。在家庭教育过程中，家长要尊重儿童的年龄特点与个性特点，为儿童营造自主成长的空间，而不是让儿童顺应家长的意志。在家庭教育指导工作中，指导者经常发现家长常常直接反映儿童的问题，却很少反思自己的教育问题。其实，儿童并不是教育问题的根源。家庭教育指导者要以儿童发展为本位来分析家庭教育问题，找到问题的真正根源，引导家长树立儿童本位的教育思想，学会观察与分析儿童的身心发育特点与个性特点，通过儿童的行为反应来反观自己的教育观念与教育方式，从改变自我做起，为儿童创造良好的家庭环境。

（二）以家长教育为中心的终身教育理念

家庭教育指导以家长教育为中心工作，学校教育以学生教育为中心工作，这是两者的根本区别，也是两者工作对象各有侧重、优势互补的基础。《教育部关于加强家庭教育工作的指导意见》进一步明确了"家长在家庭教育中的主体责任"，家庭教育指导则是为家长履行家庭教育主体责任提供专业服务。

以家长为工作对象、以家长教育为中心工作，体现了家庭教育指导工作的终身教育性质与成人教育性质。"终身教育"（lifelong education）是1965年在联合国教科文组织主持召开的成人教育促进国际会议期间，由联合国教科文组织成人教育局局长法国的保罗·朗格朗正式提出的，后得到全世界的广泛响应，很多国家在构建国民教育体系框架、制定教育方针政策时，均以终身教育理念为依据，以实现终身教育为主要目标。终身教育是人们在一生各阶段所受各种教育的总和，包括各个阶段和各种方式的教育，既有学校教育，也有家庭教育与社会教育，既有正规教育，也有非正规教育，使得每个人在需要的时候都有适宜的途径获得必要的知识更新和能力提升。在人的一生中，家长是由于儿童出生而获得的新角色，做一个合格的家长成为人生面临的新课题，新角色的适应需要以一定的成熟人格为基础。在遇到家庭教育困难或者感到困惑的时候，家长需要一定的帮助与支持才能更好地胜任自己的角色。同时，家长作为成人，主要通过各种非正规教育形式学习教育理念与教育方法。可见，家庭教育指导既是终身教育的一种形式，也丰富了终身教育体系的内容，并且与家庭教育的终身教育性质相匹配。因此，家庭教育指导与家庭教育在理论层面上具有逻辑上的统一性，在实践层面上家庭教育指导为家长在需要的时候学习家庭教育知识、提高家庭教育能力提供了保障。

（三）以差异为基础的个性化教育指导

任何事物都是共性与个性的统一。共性是不同事物所具备的普遍性质，决定了事物的基本性质；个性是某一事物区别于其他事物的特殊性质，决定了事物之间的差异性。共性寓于个性之中，个性又受共性的制约。共性与个性的辩证关系是认识事物、解决问题应该遵循的基本原理。家庭教育的直接指导对象是家长，间接对象是儿童，家长与儿童都是富有个性的主体。家长与儿童的差异不仅表现为群体间的差异，即家长与儿童在完整的人格结构基础之上所呈现出来的不同特点，也表现为个体间的差异，即家长与家长之间、儿童与儿童之间的个体差异。可见，无论是学校教育工作，还是家庭教育指导工作,都要以指导对象的个体差异为基础,实施个性化教育,正如两千多年前,我国教育家孔子所提出的"因材施教"的基本原则。

相比高度制度化的学校教育工作,家庭教育指导工作的特殊之处是其基于家庭系统的个性化教育指导。"家家都有一本难念的经"形象地揭示了家庭与家庭之间的差异。相对社会而言,家庭是一个封闭的私密空间,对外具有排斥性,既形成了独特的家庭系统,也为家庭成员的成长塑造了一个独立自主的空间,对人的个性化发展起着"原型塑造*"作用。富有个性的家庭系统决定了家庭教育指导的特殊性与复杂性,即需要根据每个家庭的特点"因材施教"。每个家庭系统的结构与规模、价值观与家庭传统、文化背景与资源、生活方式与行为习惯、家庭关系以及家庭与社会的互动关系都各有不同,每个家庭成员的年龄、性别、成长背景、家庭角色、家庭地位、社会地位、理想、信仰、个性以及与家庭成员之间的互动关系也是不同的,这些因素的相互联系与相互作用最终造就千差万别的家庭面貌。因此,尊重差异,设计个性化指导方案,是提高家庭教育指导工作实效的基础。

二、社会变迁对家庭教育的影响使家庭教育指导工作具有社会工作性质

社会工作的本质属性是助人,既遵循社会工作原理,又尊重受助人的自主精神,达到助人自助的目的。从传统意义而言,社会工作与教育工作分别属于两种不同的专业与职业,它们在各自的领域里实现着不可替代的功能。随着社会开放发展程度和人的主体价值的不断提高,社会系统的整体性越来越强,社会福利的普遍性越来越受到人们的重视,这使得社会工作在普遍主义的福利精神和公民精神指引下,走出自己的狭隘范畴,与教育工作加强专业合作与资源整合,为社会提供广泛的服务,使更多的群体受益。社会工作的这种发展趋势契合了家庭教育指导工作在新时代的发展需求,使家庭教育指导工作体现出社会工作的特点。

---

* 原型塑造,本指文学艺术作品中依据现实生活中的人塑造人物形象。

（一）以普遍主义为取向的工作价值观

社会工作是一种协助个人、家庭、团体或者社会发挥潜能、调整关系，以预防和解决社会问题，恢复或者增强其社会功能的专门职业。社会工作自从 19 世纪末诞生以来，在价值取向上经历了一个从特殊主义到普遍主义的转变过程。最初，社会工作主要是基于个体或群体因生育、死亡、失业、疾病、残障、灾难、犯罪等出现社会资源不足或者社会功能缺陷等状况，而发起的济贫、扶危、救难、解困等活动，这种定位于特殊需求人群的工作价值取向在传统社会保障体系中占据主导地位。"二战"之后，随着世界经济的恢复与发展以及公民权理论的发展，普遍主义福利思想和福利政策诞生并逐步完善。除了对面临社会风险的特定人群提供基本保障以外，基于普遍主义取向的公民权益保障、全民保障、促进民生也成为现代社会保障制度的重要内容，如全民义务教育和全民医疗保障制度的建立与完善。可见，现代社会工作的功能更加普惠了，不但一如既往地为特殊需要人群提供必要的社会救助、专业干预与治疗，而且视社会问题的预防优于事后补救，把挖掘人的潜能和发展人的能力作为工作目标，以促进个人幸福和社会福祉。因此，现代社会工作的教育功能增强了。

社会工作价值取向的发展以及预防和教育功能的增强，使之越来越贴近家庭教育指导工作的职能。家庭教育指导对象主要是面临教育困难以及需要增强家庭教育功能的普通人群，家庭教育指导的工作目标与基于普遍主义的社会工作目标是一致的，即帮助服务对象挖掘自身潜力、实现自我发展。社会工作的部分功能与家庭教育指导的主要功能相融合，为家庭教育指导者与社会工作者加强合作奠定了基础，有利于他们发挥各自的专业优势，形成合力，为服务对象提供更加全面的帮助。

（二）以家庭系统为基本单位的工作理念

每个人都是个性与社会性的统一体，问题出现的原因既有个人因素也有社会因素。教育工作常常关注个人因素，旨在调动人的主观能动性，社会工作常常关注社会因素，旨在增强人的社会功能。社会工作常常遵循生态理论与系统理论的基本原理，用生态的视角来关注个人与外部环境的关系，用系统的视角来关注系统整体以及系统的不同层次对个体的影响。因此，对个人问题的分析与解决不能简单地依照个人取向，而应以结构取向来把握人与社会系统和环境资源的互动关系。个人的需要是否能有效满足取决于个人与这些资源系统之间能否有效地协调沟通。在现实生活中，个人或者家庭的需要可能因下面几项而未能得到满足：环境中的资源不足；因某些原因不能获得资源；资源未能有效协调；个人与环境之间未能成功进行互动。①

　　社会生态系统视角指引着社会工作致力于优化系统、改变环境、充实资源，使之能够有效地回应个人、家庭或者群体的需要，这对于拓展家庭教育指导工作的传统视角具有非常重要的现实意义。传统的家庭教育指导工作注重个人取向，认为儿童或者家长所存在的问题是由个人因素所导致的，并着力调动个人的积极性与主动性，以个体行为的改变作为工作目标。这是教育理念的优势，也是家庭教育指导取得实效的基础。但是这种理念也有狭隘之处，并且不能确保家庭教育问题都能够得到有效解决，因为个人问题与家庭系统运转不良密切相关。家庭教育的内部生态环境是家庭系统，家庭成员及其互动关系构成了复杂的相互作用网络，对每个家庭成员的思想观念、情感态度和行为方式都会产生不同程度以及不同形式的影响。个人的改变会受制于家庭系统的力量，所以家庭教育指导不仅要干预个体行为，还要帮助家庭系统做出调整。与此同时，家庭教育的外部生态环境是社会系统，每个家庭所处的社会阶层是不同的，所能获得的社会资源不但在数量和类型上不同，而且在质量和结构上也是不同的。当家庭系统的社会适应出现困难甚至面临危机的时候，就需要帮助家庭获得基本的社会资源，并与社会环境建立正面积极的互动关系，为家庭发挥良好的教育功能奠定基础。可见，从家庭整体的角度去分析与解决家庭教育问题，把个人取向与结构取向有机结合起来，是现代家庭教育指导工作的题中应有之义。

（三）　以家庭治疗为专业优势的工作模式

　　家庭治疗起源于20世纪50年代的西方社会，至今已经是社会工作广泛应用的专业方法，旨在关怀家庭成员的成长，促进家庭关系的和谐，促使家庭发挥积极功能。家庭治疗的专业优势在于以家庭而不是以个人作为治疗单位；家庭治疗的目标和焦点是改变家庭内不良的互动结构和家庭成员间不良

---

① 宋海啸，辛一山．中国社会工作理论［M］．北京：时事出版社，2013：124-125.

的互动方式，进而从根本上解决个人的问题和家庭的问题；家庭治疗注重家庭的现实境况以及家庭成员间互动的实际过程，并着意引导家庭向积极的方向改变；家庭治疗以心理学、家庭社会学以及社会工作的相关理论为指导。[①]家庭治疗至今已经形成坚实的理论基础、风格各异的流派、专业的治疗程序、完善的培训模式以及成熟的职业价值观。

当家庭教育越来越引起家长、学校和社会普遍关注的时候，家庭教育指导作为常规的专业宣教与咨询手段，对于普通的家庭教育引导、预防家庭教育问题的出现、解决一般的和轻微的家庭教育问题具有不可替代的社会意义。但是如果家庭出现资源紧缺、价值观失范、家庭矛盾紧张激烈、家庭危机重重等严重问题，势必对儿童的教育环境和健康成长产生消极影响，而传统的、常规的家庭教育指导手段就会显得力不从心。这时就需要家庭治疗师的专业介入，并调动社会资源，帮助家庭修复残缺不全的功能，使之走到正常、健康的轨道上来，当然这个过程需要治疗师与家庭成员的共同努力。家庭关系初步修复之后，又需要家庭教育指导者发挥教育专业优势，帮助和指导家庭成员掌握正面的行为方式，以维持家庭系统的正常运转与家庭功能的正常发挥。可见，教育专业优势与家庭治疗专业优势相结合，能为家庭以及家庭教育问题的预防、治疗与维护提供全程的专业支持。

三、全面认识家庭教育指导工作性质的意义

家庭教育指导工作既有教育工作性质又有社会工作性质，这一论点不但在理论研究上具有创新意义，还对理解与解决现实问题以及创新管理机制具有启发意义。

教育部于 2015 年 10 月 11 日颁布的《关于加强家庭教育工作的指导意见》，成为新时期各级各类学校和教育部门开展家庭教育指导工作的纲领性文件。调查与访谈发现，学校一方面加强了对政策文件的学习与指导精神的领悟，提高了对家庭教育工作的重视程度，另一方面也遇到了一些实际困难与困惑。比较集中的问题是缺乏开展家庭教育工作的时间与精力，家庭教育指导所需要的专业力量不足。从表面上看，调查与访谈所反映的是学校指导

---

① 张文霞，朱冬亮. 家庭社会工作［M］. 北京：社会科学文献出版社，2005：121-122.

家庭教育面临的困难与困惑，实际上所触及的是家庭教育指导工作的内涵与特点，它决定了家庭教育与学校教育的矛盾关系特点。众所周知，学校的中心任务是针对学生的教育教学工作，针对家长的家庭教育指导工作则是为学校的中心任务服务的，这种关系与学校教育职能是相符合的。这体现了家庭教育指导工作与学校教育教学工作在目标上是一致的，但也容易形成以学校为中心的家庭教育工作局面，导致家庭教育学校化，甚至使家庭教育成为学校教育的附庸，家庭教育的相对独立性与专业性受到忽视，家庭教育指导工作效果因此受到影响。

导致这种情况的因素是多方面的，学校指导家庭教育的实践条件不成熟是一个方面，对家庭教育指导工作性质缺乏全面认识以及由此所导致的片面的工作思路与管理机制是另外一个重要方面。教育部门和学校在家庭教育指导方面负有责任和义务，也具有很大的优势，但是学校教育的功能是有限的，不宜无限放大学校教育的功能。[①] 在工作任务与直接服务对象方面，学校教育工作的中心任务是促进儿童发展，学校指导家庭教育是为学校的中心工作服务的，学校教育的直接对象是儿童；家庭教育指导工作的中心任务是提升家长的教育素养，家庭教育指导工作的直接对象是家长。长期以来，我国学校的家庭教育指导工作常常由心理教师、德育教师、班主任承担，他们既了解学校工作，又比较熟悉学生，具有家庭教育指导的优势。但是，一些比较复杂、特殊的学生个案和家庭教育指导工作，需要利用多种社会资源，占用较多的时间和精力，需要更加专业的指导技术，常常是班主任、德育教师或心理教师难以胜任的，学校社会工作者则有得天独厚的优势。他们一方面独立于学校工作框架和教育行政体系，将社会工作的理念与方法用于学校，为学校提供专业的社会服务；另一方面又与学校德育、心理辅导、少先队、共青团等部门对接，整合各方资源进行家庭教育指导。学校社会工作者没有学科教学任务，具有教育者、咨询者、协调者、合作者等多种角色，而且视野更开阔，进行过系统的理论学习与实务训练。学生、家长与社工交流的时候自由放松，能得到更加专业和系统的指导与帮助，涉及学生的生活、学业、人际关系、自我认知等多方面的辅导。可见，学校社会工作对提升家庭教育

---

① 晏红. 学校指导家庭教育是权利不是权力［N］. 中国教育报，2017-03-09（9）.

指导工作质量有着巨大的作用。①

第三节　家庭教育指导工作的过程体系

　　家庭教育指导工作是一项社会系统工作，不是某一部门可以独立完成的，这一特点是由家庭教育指导工作的过程体系所决定的。根据家庭教育指导工作全过程框架理论②，家庭教育指导工作过程自上而下可以分为组织管理者对家庭教育指导工作的组织过程、指导者对家长的指导过程、家长对子女的教育过程和儿童身心的发展过程。与这四个过程对应的四类对象是组织者、指导者、家长和儿童，对四个过程和四类对象产生直接影响的是与他们直接关联的物质环境与精神环境，产生间接影响的则是更为广泛和深远的社会大背景，这十一个要素及其相互关系构成了"4+4+2+1"的理论框架结构。

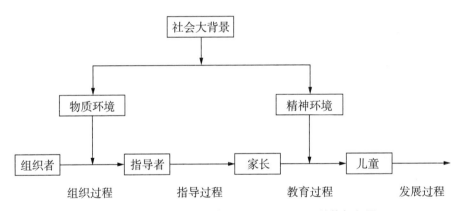

图1　家庭教育指导工作全过程"4+4+2+1"结构框架图

　　根据这一理论框架，自上而下的家庭教育指导工作过程体系就是在一定时代的政治、经济、文化、科技等社会大背景的影响下，在一定的物质环境和精神环境下，家庭教育指导工作的组织管理者通过组织管理工作影响指导者的指导工作，指导者的指导工作影响家长的教育素质和家庭教育过程，最

---

① 晏红．让学校社会工作助力家庭教育指导［J］．家庭教育，2017（11）：30-31.
② 李洪曾．幼儿家庭教育指导［M］．北京：北京师范大学出版社，2001：31.

后家长的教育素质和家庭教育过程影响儿童的发展过程，这体现出家庭教育指导工作的终极服务对象是儿童。从过程框架图可以清晰地看到家庭教育指导工作过程的层级影响与中介转换，在这种环环相扣的工作过程中，各个环节的功能与职责既是相互关联的，又是不可替代的。根据"4+4+2+1"结构框架，结合我国的家庭教育指导工作传统，可以对我国家庭教育指导工作过程体系的四个过程和四类对象进行分析。

一、家庭教育指导工作的四个过程

（一）家庭教育指导工作的组织过程

在组织管理方面，我国的家庭教育指导工作在现阶段是由妇联主管，多个相关部门联合行动，文化、教育、卫生、妇女、儿童、人口、家庭和社区发展等工作的推进会与家庭教育发生关联，所以家庭教育指导工作自然成为与相关部门的中心工作相配合的一项事务。因此，长期以来，我国的家庭教育指导政策由多个部门联合发文，家庭教育指导工作由各个部门分工负责，这样就形成家庭教育指导工作"条块分割"的管理格局，也就是说，妇联系统、教育系统、卫生系统和民政系统按照各自的垂直、纵向体系对家庭教育指导工作进行逐层分级管理，同一层级、同一区域的家庭教育指导工作则缺乏平行、横向的协调机制。这种管理格局增加了管理成本，降低了管理效率，不利于家庭教育指导工作的资源整合。目前，我国加强了家庭教育指导工作管理体制的探索，《关于指导推进家庭教育的五年规划（2011—2015 年）》在"保障措施"中提出"健全家庭教育工作领导管理体制，积极推进建立由各级党政领导牵头负责，妇联、教育、文明办、卫生、民政、人口计生、关工委等有关部门共同参与的协调领导体制"。针对 15 个省（自治区、直辖市）的调查显示，大多数省（自治区、直辖市）都建立了家庭教育协调机构，大部分机构的领导由妇联系统领导担任，业务工作由妇联负责。[①] 长期以来，妇联系统是最重视家庭教育指导工作的，在全国家庭教育状况摸底、推进家庭教育指导政策制定、培养家庭教育指导工作骨干以及促进社区儿童

① 中国儿童中心．我国家庭教育指导服务体系状况调查研究［M］．北京：中国人民大学出版社，2014：4.

家庭教育等方面做了大量的工作，积累了具有中国特色的家庭教育指导工作经验。但是家庭教育指导工作是一种社会系统工作，健全家庭教育工作管理体制，建立具有领导力的家庭教育指导工作协调管理机制，还需要加强制度创新与机制创新。

（二）家庭教育指导工作的指导过程

家庭教育指导工作的指导过程，体现为在家庭教育过程中家庭教育指导者和家庭教育指导服务机构给予家长支持与帮助。调查显示①，家长对家庭教育指导服务的期待与所得到的家庭教育指导服务既有一致之处，也有落差。在家庭教育指导内容方面，家长的需求与指导服务供给是一致的，从高到低依次是儿童所处年龄段的易发问题与处理方法、与家庭教育有关的系统知识与方法以及孩子存在的特殊问题与解决办法。在家庭教育指导渠道方面，家长的需求得不到充分满足。家长期待的指导渠道比例由高到低依次是社会专业指导机构、学校和大众传媒，实际上通常得到帮助的渠道由高到低依次是学校、大众传媒和社会专业指导机构。数据还显示出家长期望学校指导的比例明显下降，期望社会专业指导机构指导的比例大幅度上升。这是一个值得深思的现象。众所周知，儿童入学之后，除家长之外，接触时间最久的是教师，教师是最了解儿童各方面发展状况的，而且学校指导家庭教育是有法律规范和政策引导的，学校理应成为提供家庭教育指导的最有力渠道，但家长最期望的家庭教育指导渠道却不是学校。可见，社会专业指导机构对家长的家庭教育支持需要加强，学校对家长的家庭教育指导需要改善，学校指导家庭教育应走专业化之路②，班主任、德育教师、心理教师需要进行家庭教育指导的专业武装③，同时引入学校社会工作者的专业力量，让学校社会工作助力家庭教育指导④，发挥学校组织系统与社会工作组织系统的合作力量。

在家庭教育指导过程中，家庭教育指导者队伍与家庭教育指导服务机构的专业化和制度化是关键。家庭教育指导是一个涉及亿万儿童与家庭发展的

---

① 中国儿童中心 . 我国家庭教育指导服务体系状况调查研究 ［M］. 北京：中国人民大学出版社，2014：232-235.

② 晏红 . 学校指导家庭教育应走专业化之路 ［J］. 家庭教育，2017（1）：41-48.

③ 晏红 . 家庭教育指导者需要专业武装 ［J］. 家庭教育，2018（1）：41-48.

④ 晏红 . 让学校社会工作助力家庭教育指导 ［J］. 家庭教育，2017（11）：30-31.

事业，需要数量充足、业务过硬的专业队伍和专业机构来承担重任，可是现实状况不容乐观。2016 年我国总人口 13.8 亿，其中 16 周岁以下儿童 4.8 亿。《中国家庭发展报告 2014》指出，中国家庭数量达 4.3 亿户，2040 年将跨上 5 亿户的台阶。如此巨大数量的儿童和家庭需要庞大的专业队伍和专业服务机构从事家庭教育指导工作，但是我国家庭教育指导者队伍和指导服务机构的专业化建设不能满足现实需要。在我国的家庭教育指导服务机构中，家庭教育指导服务人员以兼职为主、专职为辅，少有聘任人员，并且有 50% 的指导服务机构没有专职或聘任人员。[1] 在我国的家庭教育指导者队伍中，专职工作者仅占 43.6%，兼职和志愿工作者占 45%。关于家庭教育指导知识的来源，仅有 15.8% 的指导者是通过专业培训或者在研究过程中获得家庭教育指导知识的，74.4% 的指导者是通过实践总结或自学获得家庭教育指导知识的。[2] 可见，家庭教育指导者队伍与指导服务机构的专业化程度都有待提高。九部门联合发布的《关于指导推进家庭教育的五年规划（2016—2020 年）》提出了"进一步提高家庭教育指导专业化水平"的目标，并把"提升指导服务队伍专业化水平"和"培育专业化的指导服务机构"作为重点任务。可见，政策的指导精神是明确的，但是政策的执行、监控、评估的完善还需要一个过程，最终需要通过建立家庭教育指导者专业标准和家庭教育指导服务机构建设标准来促进家庭教育指导工作的专业化与制度化发展。

（三）家庭教育指导工作的教育过程

家庭教育指导工作的教育过程，体现为帮助家长提高教育能力，使家长在儿童发展过程中给予儿童所需要的教育指导。童年只有一次，儿童的成长又是全方位的，应该在成长过程中给予及时、有效的帮助并且这种帮助对儿童的未来发展具有引领作用，其中家庭的支持与家长的关怀是儿童一生中接触时间最早、接受时间最长的教育，对儿童一生的幸福具有不可替代的作用。在我国社会转型过程中，传统社会的大家庭演变为现代社会的小家庭，家庭的重心下移，家庭教育成为核心家庭关注的焦点。家庭教育的价值取向随之

---

[1]　中国儿童中心. 我国家庭教育指导服务体系状况调查研究［M］. 北京：中国人民大学出版社，2014：28-29.

[2]　同[1]95-96.

发生了很大转变，从注重家族利益、光宗耀祖、传宗接代、养儿防老的群体本位走向注重儿童自身发展、为儿童独立进入未来社会奠定良好基础的个体本位。家庭教育为儿童健康成长与个性化发展提供沃土，这是家庭教育文明发展的标志，也是现代家长在教育过程中所面临的挑战。部分家长对个性概念缺乏正确的认识，没有妥善处理好个性与社会性发展之间的辩证关系，把个性片面地理解为与众不同，或者理解为按照个人意志行事，乃至让孩子出现以自我为中心、不会尊重他人、社会性发展不够完善等问题。这种顾此失彼的所谓"个性化教育"不利于孩子道德品质的养成，也扭曲了家庭教育的德育价值。

自由、松散的家长群体主要是基于个人经验产生一些缺乏专业思辨的教育观念，在家庭教育知识与家庭教育实践上呈现出朴素、自发、芜杂的原始样态，其中有科学成分，也有准科学、非科学、伪科学成分，这就需要家长具有去伪存真、去粗取精的反思能力。然而，现代社会多元价值观并存，自媒体的大众化也强化了价值观的多元化表达，家庭教育领域存在着炒作概念、兜售理念的无序状况，家长的教育观念与教育方法在多样化的同时也存在着盲目跟风、急功近利等非理性现象，例如重视智育忽视德育、重视私德忽视公德、重视保育忽视体育、重视言教忽视身教、重视家长权力忽视儿童权利等，这些片面教育都是有损于儿童长远发展的。

在家庭教育过程中，家长是家庭教育的责任主体，家长不仅要支持孩子的学习与成长，而且要加强自身的学习与成长。家长要主动参与家庭教育指导服务活动，不断更新家庭教育观念，改善家庭教育方法，注重家庭德育与价值塑造，采取有利于儿童全面发展的教育方式，促进儿童、家长自身和家庭共同发展。

(四) 家庭教育指导工作的发展过程

家庭教育指导工作的发展过程，体现为家长在接受指导后提高家庭教育效果，即家庭教育指导工作的各个环节相互作用，最终通过家长所实施的家庭教育对儿童发展产生影响。但儿童是有主观能动性的个体，儿童发展并不是完全被动地接受外在教育的结果。儿童发展受四种教育力量的综合作用：家庭教育、学校教育、社会教育和自我教育。其中，家庭教育、学校教育与社会教育是外在教育力量，自我教育是内在教育力量，是儿童发展的内在动力。外因通过内因起作用，所以给予儿童独立的成长空间、为儿童的自我成长提供支持是任何领域、任何形式的教育都应该遵守的基本专业伦理。家庭教育指导作为一种具有非正规教育性质的社会教育，在现代社会背景下应该确保家庭教育过程中的"儿童参与"，尊重儿童自我发展的主体性。

"儿童参与"作为一个专门概念，最初来源于儿童权利领域。1989年联合国大会通过的《儿童权利公约》第12条和第13条将儿童参与权表述为"缔约国应确保有主见能力的儿童有权对影响其本人的一切事项自由发表自己的意见""儿童应有自由发表言论的权利"。我国于1990年签署了《儿童权利公约》，并在儿童发展的重要政策和文件中都明确将儿童参与作为儿童工作的重要原则。随着实践与研究的逐步深入，儿童参与已经不仅仅是一种权利的倡导，而且被视为儿童发展的自变量，儿童参与能力成为儿童发展的重要组成部分。联合国儿童基金会发布的《2003年世界儿童状况》指出："促进儿童和青少年有意义和高质量地参与对确保他们的成长和发展至关重要。一个从人生初始阶段就受到鼓励来积极参与这个世界的孩子将可以在儿童早期发展能力，并能很好地把握受教育的机会。而进入青少年时期后，这个孩子将满怀信心，果敢决断，并有能力参与家庭、学校、社区和国家的民主对话与民主实践。"可是，过度挤压儿童的参与机会是当今儿童发展面临的困境。从家庭教育的角度而言，"家长对子女教育越是焦虑，儿童生活中由成人主导的结构性活动的比例就越大；家长的社会安全感越低，儿童的生活环境就越小；家长购买的教育服务越多，儿童的参与状况就越不理想"①。

根据马斯洛的需要层次论，最高层次的需求是人的自我实现，教育的最终目的是人的自我实现，儿童参与则是实现这一目的的路径。因此，在家庭教育过程中，树立儿童参与意识，创造儿童参与机会，提高儿童参与能力，儿童才能发挥自我教育的力量，成为自我成长的主人。

"4+4+2+1"结构框架从宏观到微观、从大系统到小系统、从上位的组织过程到下位的行动过程将家庭教育指导描绘为一个有组织、有计划、有制度的工作体系，反映了家庭教育指导工作体系的主要因素与主要过程，体现了家庭教育指导工作体系的独特性与相对独立性，为完善家庭教育指导工作

---

① 中国儿童中心. 中国儿童参与状况报告（2017）［M］. 北京：社会科学文献出版社，2017：6-7.

制度、建立家庭教育工作协同机制奠定了理论基础。

二、家庭教育指导工作是一个双向过程体系

"4+4+2+1"结构框架是一套由社会大环境、物质环境与精神环境以及家庭教育指导工作过程三个层次构成的、自上而下的单向家庭教育指导工作过程体系，这种自上而下的研究视角是从组织的结构、层次、制度与运行过程的角度来关注家庭教育指导过程体系。[①] 事实上，由于儿童、家长和家庭教育指导者都是能动的主体，他们经常会在家庭教育指导工作过程体系的各个环节产生自下而上的作用力，即有个性与主观能动性的儿童在发展过程中会促使家长反思与调整家庭教育，进而影响家庭教育指导工作的教育过程；家长的家庭教育状况也会影响家庭教育指导工作的指导过程，促进家庭教育指导者和家庭教育指导服务机构改进计划、改善服务，提高指导效果；家庭教育指导者和家庭教育指导服务机构的专业化发展要求建立相应的家庭教育指导工作管理体系与管理机制，进而影响家庭教育指导工作的组织过程。可见，这是一种自下而上的视角，反映了"实践行动过程是在特定理解、规范与规制框架中所采取的行动，这种实践行动同时又具有再生产这种制度结构的作用，甚至具有刺激这种制度结构渐进变迁的作用"[②]。这样，就产生了自上而下与自下而上两个过程相互作用的现象。正如斯科特所说，从上而下的各种过程使得更高层次的结构可以塑造较低层次的行动者的结构与行动。同时，相反的从下到上的过程也在运行，通过这种相反的运行过程，较低层次的行动者与结构又塑造他们所运行的背景。近年来的研究强调从上到下与从下到上过程之间的结合，认为这两种过程共同影响着制度现象。[③]

可见，家庭教育指导工作应该在"4+4+2+1"结构框架中树立自上而下与自下而上相结合的双向过程意识（如图2），这样可以更好地把握家庭教育指导工作不同层次、不同过程之间的相互作用与动态平衡，有利于家庭教育指导工作体系建立共同治理的工作机制。

---

① 斯科特. 制度与组织：思想观念与物质利益 [M]. 姚伟，王黎芳，译. 3 版. 北京：中国人民大学出版社，2010：200.

② 同①201.

③ 同①199-201.

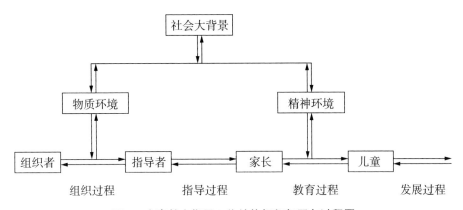

图 2　家庭教育指导工作结构框架与双向过程图

第九章　家庭教育指导工作主体

　　家庭教育的私人教育性质决定了家庭教育具有浓厚的个性化色彩，儿童的社会性发展任务又决定了家庭教育不能局限在家庭私领域范围之内，而是要适应社会的发展需求，尊重儿童的发展规律，也就是要强化家庭教育的公共性与科学性，使家庭教育走出狭隘的家庭本位，树立教育活动的社会本位与儿童本位意识。而家长的教育身份是基于血缘关系或者法律关系自然获取的，并不需要专门的教师职业资格认证。这就意味着把未成年人的发展与教育委托给没有专业背景的家长群体，家庭教育可能因此存在着风险，而当今中国家长非常重视家庭教育，降低与防范家庭教育可能风险的责任与任务就越发显得重要与迫切。因此，加强家庭教育指导成为家庭教育健康发展的时代课题。

　　家庭教育指导是家庭以外的机构、团体和个人为家庭发挥正面教育功能而提供支持、帮助与指引，家庭以外的机构、团体和个人就是家庭教育指导服务的供给者，构成家庭教育指导工作的主体系统。从目前状况而言，我国从事家庭教育指导工作的主体主要是政府、学校、社区、大众传媒、非营利组织、营利组织与指导者个人。它们在遵守家庭教育工作法规、遵循家庭教育指导的一般规律、履行家庭教育指导的基本职责方面是有共性的，但是由于它们具有不同的组织特征和组织功能，在家庭教育指导工作体系中具有不同的职责、权利与权限，所以它们发挥着各自的独特作用，优势互补，共同为中国的家庭教育指导事业做贡献。因此，有必要清晰地把握它们各自在家庭教育指导工作中的特殊功能与作用。

第一节　政府的家庭教育指导工作

一、政府的组织特征与组织功能

政府有广义与狭义之分。广义的政府是指国家进行阶级统治和社会管理的组织，包括立法机关、司法机关与行政机关。狭义的政府仅指行政机关，即根据宪法和法律组建的，行使行政权力、执行行政职能、推行政务、管理国家公共事务的机构体系。① 一般而言，公共政策中的政府是指广义的政府，包括负责制定法律的立法机关、负责执行法律的行政机关以及负责运用法律审判案件的司法机关。公共管理中的政府是指狭义的政府，主要指负责执行法律的行政机关。

政府是以公共利益为价值取向的公共组织，具有以下几个基本特点：政府组织的基本职能是管理国家和社会公共事务；政府组织从事公共管理的手段是行政权力；政府组织有权支配和运用公共资源；政府组织提供的产品是公共产品；政府组织行为的价值取向是公共利益。② "各种调查和民意测验表明，公众希望看到政府改善和提高为民服务的方法和质量，即希望政府能够提供更优质的服务，切实有效地扩展服务的领域和范围；公众希望政府提高公共服务的能力，以较低的成本提供更多、更优质的服务。"③

1985 年，党的十二届四中全会首次提出转变政府职能的要求，我国进入政府职能转型时期，职能重心从注重阶级斗争向经济建设转变，从注重政治统治向社会管理转变。在计划经济时代，全能型政府扮演了生产者、监督者、控制者的角色，随着社会主义市场经济的发展，政府逐步由单一管制型向公共服务型转变，为社会和民众增进与公平分配公共利益的政府职能得到重视，维护社会公平正义、保障优质公共服务、创造良好发展环境，成为政府职能

---

① 胡税根．公共管理学［M］．北京：中国社会科学出版社，2014：101.

② 李文良．我国公共部门与公共人力资源管理制度［J］．山东师范大学学报（人文社会科学版），2006（6）：150-151.

③ 荣迪内利，贾亚娟．为人民服务的政府：民主治理中公共行政角色的转变［J］．经济社会体制比较，2008（2）：115-116.

转型的基本任务。政府职能转型为家庭教育指导的发展创造了有利的制度环境。

二、政府在家庭教育指导工作中的特殊功能

政府组织的基本特征与职能决定了政府可以利用公共权力来支持公益事业的发展，而家庭教育指导作为一种新型的公益事业，需要一个不断完善与发展的过程。政府是实现公共利益的公权部门，在家庭教育指导工作中，其基本职责就在于从公共政策的角度为家庭教育指导提供制度上的保障与规范，从公共管理的角度加强家庭教育指导的规制与监管。

（一）制度供给

强化政府公共服务职能的关键是实现公共服务的制度化，公共服务制度实际上是一种社会分配的制度安排，是对整体社会利益结构的合理调整和对社会利益的公平分配。① 家庭教育指导的重要性已经得到党和国家的确认，但是家庭教育指导的发展无论在体量还是质量上都非常薄弱，在经费支持、质量监管、专业建设等许多方面都需要制度化与规范化发展。政府作为制度供给的主体，需要加强家庭教育指导的制度供给，对家庭教育指导进行合理的制度安排。

家庭教育指导是一个涉及千家万户切身利益、社会和谐发展以及国民教育素质的系统工程，既具有公共价值取向，又具有专业性和引领性。家庭教育指导工作需要在法律法规和资源配置方面获得相应的支持与保障，以确保沿着正确的方向走公益性、专业化发展之路。

家庭教育是私人教育，家长对家庭教育指导产生了自下而上的市场需求，私利性和市场化刺激了家庭教育指导市场主体的从业动机，而市场主体都是"理性人*"，这样家庭教育指导市场主体就存在着追求自身利益最大化的问题。家庭教育指导作为一种旨在促进家庭教育产生公共利益的集体行动，需

---

① 胡税根. 公共管理学 [M]. 北京：中国社会科学出版社，2014：162.

* "理性人"即"合乎理性的人"，也称为"经济人"，是经济学的一种人性假设，认为每一个从事经济活动的组织、机构或个人都是利己的，所采取的经济行为都是力图以最小的经济代价去实现自身利益的最大化，个体理性会导致集体无序，必须对之加以规制才会有利于集体理性。

要对集体行动中的组织或个体的"个体理性"进行约束，因为理性、自利的组织或个体会为实现收益的最大化和损失的最小化而进行逐利与博弈，导致集体非理性，最终不但个体无法实现收益最大化，而且损害了公共利益。亚里士多德说，凡是属于最大多数人的公共事务常常是最少受人照顾的，人们关心着自己的所有而忽视公共的事务。①这种无规则、无制度、无组织的自然状态，需要政府作为权威的公共组织加以规制与监管。

我国家庭教育和家庭教育指导所存在的失范与无序等问题已经引起社会的广泛关注，为家庭教育指导建立规章制度的呼声不断出现。《国家中长期教育改革和发展规划纲要（2010—2020 年）》已经把家庭教育立法纳入"加快教育法制建设进程，完善中国特色社会主义教育法律法规"规划之中。习近平主席在 2015 年春节团拜会上强调"注重家庭、注重家教、注重家风"，视家庭为"国家发展、民族进步、社会和谐的重要基点"。可见，党和国家高度重视家庭教育制度建设。目前，我国已经形成家庭教育政策体系，国务院出台了一系列有关家庭教育的专项政策，重庆、贵州、山西、江西、江苏等省市也在家庭教育的制度供给方面为其他地方政府做出示范。但是，总体而言，我国家庭教育制度供给存在着法律位阶较低的问题，以部门规章和地方规章为主，需要提高制度供给的法律位阶，以增强家庭教育制度的法律效力。同时，我国的家庭教育制度还存在供给不足、缺乏创新等问题，不能充分满足当前家庭教育和家庭教育指导的制度需求。

（二）规制监管

家庭教育指导是一种公共服务，公共服务需要公共组织来管理。根据是否拥有行政权力以及这一权力的大小，可以将公共组织分为政府组织、准政府组织和非营利组织。现代管理主体是在一定环境中产生的以政府组织为核心，由政府组织、准政府组织和非营利组织共同构成的公共组织系统。② 政府具有合法的强制力，可以通过行政权力与公共威信来组织部门力量、协调部门利益，在公共组织系统中发挥着强有力的规制功能。

家庭教育在现代社会所产生的外部性是家庭教育指导具有正当性与必要

---

① 亚里士多德. 政治学［M］. 吴寿彭，译. 北京：商务印书馆，1968：3.
② 胡税根. 公共管理学［M］. 北京：中国社会科学出版社，2014：100.

性的逻辑起点，家庭教育指导需要对家庭教育的正外部性进行鼓励与引导，对家庭教育的负外部性进行限制与干预，这样才能体现家庭教育指导的公共服务性质。可见，家庭教育指导同样是具有外部性的。从家庭教育指导的实然效果而言，如果家庭教育指导实现了公共利益，就产生了正外部性；如果家庭教育指导损害了公共利益，就产生了负外部性。因此，政府需要利用公共权力对家庭教育指导进行规制与监管，对家庭教育指导的正外部性进行鼓励与引导，对家庭教育指导的负外部性进行限制、干预与处罚，这样才能保障家庭教育指导的公益性。

政府规制也称政府监管，是政府利用公共权力，通过制定一定的规则，对个人和组织的行为进行限制与调控，包括政府的经济规制与政府的社会规制。① 针对家庭教育指导所产生的市场现象，政府可以采取经济规制，对家庭教育指导行业进行进入和退出管制、资格认证管制、价格管制、质量管制、信息管制等，避免不良竞争，减少资源浪费，保证家庭教育指导服务供给的稳定与公正。针对家庭教育指导的外部不经济和内部不经济，政府可以采取社会规制，对家庭教育指导市场交易中损害公共利益的现象进行监管。

政府作为公共管理系统的核心与责任主体，其制度供给职责和规制与监管职责反映了政府在家庭教育指导工作体系中的核心地位与强制力量，是家庭教育指导工作实现公共利益的根本保证，这在我国颁布的一系列政策、法规和规划中都有鲜明的体现。一直以来，我国家庭教育工作五年规划都明确了政府的组织领导或保障职能。《中国儿童发展纲要（2011—2020 年）》要求"加大公共财政对家庭教育指导服务体系建设的投入"。《关于指导推进家庭教育的五年规划（2016—2020 年）》的基本原则之一是："坚持政府主导。要推动各级政府在指导推进家庭教育中发挥主导作用，建立健全部门联动的工作机制，制定出台相关法律法规及政策措施，加大政府财政投入，鼓励社会力量参与支持，促进家庭教育资源均衡配置，切实为家庭提供普惠性、常态化的家庭教育公共服务。"

---

① 莫勇波. 公共政策学［M］. 上海：上海人民出版社，2013：63.

第二节　学校的家庭教育指导工作

一、学校的组织特征与组织功能

学校是专门的教育组织，有广义与狭义之分。广义的学校是指一切为儿童和成人提供专门教育场所的正规与非正规教育组织。狭义的学校是指在学制系统内提供幼儿园、小学、中学、大学教育的公立与私立的各级各类正规教育组织。由于狭义的学校组织已经高度制度化，学校教师已经高度职业化并走向专业化发展道路，各级各类学校组织是家庭教育指导工作的主阵地，学校教师是家庭教育指导工作的主力军，所以在此基于狭义的学校组织来探讨它在家庭教育指导中的独特意义。

学校组织具有科层体制的基本特征，表现为：学校教育理念是以理性主义为价值取向，学校工作目标是以效率为本，学校运作机制是以法理权威作为基础。学校科层制保证了效率和理性的最大化，却消解了学校生活的创造性与丰富性。[①] 进入 21 世纪，中国学校组织将完成由"近代型"向"现代型"的转换。[②] 近代型学校的基本特征是按工业化、批量生产的模式来"塑造"学生，现代型学校不再停留或满足于传递、继承人类已有知识，而是追求为社会更新知识服务、为个人终身发展服务的存在价值，教育重心由精英向大众转换，关注每一个学生的主动发展。

为使学校组织更好地适应中国国情和时代要求，《国家中长期教育改革和发展规划纲要（2010—2020 年）》指出："建设依法办学、自主管理、民主监督、社会参与的现代学校制度，构建政府、学校、社会之间新型关系。""建立中小学家长委员会。引导社区和有关专业人士参与学校管理和监督。"2012 年，教育部颁布了《关于建立中小学幼儿园家长委员会的指导意见》，明确家长委员会的基本职责为参与学校管理、参与教育工作、沟通学校与家庭，要求地方各级教育部门切实加强对家长委员会组建工作的领导，把建立

---

① 安云凤，田国秀. 当代学校组织的科层特征分析［J］. 当代教育科学，2010（22）：8.

② 叶澜. 实现转型：新世纪初中国学校变革的走向［J］. 探索与争鸣，2002（7）：13.

家长委员会列入工作议事日程，制订发展规划、工作计划和具体的实施意见与办法，为家长委员会的建设提供有力保障。

可见，学校组织结构的特征与组织变革的制度化引领，强化了学校在家庭教育指导工作中的教育性与制度性，使之在家庭教育指导主体系统中发挥着独特的作用。

二、学校在家庭教育指导工作中的特殊功能

与其他家庭教育指导主体相比，学校的独特之处在于其对家长群体的凝聚力。把原本松散的个体按照一定的目标与规则进行结群，是社会管理的传统手段，例如少先队组织、共青团组织、工会组织、妇女联合会分别凝聚了不同年龄、不同行业、不同性别的群体。而家长来自各行各业，他们可以结成以地缘或业缘为范围特征的群体，但是使他们以家长身份结群则是学校组织的独特功能。学校与家长因促进儿童发展的共同目标与共同利益而结成教育共同体，家长则以班级为基本单位结成具有一定组织性、比较稳定的功能性群体。这样，学校组织和教师群体在家庭教育指导中发挥了组织优势与专业优势，主要体现为学校指导家长并与家长共同对儿童进行专业观察与专业教育。

（一）与家长共同观察与了解儿童

教育的基础是了解儿童，不了解儿童的教育是不尊重儿童的、盲目的教育，而了解的基础是观察。学校教师与家长共同观察儿童的必要性在于儿童生活场域的分化。

家长虽然与儿童具有不可分割的亲密关系，但是儿童自三岁后陆续进入幼儿园、小学、中学，儿童的生活场域分化为家庭生活与学校生活两个场域。一个场域可以被定义为在各种位置之间存在的客观关系的网络，在高度分化的社会里，社会世界是由具有相对自主性的社会小世界构成的，这些社会小世界就是具有自身逻辑和必然性的客观关系的空间。[①] 可见，家庭生活场域

---

① 布迪厄，华康德. 实践与反思：反思社会学导引［M］. 李猛，李康，译. 北京：中央编译出版社，1998：134.

与学校生活场域的分割，造成家长与教师对儿童行为逻辑理解的片面性，影响了对儿童的全面了解。因此，家长与教师需要建立沟通交流机制。

在场域分化的同时，观察主体的专业性也产生分化。观察是专业范畴内的专业活动，每一个专业领域的观察都基于一定的专业理念，专业的教育观察基于一定的儿童观、教育观与价值观，与观察主体的专业性密切相关。由于教师专业化发展，教师不但掌握了专业的观察视角、观察工具与观察方法，而且在学校生活场域占有更多的观察资源，可以对儿童共同体进行观察。相比之下，家长不但是基于朴素经验对儿童进行非专业观察，而且缺乏对儿童共同体的参照性观察。所以，学校教师在与家长沟通交流的同时，还应该为家长观察儿童提供支持、帮助与指导。

（二）与家庭合作教育指导儿童

现代学校是为促进工业社会的发展而诞生的，无论是公立学校还是私立学校，所进行的学校教育都是为社会公共利益服务的。私立学校的办学所得经济收益归私人所有，但育人宗旨依然是为社会发展服务，这是学校教育与家庭教育在教育性质上的根本不同。《中华人民共和国教育法》第八条规定："教育活动必须符合国家和社会公共利益。"本法适用于中华人民共和国境内的各级各类教育，教育必须为社会主义现代化建设服务、为人民服务，对受教育者加强社会主义核心价值观教育，应当继承和弘扬中华民族优秀的历史文化传统，吸收人类文明发展的一切优秀成果。学校教育的公共性保证了学校在家庭教育指导工作中坚持正确的方向，保证了与家长合作教育儿童的方向性。

与家长合作教育儿童，还基于现代学校教育的使命。我国的学制系统涵盖了从幼儿园到大学的儿童、青少年，他们既是学校教育的对象，又是家庭教育的对象，学校和老师成为联系学校教育与家庭教育的天然桥梁。学校老师比较了解儿童青少年在学校的学习品质、人际交往、思想品德等方面的情况，他们又是专职教师，需要与家长形成合作伙伴式的教育联盟，那么对家长进行家庭教育指导与服务就成为学校和教师提高教育质量、促进儿童发展应做之事。更为重要的是，义务教育的普及化和高等教育的大众化为国民素质的提高奠定了牢固的基础，教育公平发展的时代任务紧跟而来，其中教育内部公平的发展不仅包括学校之间办学质量以及班级教师之间能力水平的均衡化，还包括家庭教育质量的均衡化。有效的家庭教育指导与服务为儿童、青少年享受有质量的公平教育奠定了基础。

正是由于学校在家庭教育指导中所具有的特殊功能，我国的家庭教育工作规划一直都视学校为家庭教育指导的主阵地，不断加强学校的家庭教育指导职能。《全国家庭教育工作"九五"计划》就明确"家长学校是普及家庭教育知识的有效渠道，是中学、小学、幼儿园开展家长工作的较好形式"。《全国家庭教育工作"十五"计划》要求"教育行政部门要把家长学校工作纳入中学、小学、幼儿园德育工作的内容，不断提高家长学校办学质量"。《全国家庭教育工作"十一五"规划》要求"中小学、幼儿园普遍建立家长学校"。《关于指导推进家庭教育的五年规划（2011—2015年）》的目标任务之一就是"巩固发展幼儿园、中小学、中等职业学校家长学校，规范化、常态化开展家庭教育指导活动"。《关于指导推进家庭教育的五年规划（2016—2020年）》则提出更加明确的要求："在中小学、幼儿园、中等职业学校建立家长学校，城市学校建校率达到90%，农村学校达到80%。各级教育行政部门要切实加强对中小学、幼儿园、中等职业学校家庭教育工作的指导管理，将家庭教育指导服务作为学校和幼儿园工作的重要任务，纳入师资培训和教师考核工作，指导家长学校做到有师资队伍、有教学计划、有指导教材或大纲、有活动开展、有成效评估，确保中小学家长学校每学期至少组织1次家庭教育指导和1次家庭教育实践活动，幼儿园家长学校每学期至少组织1次家庭教育指导和2次亲子实践活动，中等职业学校每学期至少组织1次规范的家庭教育指导服务活动。"可见，相关部门对学校家庭教育指导工作的要求越来越高，任务设定越来越明确，管理越来越规范。

第三节　社区的家庭教育指导工作

一、社区的组织特征与组织功能

社区是具有某种互动关系和共同地缘文化的、有秩序的、有感情的人群进行一定社会活动的地域空间。① 在我国，社区包括城市社区和农村社区。

---

① 厉以贤. 社区教育原理［M］. 成都：四川教育出版社，2003：5.

城市社区也称为"社区（居民）委员会"，是我国城市街道、行政建制镇的分区的居民组织。农村社区也称为"村民委员会"，是由我国乡（镇）所辖的行政村的村民选举产生的。城市社区和农村社区都属于基层群众性自治组织。

随着我国社会传统"单位制"的式微，社会治理逐步从单位制向社区制转型，现代社区的建设与发展取得很大的进步，呈现出政府基层机构、社会中介组织与社区成员共同治理的局面，社区组织正在加强管理、逐步完善服务职能。2000 年，《民政部关于在全国推进城市社区建设的意见》明确提出："坚持政府指导和社会共同参与相结合，充分发挥社区力量，合理配置社区资源，大力发展社区事业，不断提高居民的素质和整个社区的文明程度，努力建设管理有序、服务完善、环境优美、治安良好、生活便利、人际关系和谐的新型现代化社区。"《中国儿童发展纲要（2011—2020 年）》要求"强化城乡社区儿童服务功能"，"建立以社区为基础的儿童保护工作运行机制"，"整合社区资源建设儿童活动场所，配备专兼职工作人员，提高运行能力，为儿童及其家庭提供服务"。

二、社区在家庭教育指导工作中的特殊功能

《全国家庭教育工作"九五"计划》强调"重视并发挥社区作用"，要求"探索并推广城镇地区发挥地方优势，以社区为单位开展家庭教育工作的经验，创造优良的社区育人环境，提高全民素质"。《全国家庭教育工作"十五"计划》强调"大力推进社区家庭教育指导"。《全国家庭教育工作"十一五"规划》提出："积极推进社区家庭教育指导，经济基础较好的城市70%的社区建立社区家长学校或家庭教育指导中心；结合社会主义新农村建设，具备条件的农村 50%的村建立家长学校或家庭教育指导中心。"《关于指导推进家庭教育的五年规划（2011—2015 年）》的目标任务之一是"80%的城市社区和 60%的行政村建立家长学校或家庭教育指导服务点"，"省、市、县及乡镇普遍建立家庭教育指导服务阵地"。《关于指导推进家庭教育的五年规划（2016—2020 年）》的重点任务之一是"普遍建立家长学校或家庭教育指导服务站点，城市社区达到 90%，农村社区（村）达到 80%"，"着力推动将家庭教育指导服务作为城乡社区服务站工作的重要内容，纳入城乡社区

公共服务体系"。可见，我国高度重视社区在家庭教育指导工作中的作用，这与社区家庭教育指导工作所具有的特殊功能密不可分。

（一）营造儿童友好型社区

社区是儿童与家长走出家门的第一个日常生活栖息之所，是与儿童关系最为密切的社会环境，良好的社区环境是促进儿童健康成长的重要空间。随着我国城市的快速发展，城市社区住宅变得高密度与高层化，社区空间设计也越来越成人化与商业化，这就压缩了儿童的活动与交流空间。为了保护儿童权利，1996 年联合国儿童基金会和联合国人居署共同制定了"国际儿童友好城市方案（CFCI）"。该方案指出儿童友好型城市是一个明智政府在城市所有方面全面履行儿童权利的结果，不论是大城市、中等城市、小城市还是社区，在公共事务中都应该给予儿童政治优先权，将儿童纳入决策体系中。①我国是《儿童权利公约》缔约国，应该履行保护儿童权利的国际义务，社区作为社会组织的基本单元和基层自治组织，理应履行创建儿童友好型社区的职责。"提高儿童工作社会化服务水平，创建儿童友好型社会环境"是《中国儿童发展纲要（2011—2020 年）》的目标之一。

根据儿童亲近自然、与社会接触的成长需要以及儿童参与权益的保障，可以从物质环境与精神环境两个方面创建儿童友好型社区环境。儿童友好型社区物质环境涉及自然景观、环境安全性、游乐场地设计、交通条件与游憩服务设施等多个方面。②儿童友好型社区精神环境涉及卫生整洁、文明有礼、邻里和谐、管理有序等多个方面。社区治理应该尊重儿童和家庭的参与权，使他们参与到社区环境改造和社区服务改善的设计与行动之中，这样才能从真实使用者与深度参与者的角度出发，不断完善儿童友好型社区环境体系。但是，目前我国社区治理发展水平有限，社区居民参与不足，社区儿童参与远远不够，改善这种状况需要社区组织与社区居民共同提高参与社区公共事务的意识，搭建社区居民参与平台，激发社区活力。一项针对社区参与的干

① 格利森，西普．创建儿童友好型城市[M]．丁宇，译．北京：中国建筑工业出版社，2014：21.
② 董楠楠，伊娃，杨佳希．基于儿童友好型社区的环境体系构建［J］．城市建筑，2017（10）：30.

预项目①发现，尝试让儿童全过程参与社区空间更新，探索可持续参与方法，不仅促进了社区儿童参与，改变了社区环境，还促进了社区成人参与，增加了社区社会资本。与此同时，社区还可以主动与周边学校、教育文化机构加强联系，建立开放的、共享的、合作的工作机制，为社区儿童拓展活动空间与资源，把创建儿童友好型社区与儿童友好型学校结合起来，共同促进儿童友好型城市建设。

（二）为家庭提供专业社会工作服务

家长是一个松散的社会群体，但是每个家庭都生活在某个社区，社区应该成为最贴近家庭、凝聚家长的基层组织。社区具有为每个家庭提供基本的生活环境、文化空间与多种发展方向的职能，在家庭教育指导方面具有丰富的资源与天然的优势。国务院颁布的《中国儿童发展纲要（2011—2020年）》提出："将家庭教育指导服务纳入城乡公共服务体系。普遍建立各级家庭教育指导机构，90%的城市社区和80%的行政村建立家长学校或家庭教育指导服务点。"由此可见，我国注重发挥社区组织在家庭教育指导工作中的功能与作用，注重建立以社区为依托的、广泛覆盖家庭教育指导对象的公共教育服务体系。

社区组织是社会工作传统的实践方法之一②，社区组织对家庭教育指导的专业服务功能主要体现在以社区居委会为工作平台开展的社区社会工作和家庭社会工作。虽然目前我国的社区功能还不够完善，社会工作人才缺口还很大，但是社会工作已经实现专业化与职业化，并且形成了社区社会工作、家庭社会工作、学校社会工作等多个领域的专业服务。社会工作是有组织的机构、团体以及有资质的社会工作者为解决家庭和个人所遇到的困难而实施的一种援助服务。它不以营利为目的，以利他主义为价值取向，以助人自助为基本原则，以受助人的需要为中心，用专业的知识和方法，调动社会资源，来帮助那些仅凭个人努力无法满足自身生存与发展需求的人们。《民政部关于在全国推进城市社区建设的意见》明确指出，"社区建设需要大批专业的

---

① 谈小燕. 社区治理视角下的社区儿童参与 [M] //中国儿童中心. 中国儿童参与状况报告（2017）. 北京：社会科学文献出版社，2017：252.
② 夏学銮. 社会工作的三维性质 [J]. 北京大学学报（哲学社会科学版），2000（1）：142.

社区工作者"，"努力建设一支专业化、高素质的社区工作者队伍"，"积极发展志愿者队伍，广泛动员社会力量参与社区建设"。《关于指导推进家庭教育的五年规划（2011—2015 年）》要求"引入专业社工服务"。《关于指导推进家庭教育的五年规划（2016—2020 年）》则把"积极搭建社会组织服务平台，在 50% 的城市社区和有条件的农村社区（村）家庭教育指导服务站点引入专业社会工作者"作为构建专业化指导服务机构的重要举措。

第四节 大众传媒的家庭教育指导工作

一、大众传媒的特征与功能

大众传媒即大众传播媒体，是指传播者和大众之间用来传递信息与获取信息的工具、渠道、载体、中介物或技术手段。根据发展时期、传播途径、运作方式、互动关系等方面的不同，一般将大众传媒分为传统大众传媒与现代大众传媒。传统大众传媒是一种从点到面的单向信息传播方式，即由专业和专门的机构与人员对信息进行生产、选择、加工和传播，受众是被动的信息接收者，包括互联网普及之前的书籍、报纸、杂志、广播、电视、电影等。现代大众传媒主要是指以互联网和数字技术为支撑的新媒体，是一种自主、交叉、互播的双向信息传播方式，受众不再是被动的，而是可以参与传播，成为信息的发布者与传播者。与传统大众传媒相比，现代大众传媒的传播环境具有虚拟性、互动性、开放性、复杂性。

在现代传媒中，自媒体的发展非常迅速。自媒体包括博客、微博、播客、论坛、微信等多种信息传播载体，是普通公民发表自身看法、报道身边新闻的主要途径。与官方媒体和主流媒体相比，自媒体具有平民化与私人化的特点。自媒体的优势在于平等的传播理念、同向的传播价值、网状的传播途径与较强的传播实效，缺陷在于新闻真实性存疑、媒体公信力较低、受众选择困惑。①

鉴于互联网技术的优势及影响力，互联网普及之后，书籍、报纸、杂志、

---

① 周晓虹. 自媒体时代：从传播到互播的转变 [J]. 新闻界，2011（4）：21-22.

广播、电视、电影等传统媒体进行了媒介融合*，既保留着传统的纸质或声电介质，也发展具有互动性的数字媒介。但是同在现代传媒环境中，它们与自媒体的重要区别在于信息传播的把关人与把关标准不同，自媒体的传播者是非专业、非职业、范围广泛的公民，而媒介融合之后的书籍、报纸、杂志、广播、电视、电影等的传播者是专业的、职业的、范围有限的把关人**。媒介融合后的书籍、报纸、杂志、广播、电视、电影等通常被称为"主流媒体"，成为在多元文化社会背景中传播核心价值观的主阵地。

无论是传统媒体还是现代媒体，信息传播者都具有相应的信息传播责任，需要遵守国家的相关政策与法规。针对职业把关人，《中国新闻工作者职业道德准则》规定了七条内容：一是全心全意为人民服务；二是坚持正确舆论导向；三是坚持新闻真实性原则；四是发扬优良作风；五是坚持改革创新；六是遵纪守法；七是促进国际新闻同行的交流与合作。针对非职业把关人，国家互联网信息办公室于 2017 年 9 月颁布了《互联网群组信息服务管理规定》。近年来，通过互联网站、移动互联网应用程序等建立的微信群、QQ群、微博群、贴吧群、支付宝群聊等各类互联网群组***，因其实时、共享、免费、互动、群组成员多、音频视频文本兼容等优势，成为大众在线交流信息的高效渠道。由于互联网群组工具的功能比较强大，影响范围广，《互联网群组信息服务管理规定》对互联网群组信息服务提供者（即提供互联网群组信息服务的平台）和使用者（包括群组建立者、管理者和成员）做了规定与要求，以维护国家安全和公共利益，保护公民、法人和其他组织的合法权益。其中，第四条指出："互联网群组信息服务提供者和使用者，应当坚持正确导向，弘扬社会主义核心价值观，培育积极健康的网络文化，维护良好网络生态。"可见，普通大众作为互联网群组信息服务使用者，需要遵守法律法规、承担义务责任，把互联网群组建设成正能量集散地。

---

* 美国新闻学会媒介研究中心主任 Andrew Nachison 将媒介融合界定为"印刷的、音频的、视频的、互动性数字媒体组织之间的战略的、操作的、文化的联盟"。

** 在传播学中，"把关人"（gatekeeper）是一种普遍存在的现象，把关人可以是个人或媒介组织，在传播者与受众之间起着选择信息、继续或中止信息传递的作用。

*** 《互联网群组信息服务管理规定》第二条：本规定所称互联网群组，是指互联网用户通过互联网站、移动互联网应用程序等建立的，用于群体在线交流信息的网络空间。本规定所称互联网群组信息服务提供者，是指提供互联网群组信息服务的平台。本规定所称互联网群组信息服务使用者，包括群组建立者、管理者和成员。

二、大众传媒在家庭教育指导工作中的特殊功能

《全国家庭教育工作"九五"计划》要求"充分利用现代传媒宣传普及家庭教育知识"。《全国家庭教育工作"十五"计划》与《全国家庭教育工作"十一五"规划》以及《关于指导推进家庭教育的五年规划（2011—2015年）》继续要求充分发挥大众传媒在宣传家庭教育正确理念、普及科学知识方法、引导舆论导向与营造良好社会氛围中的作用。《关于指导推进家庭教育的五年规划（2016—2020年）》则把"大力拓展家庭教育新媒体服务平台"作为重点任务，"大力拓展微博、微信和手机客户端等新媒体服务平台，借势借力有影响力的自媒体平台，基本搭建覆盖城乡、传统媒体与新媒体深度融合的家庭教育信息共享服务平台"。我国重视大众传媒在家庭教育指导工作中的作用，注重发挥大众传媒在家庭教育指导工作中的特殊功能。

（一）对家庭教育知识传播进行把关

媒体在家庭教育指导中具有相应的地位与责任，从受众角度而言，大众传媒扮演了家庭教育指导者的角色。大众传媒所传播的信息直接成为家长的学习资源，互联网背景下的大众传媒是公开传播家庭教育知识的最大课堂，所以媒体承担着对信息进行选择与过滤的把关责任。除了《中国新闻工作者职业道德准则》所规定的基本责任以外，相关传媒人还应该具有基本的教育学素养，具有一定的家庭教育专业素养，这样才能在传播家庭教育知识与信息的过程中具备基本的专业判断与选择能力，确保家庭教育宣传坚持正确的导向与科学的引领。

普通家庭和广大读者对待家庭教育内容的态度不同于游戏、消遣、休闲、娱乐等方面的大众传媒内容。对于后者，家长只是进行一般性的浏览，而对于家庭教育内容，家长会认真对待并用于指导自己教育孩子。比较细心的家长还会收集有关内容，反复学习和思考，尤其当家长有了教子困惑和难题而急需帮助时，更会认真对待。因此，大众传媒宣传的家庭教育内容就不能有歧义，更不能误导家长。面对涉及家庭教育的商业广告和炒作，大众传媒要坚持以辩证的、历史的、唯物主义的科学精神为家长过滤。面对众说纷纭的教育观念，许多家长辨别真伪、过滤消化的能力是有限的，而大众传媒人应

该具有专业知识储备和质疑精神，有责任把家长引入科学的教育领域，摒弃一些花里胡哨的说法和口号。目前社会正处于转型时期，虽然媒体也有自己的生存需要，但是媒体要坚守自己的社会职责，自觉遵守社会主义职业道德规范和国家法律，抵制不良社会风气，真正为广大家长传播科学的家庭教育知识和方法。

（二）对家庭教育指导服务进行监督

监督权是我国宪法规定的公民的基本民主权利之一。传媒监督是监督的一种形式，其功能的存在与言论自由、新闻自由密切相关，其目的特征是正义性①。传媒监督的对象非常广泛，既包括各级各类国家机关、社会团体、市场机构等组织，也包括日常生活中的群众与个人。大众传媒对他们的各种违法违纪、渎职腐败行为进行揭露、报道、评论或抨击，具有传播速度快、范围广、渠道多、影响大等特点，尤其是自媒体的私人化、个人化使其具有更为突出的民主监督功能，可以说，大众传媒是舆论监督的公共广场。

家庭教育指导是一种公共服务，涉及个人、家庭、机构等多种服务者与服务对象的利益，不仅包括经济利益，还包括社会利益，理应受到社会的监督。大众传媒监督具有公开性与公正性，大众传媒可以对家庭教育指导服务的正确方向、伦理道德以及遵纪守法等情况进行监督。家庭教育指导作为现代社会出现的新事物，政策体系、规制监管机制还不够完善，这种情况下，大众传媒可以为人们表达对家庭教育指导的各种行为和现象的看法提供阵地，为大众理性辨明家庭教育和家庭教育指导的是非、正误与善恶激发活力，同时还可以发挥公共治理功能。但传媒监督是一柄双刃剑，媒体全面、客观、公正地揭露事实也受一定的条件限制，所以传媒监督不当或缺乏制约会给家庭教育指导服务行业的发展造成负面影响。可见，传媒需要加强行业自律，不断完善行业自我监督机制，才能更好地对家庭教育指导服务的健康发展发挥积极的监督功能。

---

① 王艳. 论传媒监督的特征 ［J］. 绍兴文理学院学报，2005（10）：37.

第五节　非营利组织的家庭教育指导工作

一、非营利组织的特征与功能

根据是否以营利为组织目标，可以把社会组织分为非营利组织与营利组织。根据是否以增进公共利益为价值取向，可以把社会组织分为公共组织与非公共组织。非营利组织或公共组织以追求公共利益为价值取向，不以营利为目的，以提供公共服务、协调公共关系、维护和管理公共事务为基本职能。营利组织或非公共组织一般不以公共利益为目标，以维护组织成员的局部利益和私人利益为目的，例如作为市场主体的工商企业组织和以营利为目的的社会中介组织。

非营利组织具有非强制性和服务性，是联系政府与群众的桥梁。非营利组织是微观的社会服务和管理职能的主要承担者，能提高公共物品的供给效率，较好地满足社会多元化的需求，是当代公共管理社会化和市场化的必然要求。[①] 在现代国家，社会自治能力的强弱直接影响着公共部门职能社会化的进程以及非正式的公共组织的发育程度。[②] 目前，在我国的家庭教育指导公共服务与公共管理方面，非营利组织发挥着重要的作用，它既是公共服务供给主体，也是公共管理主体之一。

二、非营利组织在家庭教育指导工作中的特殊功能

（一）在家庭教育指导工作中承担管理主体责任

公共管理主体是以政府为核心的公共组织系统，非公共组织与营利组织可能是公共服务的提供者和公共物品的生产者，但不可能是公共管理主体。在我国的家庭教育指导工作体系中，公共组织系统承担着家庭教育指导的管理主体责任。

---

① 胡税根．公共管理学［M］．北京：中国社会科学出版社，2014：100-111.
② 同①139.

在公共组织体系中，政府组织、准政府组织与非营利组织共同组成了社会的公共部门体系，成为社会的公共管理主体。只有政府组织、准政府组织和非营利组织协调发展，才能形成一个完备的公共管理体系，才能最大限度地增进公共利益。① 其中，政府是具有行政权力的纯粹的公共部门。非营利组织是以增进公共利益为组织目标、不具有行政权力的公共部门。准政府组织是一种介于政府和非营利组织之间的过渡性公共部门，是通过授权行使一定行政权力或通过公共权威具有一定强制性的公共组织，我国的工会、妇联、共青团、科协、侨联等社会团体，都属于准政府组织＊。在我国的家庭教育指导工作传统中，准政府组织一直都是家庭教育指导工作的公共管理部门。1981 年，中共中央书记处 19 号文件规定由妇联负责指导家庭教育，全国家庭教育就形成了由妇联牵头、多个部门齐抓共管的管理体制。2000 年 12 月 14 日，中共中央办公厅、国务院办公厅印发了《关于适应新形势进一步加强和改进中小学德育工作的意见》，在第十三条"切实加强和改善对家庭教育的指导和管理"中规定："各级党委和政府要关心支持家庭教育，各级教育行政部门要承担组织和指导家庭教育的责任。各级工会、共青团、妇联等群众团体要开展丰富多彩的家庭教育活动。"这个文件首先明确了政府以及各级教育行政部门的责任，同时强调了准政府组织的管理责任。《关于指导推进家庭教育的五年规划（2011—2015 年）》在保障措施中提出"健全家庭教育工作领导管理体制，积极推进建立由各级党政领导牵头负责，妇联、教育、文明办、卫生、民政、人口计生、关工委等有关部门共同参与的协调领导体制"。这个文件强调了准政府组织以及相关部门的管理责任。2016 年至今颁布的五个家庭教育地方性法规——《重庆市家庭教育促进条例》《贵州省未成年人家庭教育促进条例》《山西省家庭教育促进条例》《江西省家庭教育促进条例》《江苏省家庭教育促进条例》——都规定县级以上人民政府妇女儿童工作委员会是本行政区域内家庭教育议事协调机构，县级以上妇女联合会负责指导推进本行政区域内的家庭教育日常工作。可见，妇联、共青团、工会等准政府组织在我国家庭教育指导工作中具有特殊的管理地位，在我国

---

① 胡税根 . 公共管理学［M］. 北京：中国社会科学出版社，2014：100.

＊ 2006 年 8 月 22 日，中共中央组织部、人事部在《工会、共青团、妇联等人民团体和群众团体机关参照〈中华人民共和国公务员法〉管理的意见》的通知中指出："工会、共青团、妇联等使用行政编制或由中央机构编制部门直接管理机构编制的人民团体和群众团体机关参照公务员法进行管理。"

家庭教育事业发展中具有重要意义。它们作为政府组织与非营利组织之间的桥梁，在家庭教育指导工作中承担着领导、协调、议事、组织、推进、培训等多种管理职能。

（二）是推动我国家庭教育指导服务公益性发展的决定力量

在公共组织体系中，具有公共权力的政府为家庭教育指导公共服务提供强有力的法律依据、政策指导和基本保障，全国妇联、共青团、关工委等准政府组织承担了领导与管理职能，中国家庭教育学会、中国教育学会家庭教育专业委员会、上海市家庭教育研究中心等各级各类学术组织与群众社团，作为非政府、非营利性的"第三部门"，承担着家庭教育研究、指导、宣传、推广、培训和相关政策制定等职责，在家庭教育理论研究方面积累了丰富的成果，在家庭教育指导服务方面积累了丰富的实践经验。各种非营利组织与各级政府、教育部门和相关责任部门是推动我国家庭教育指导服务公益性发展的决定力量。随着我国社会治理从"大政府，小社会"向"小政府，大社会"转变，非营利组织在家庭教育事业发展中的地位与作用将会越来越明显。

我国非常重视把各种非营利组织建设成为家庭教育指导的公共服务阵地。《关于指导推进家庭教育的五年规划（2011—2015年）》指出："健全发展各级家庭教育学（研究）会，鼓励发展各类家庭教育社会组织，延伸家庭教育服务平台，加大各级政府购买服务力度，发展家庭教育公益项目，开展家庭教育应用研究、骨干培训、指导服务，满足家庭教育工作发展需求。"《关于指导推进家庭教育的五年规划（2016—2020年）》则在"建立健全家庭教育公共服务网络"中提出更加明确的要求："依托城乡社区公共服务设施、城乡社区教育机构、儿童之家、青少年宫、儿童活动中心等，普遍建立家长学校或家庭教育指导服务站点"，"继续推动有条件的机关、社会团体、企事业单位创办家长学校，开展规范化的家庭教育指导服务活动"，"统筹推进家庭教育公共文化服务"，"积极开发家庭教育公共文化服务产品，提升儿童和家长科学文化素养"。

第六节　营利组织的家庭教育指导工作

一、营利组织的特征与功能

我国已经进入社会主义市场经济发展阶段，以公司、企业为主的社会营利组织成为最基本、最重要的市场活动主体，营利组织在我国分为公共企业与私营企业。公共企业是指政府为了解决市场失灵问题，即出于向社会公众提供必不可少的公共产品和服务、解决外部效用问题、增进社会公正、调节和平衡宏观经济发展等目的而建立和经营的企业。① 私营企业是由自然人投资设立或由自然人控股，生产资料属于私人所有，以雇佣劳动为基础的营利性经济组织。私营企业遵循市场经济规则，自主经营，自负盈亏，直接从事生产、流通和服务性的经营活动，追求利益最大化，并依法纳税，具有对服务需求与市场变化反应灵活、应对及时、接应迅速的优势。

在经济体制改革过程中，我国改变了以往政府为公共服务唯一供给者的状况，逐步出现了公共服务市场化的趋势。公共服务市场化是指在公共服务中引入出售租赁、合同承包、采购招标等市场化形式与竞争机制，把原来由政府承担的部分公共服务让渡给企业、非政府组织、公民个人等来承担的一种公共服务生产供给的技术与方法。② 这就意味着，作为公共服务市场化的产物，营利组织成为公共服务供给主体之一，可以向社会提供公共服务和公共物品。

《全国家庭教育工作"十一五"规划》在"完善服务体系"中提出："探索家庭教育指导和服务社会化、市场化运作新模式。鼓励非政府组织和个人投资参与创办各种家庭教育指导和服务机构，为不同类型、不同层次、不同需求的家庭提供高质量、专业化、有成效的服务。"《关于指导推进家庭教育的五年规划（2016—2020 年）》提出"加大推进政府购买家庭教育公共服务的力度"，"加大财政投入力度"，"积极拓展经费来源渠道，鼓励和支

---

① 莫勇波 . 公共政策学［M］. 上海：上海人民出版社，2013：63.
② 同①66.

持社会力量参与家庭教育工作，形成政府主导、社会力量支持补充的家庭教育财政保障机制"，与此同时，要求"完善准入和监管评估机制，建立健全行业规范，加强行业自律，推进家庭教育社会组织规范有序发展，逐步培育形成家庭教育社会支持体系"。可见，我国已经重视家庭教育指导服务的社会化和市场化发展，并着手进行制度建设，推进家庭教育公共服务市场化走向健康发展之路。

二、营利组织在家庭教育指导工作中的特殊功能

（一）发挥市场在家庭教育资源配置中的优势

开展家庭教育指导工作需要一定的人力、物力、财力、技术与信息等资源，这些资源要素需要得到基本保障、合理配置与优化配置，才能更加有效地扩大家庭教育指导工作规模、提高家庭教育指导工作效率，以满足千家万户对家庭教育指导的需求。在市场经济体制下，市场是资源配置的决定性力量，尤其是在资源有限与需求旺盛的矛盾冲突中，就更不能抱着"等、靠、要"的态度依赖国家和政府进行计划分配。在人类历史上，家庭一直都是基本的消费单位，其丰富多样、灵活多变的消费需求促使社会经济活动充满活力。随着家庭收入和生活水平的不断提高，家庭在基本的物质产品消费得到满足后，开始追求精神产品以及教育服务消费，而且现代家庭的教育服务消费不仅指向未成年人的发展与基础教育，还指向家长自身的发展与终身教育。家庭消费结构的变化会刺激市场供求关系的变化，市场经济活动的敏感触角会促使供求结合、产需衔接。当市场主体在家庭教育指导的市场活动中获得利益之后，就会加大人力、物力、财力、技术与信息等资源的投入，并且市场优胜劣汰的公平竞争机制会促进营利组织更好地向家庭和家长履行服务面向职能，不断提高服务质量、服务效率与服务能力。这样不但减轻了政府的财政压力，而且有利于家庭教育指导服务的多样化发展。

当然，营利组织是在价值规律的自发调节下追求自身的利益，根据市场价格的涨落决定自己的生产经营活动方向、规模与种类，市场活动的这种自发性、盲目性与滞后性会影响社会公平与公共利益的实现，甚至产生外部不经济现象。家庭教育指导是一种公共服务，营利组织可以成为公共服务的生产者与提供者，但是离不开政府对公共服务计划的制订、监督与管理。政府

的计划机制可以为家庭教育指导的公共性与公平发展提供保障。《中国儿童发展纲要（2011—2020年）》的目标之一就是"促进基本公共教育服务均等化"。《关于指导推进家庭教育的五年规划（2016—2020年）》的重点任务之一就是"促进家庭教育均衡协调发展"，并部署了"促进地区间家庭教育工作均衡发展""加强儿童早期家庭教育指导服务""强化特殊困境儿童群体家庭教育支持服务"等具体任务。在组织保障方面，该《规划》提出："加大财政投入力度。积极争取各级政府加大对家庭教育事业财政投入以及购买服务的力度，推动将家庭教育经费纳入地方财政预算或实施相关民生工程，保障家庭教育工作获得必需的财力支持。积极拓展经费来源渠道，鼓励和支持社会力量参与家庭教育工作，形成政府主导、社会力量支持补充的家庭教育财政保障机制。"可见，在我国社会主义市场经济体制下，家庭教育指导资源配置采取的是市场机制与计划机制相结合的方式。

（二）促进家庭教育指导服务的职业化发展

目前的家庭教育指导正在加强专业建设，尚未达到职业化发展阶段，但是家庭教育指导服务的可持续发展需要其走专业化与职业化并行之路。无论是专业化还是职业化，都离不开家庭教育指导活动的专门化，即有一批从业者以从事家庭教育指导服务为主要或者唯一收入来源，这样才能产生社会劳动分工，而劳动分工是职业分化的基础，家庭教育指导的职业化发展才有社会基础。

当今中国已经进入一个新的发展时代，公众的兴趣爱好、价值取向、利益与需求呈现出高度多样化与个性化的局面，社会分化成众多的阶层、集团与利益群体。在教育领域，随着义务教育普及化和高等教育大众化发展，人们对教育的期望也从基本的受教育机会需要，转化为追求优质教育、满足个人发展的高级需求，这就对社会的教育供给主体提出了新的要求。政府机构存在着庞大的科层机构所带来的对社会新需求反应不够灵敏以及服务成本过高等问题，非营利组织则存在着经费依赖财政支持、捐赠筹款所带来的应对社会需求能力有限等问题，而市场具有对多元化、个性化的产品与服务需求反应敏锐的特点，营利组织几乎可以与丰富多变的市场需求无缝衔接，自然成为社会新需求的供应主体。目前，市场上出现了大量的营利性教育服务公司，专门向婴幼儿群体提供家庭早期教育指导服务，或者向中小学生群体提供课外兴趣班、辅导班、亲子游学和夏令营等服务，或者直接针对家庭教育提供家长培训服务以及家庭教育指导工作者培训服务等。这些应市场需求产生的教育类企业不但及时回应了社会的多元化需求，而且有利于形成一支稳定的家庭教育指导服务队伍、扩大家庭教育指导服务规模，为家庭教育指导服务需求提供稳定的供给，并在稳定供给的过程中逐步进行家庭教育指导服务的实践积累、制度积累与专业积累。这种劳动分工与职业分工积累到一定的程度，使家庭教育指导工作变得足够重要，具有一定规模和从业吸引力，劳动者能够稳定地从事家庭教育指导服务工作，这时家庭教育指导便分化为一种新的职业。

当然，具有公共服务和专业性质的职业活动并不是自生自灭、随意发展的，而是受社会文化的规范、国家的干预与政策的引导。家庭教育指导是以家长和儿童为服务对象的，家长的教育素质和儿童的健康发展涉及家庭的幸福未来、社会的和谐发展与国家的人才培养等公共利益。营利组织以营利为目的，对经济效益的追求大于社会效益，这就要求营利组织提供的家庭教育指导服务应该在公共利益、科学性与专业性上都有保障，使家长和儿童获得有质量的教育服务。但是，目前我国教育类企业组织存在着缺乏行业准入标准、价格监管不力、服务质量参差不齐、违反教育规律等问题，损害了儿童和家长的权益以及教育服务行业的形象。因此，对教育类营利组织应加强立法与监管，建立行规、行约和行业自律制度，以确保教育服务的社会效益。《关于指导推进家庭教育的五年规划（2011—2015 年）》指出："推动制定相关法律政策，规范家庭教育指导服务市场，发挥家庭教育学会行业监督和专业指导作用，逐步建立监管评估机制，为其良性发展提供保障。"

第七节 指导者个人的家庭教育指导工作

一、指导者个人的特征与功能

家庭教育指导者个人是指具有相关经验和专业背景的公民个人，他们按照一定的指导规范从事家庭教育指导活动，是个人层面的家庭教育指导工作主体。指导者个人所从事的家庭教育指导工作虽然不像组织层面的家庭教育指导工作那样具有一定的规模以及组织性与制度性，但是体现了指导者自觉自愿的专业服务精神与广泛的公众参与性。

指导者个人提供家庭教育指导服务是基于个人的公民权利意识，将它视为自然人所享有的权利与承担的义务，其基本特征是自觉自愿，即指导者自愿利用自己的时间、精力、经验与专业等各种资源为需要帮助的人提供服务。这也是指导者个人实现自我价值、主动承担社会责任、增进社会价值的重要方面，为指导者个人带来强烈的成就动机，有利于促进指导者进行持续、深入的服务行动。家庭教育指导者自觉自愿、灵活丰富的服务行动可以解决大量的寻常百姓家的家庭教育困难和问题，任何庞大的组织系统都难以像指导者个人这样提供全面、周到、细致的服务，所以家庭教育指导者个人是全方位满足家庭教育指导公共服务需求的重要力量。

我国正在改变由政府包揽一切社会事务的固有模式，推动"小政府、大社会"的社会治理进程，公共参与公共服务是其中的一个重要方面，家庭教育指导服务的公共参与正在孕育着一种充满教育关爱的崭新的社会公共空间。家庭是一个私利空间，但在家庭中成长的儿童是公民，所以家庭教育不仅是家庭事务，也是社会事务。家庭教育指导就是在尊重家庭私领域边界的基础上，在全社会营造关注儿童成长、建设文明家庭的良好氛围，这需要成千上万的热心人士利用自身资源，通过相互沟通、彼此合作来共同解决家庭教育问题。所以，家庭教育指导公共服务的公众参与应该成为一种新型的社会参与方式。我国非常重视家庭教育指导的个人行动与公众参与。《中国儿童发展纲要（2011—2020年）》提出"鼓励和支持社会力量参与家庭教育工作"，"动员学校、幼儿园、医院等机构和社会团体、志愿者参与儿童保护"。《关于指导推进家庭教育的五年规划（2016—2020年）》进一步提出"逐步构建政府主导、社会协同、公众参与的普惠性的家庭教育公共服务模式"。

二、指导者个人在家庭教育指导工作中的特殊功能

（一）满足家庭教育指导服务的多元化与个性化需求

在家庭教育指导工作体系中，指导者个人所组成的家庭教育指导群体是推进家庭教育指导公共服务的一支重要力量。家庭教育是一种实践性与个体针对性很强的教育活动，而且涉及面非常广，包括孕育、营养、健康、卫生、

保健、生理、心理、游戏、学习等各个方面，服务对象包括祖辈老人、年轻父母、儿童青少年等各个群体，这就意味着家庭教育指导涉及的领域、部门和人员比较广泛。可见，家庭教育指导具有广泛的群众基础，需要社会各界有识之士和相关专业人员的关注与参与。家庭教育指导者既要有专职人员，也要有兼职人员，还要有志愿者。指导者个人参与家庭教育指导，成为家庭教育指导者队伍中的一支重要力量。一项针对全国家庭教育指导者的调查显示，在我国的家庭教育指导者队伍中，专职工作者仅占 43.6%，兼职工作者和志愿者占比高达 45%；在志愿者队伍中，以家长志愿者和社区志愿者为主。①

当然，兼职人员与志愿者并非都是专业人员，在相应的素质、能力、专业和品质等方面未必达到要求，存在着个人教育经验零散、感性，缺乏系统的专业知识与专业理论等问题，所以，他们需要进一步的家庭教育指导专业培训。家庭教育指导相关管理部门需要制定政策、加强管理，以提升家庭教育专业资源的整合力度。《中国儿童发展纲要（2011—2020 年）》提出："建立家庭教育从业人员培训和指导服务机构准入等制度，培养合格的专兼职家庭教育工作队伍。"《关于指导推进家庭教育的五年规划（2011—2015年）》要求："推进家庭教育工作队伍职业化建设，壮大专兼职家庭教育骨干力量。""充分发挥专家、教师、儿童工作者、'五老'人员、专业社工、志愿者的作用。各省市县普遍建立家庭教育专职工作者队伍、专家队伍、社工队伍和志愿者队伍。"为提升家庭教育指导服务的专业化水平，《关于指导推进家庭教育的五年规划（2016—2020 年）》提出："在发展壮大家庭教育专职工作者队伍、专家队伍、志愿者队伍、'五老'队伍基础上，进一步制定家庭教育指导者专业标准和培训规划。各地依托有条件的高校、研究机构或互联网平台等，建立家庭教育指导者培训基地，开发适合本地区实际的培训课程和大纲，科学系统培训家庭教育指导服务队伍，提升家庭教育指导服务队伍专业化水平。"

（二）发挥不同类型的社会网络关系在家庭教育指导中的优势与力量

当家长需要帮助与支持的时候，他们需要一定的途径与专业服务网络对

---

① 中国儿童中心. 我国家庭教育指导服务体系状况调查研究 [M]. 北京：中国人民大学出版社，2014：95.

接，除了政府、社团和市场等指导服务渠道以外，家长经常依托一定的社会关系来寻求家庭教育支持与援助。在社会网络理论中，强关系与弱关系就是性质不同的两种社会网络关系。指导者个人的家庭教育指导可以分别发挥强关系与弱关系的优势和力量，在不同的社会关系网络中为家长提供支持与帮助。

1973年，美国新经济社会学家格兰诺维特（Granovetter）在《美国社会学杂志》上发表了《弱关系的力量》一文，提出了弱关系力量假设。按照格兰诺维特的观点，可以从互动频率、感情强弱、亲密程度、互惠交换四个维度把社会网络划分为强关系和弱关系两大类型。

强关系是指与联系频繁的人建立的人际关系，是在长期共处与合作过程中建立起来的稳定的社会关系，比如亲密的同事关系、朋友关系和家庭关系，通常能在相互了解、自愿互惠的基础上提供情感支持，进行互动与经验沟通。强关系的突出优势是具有稳定性，能够相互理解与相互信任，是信息、经验与知识传播的重要渠道。家庭教育的一个重要特点是具有一定的私密性，当儿童出现问题的时候，家长有"家丑不可外扬"的自我保护心理，加之家长对专业咨询遵守保密原则的专业伦理并不是非常了解，因而常常会出现低年级儿童的家长向高年级儿童的家长讨教，或者具有亲密关系的家长共同探讨家庭教育问题的现象。这样，家庭成员之间、朋友之间、同事之间、邻里之间、同班或同校学生的家长之间，就会相互交流家庭教育经验，在相关教育信息与知识方面互通有无、相互启发、相互帮助，在强关系范围内形成一个家庭教育指导活动网络。

弱关系是指与联系不频繁的人建立的人际关系，是互动频率低、相处时间短、亲密度与情感度低的社会关系。与强关系相比，弱关系具有四个明显特点。第一是广泛性，除了关系亲密的亲戚、朋友、同事、邻里等，其他人都有可能与自己形成弱关系。第二是异质性，存在弱关系的个体在职业、收入、社会地位、教育背景、思想、文化、爱好等方面存在着很大的差异，因而与强关系相比，弱关系具有更多的来自不同领域的信息与资源，信息的重复性低。第三是中介性，弱关系可以跨越社会关系界限在不同群体或成员之间建立纽带，使信息、知识与经验从一个群体流向另一个或多个其他群体，促成信息与资源在不同群体、组织之间的流动。在互联网和自媒体高度发达的现代社会，由虚拟网络产生的弱关系扩大了实际生活中的人际交往范围，促进了信息的分享与传递。对于家长而言，作为互联网与自媒体用户，可以通过博客、微博、微信、QQ 等各种互联网社交平台和软件与博主和其他用户建立广泛的弱关系，来获取与交流家庭教育知识与信息。目前，很多专家、学者以及家庭教育热心人士都是以个人身份从事家庭教育指导活动，聚集了大量分散的家长用户来讨论家庭教育现象。围绕家庭教育所建立的广泛的弱关系突破了时空的局限性以及熟人关系与陌生人关系的局限性，扩大了家庭教育指导范围，不但为家长随时获取家庭教育援助提供了便利，而且促进了家庭教育指导专业资源的有效配置和高效利用。

以上从理论角度论证了家庭教育指导工作主体的职责与应然功能，责任主体是否履职，应然功能能否转化为实然功能，还取决于工作主体的责任意识、工作能力以及组织层面的管理制度与能力建设，所以各种家庭教育指导工作主体应该在组织建设的同时主动加强个人能力建设，不断提高家庭教育指导服务的专业化水平。

第十章　家庭教育指导的专业化发展

我国家庭教育指导尚未实现专业化与职业化，缺乏家庭教育指导者专业标准与职业标准，缺乏行业准入标准，因此提供家庭教育指导服务的团体、机构与个人就处于自由进出的自发状态，家庭教育指导者的从业道德、专业水平以及绩效考核都是基于自我觉悟与个人素养，是一种自然状态。由此可见，家庭教育指导的专业化建设薄弱。

随着家庭教育指导实践活动的广泛开展，家庭教育指导的行业规模越来越大，家庭教育指导的专业性逐步进入人们的视野，加强家庭教育指导的专业建设已经成为社会的迫切需求。

第一节　专业与专业化概述

家庭教育指导是一项服务对象明确、涉及多学科知识的实践活动。它的专业性是如何体现的？当今社会的家庭教育指导专业化程度如何？对之有一个较为清晰的认识是加强家庭教育指导专业建设的前提。

专业既是一个普通词汇，也是一个学术概念。作为一个普通词汇，《现代汉语词典》中有两个释义①：①高等学校的一个系里或中等专业学校里，根据科学分工或生产部门的分工把学业分成的门类；②产业部门中根据产品生产的不同过程而分成的各业务部分。在学术领域，把专业视为一种社会现象，围绕"专业"本身的研究已经形成专业、专业化、专业属性、专业标准、专业主义等一套概念群和理论体系，深化了人们对专业实践的认识，为

---

① 中国社会科学院语言研究所词典编辑室 . 现代汉语词典［M］. 北京：商务印书馆，1983：1518.

各行各业的专业活动判断和专业建设提供了理性参考。

专业是随着人类实践活动不断丰富、社会分工与职业分化不断发展而出现的社会现象，使某一群体在某一领域内长期从事某项具体的活动而形成了一系列专门的规范。专业现象与职业现象密不可分，但是又有一定的区别。从教师职业与专业发展的过程来看，在生产力发展水平较低的人类历史阶段，教育与社会生活融为一体，年轻人要为生存而承担各种生产重任，老年人则承担年幼一代的养育和教育任务，当时的"教师"可谓长者为师，"师长合一"。随着生产力水平逐步提高，社会分工出现"官"与"僧"，教育任务主要由他们承担，可谓"官师合一""僧师合一"。进入工业社会之后，随着大机器生产的发展，教育开始迅速地规模化和专门化，出现了专门的学校与教师，由其来承担社会的教育任务。国际劳工组织和联合国教科文组织于1966年共同颁布的《关于教师地位的建议》明确提出："应把教育工作视为专门的职业，这种职业要求教师经过严格的、持续的学习，获得并保持专门的知识和特别的技术。"我国在1994年实施的《中华人民共和国教师法》中明确"教师是履行教育教学职责的专业人员"。可见，教育与教师经历了一个由兼职到专职再到专业的发展过程，教育活动的专业化是建立在教师的职业化基础之上的。

依据职业的专业化程度，可以把职业分为三大类：一类是非专业性职业或一般性职业（non-professional occupations），如售货员、机器操作工等；一类是半专业性职业或准专业性职业（semi-professional occupations，quasi-professional occupations），如护士、图书管理员等；一类是专业性职业（professional occupations），如律师、医生等。"职业"在获得"专业身份"之后，会获得更高的社会地位。在国家职业资格等级结构中，一般性职业设立五级结构，专业性职业设立三级结构。可见，专业性职业的"门槛"更高，具有区别于一般性职业的诸多特征。

社会上的很多职业都具有一定的专业性质，但是专业化程度不高，还达不到成熟的专业发展水平，处于"半专业"或者"准专业"状态，需要经历一个不断提高专业水平的发展过程。专业发展（professional development）或者专业化（professionalization）就是指一个一般性职业在一定时期内，逐渐符合专业标准并获得相应专业地位，成为专业性职业的过程。专业发展侧重于教育学视角，主要是指设置学科专业、培养专业人才的过程；专业化侧重于社会学视角，主要是指经过专业教育或训练的人群为社会提供专业服务、获得专业地位的过程；专业化发展则是将教育学和社会学视角结合起来分析专业状况。

专业（profession）一词是从拉丁文演化而来，原义是公开表达自己的观念或信仰。有日本学者认为，所谓专业，就是通过特殊的教育或训练掌握了已经证实的认识（科学的或高深的知识），和具有一定的理论基础的特殊技能，从而按照大多数公民自发表达出来的委托与要求，从事具体的服务工作，借以为全体利益效力的职业。[①]

学术界关于专业的一般特征有着丰富的研究成果，据美国利伯曼分析，社会公认的专业大致有八个基本特征[②]。

1. 范围明确，垄断地从事于社会不可或缺的工作。

2. 运用高度的理智性技术。

3. 需要长期的专业教育。

4. 从业者无论个人或集体均享有广泛的自主性。

5. 在专业自主范围内直接负有做出判断和采取行动的责任。

6. 不以营利为目的，而以服务为动机。

7. 形成了综合性的自治组织。

8. 拥有应用方式具体化的专业伦理规范。

通过以上八个特征可以判断一个职业是否已经发展为成熟的专业，但是无法衡量一个职业在专业化运动过程中所具有的专业水平与所处的发展阶段。专业化是职业逐步获得专业地位的社会运动过程，有学者根据以上专业的基本特征，建立了人类社会专业性职业发展历程的理论假设，从六个方面来衡量一个专门活动的专业水平及其所处的发展阶段，为判断行业或者职业活动的专业发展水平提供理论参考，见表4[③]。

---

① 筑波大学教育学研究会．现代教育学基础［M］．钟启泉，译．上海：上海教育出版社，1986：411.

② LIEBEMAN M. Education as a profession［M］. Englewood Cliffs, NJ: Prentice-Hall, 1956: 2-6.

③ 赵康．专业化运动理论［J］．社会学研究，2001（5）：91-92.

表4　用插值法解开的专业化运动理论：一套测量专业水准的实用标准

定义插值	定义名称	简要描述
\multicolumn{3}{c}{J—实施该活动人群工作专门化程度变量}		
1	次级专长	意味着什么地方存在着一个特有的、与其他活动具有实质性区别的活动。然而，人们仅仅偶然或业余地实施这一活动并得到一些收入。
2	准职业	意味着什么地方存在着一个实践群体，他们正在实施一个或数个原则上类同的专门活动，以此作为他们收入的重要来源。然而，他们必须同时进行其他职业活动，以获得支撑生活来源的另一半或一半以上的收入。
3	形成的职业	意味着什么地方存在着一个实践群体，他们正在实施一个或数个原则上类同的专门活动，以此作为他们收入的主要来源。
4	出现的专业	意味着什么地方存在着一个形成的职业，且有关这一职业实践所需要的科学知识体系已被系统地整合成大学课程和学位课程计划。
5	成熟专业	意味着什么地方存在着一个出现的职业，且培养这一专业准专业人员的大学学位课程已经普及，国家为这一专业实践设置了市场保护。
\multicolumn{3}{c}{O—实施该活动人群组织程度变量}		
1	寄生专业组织	针对一个专门活动的组织以下属组织形式寄生在另一个与其他活动有关的专业组织中，相对这一专门活动，呈现出寄生和非独立的特性。
2	准专业组织	针对一个专门活动由团体成员结合而成的独立专业组织，由于成员内部活动的多样性，集结而成的组织不被看成纯的专业组织。
3	专业组织与伦理法规	针对一个专门活动由个人成员结合而成的独立组织称为纯的专业组织，这类组织往往为保障客户和公众利益而设有规范成员行为的伦理法规。
\multicolumn{3}{c}{K—该活动知识基础状况变量}		
1	自我教育	不存在大学课程和其他培训项目，从事一个专门活动的人只能摸着石头过河，通过亲身经历和失败的教训自己教育自己。

定义插值	定义名称	简要描述
2	非大学培训课程	存在着针对某一专门活动的非大学培训课程，如专业组织提供的培训或在岗训练，表明该专门活动科学知识体系的发展尚处在初级阶段。
3	正式大学课程	已经出现针对某一专业活动的选修或必修大学正式课程，并开始流行，表明该专门活动科学知识体系中的核心部分已经被组织起来与系统化。
4	大学学位课程	已经出现针对某一专业活动培养准专业人员的大学学位课程，但尚未普及，连同以上较低层面的有关措施构成了一个次级充分的知识获取系统。
5	普及的大学学位课程	一个专业的科学知识体系已经被系统地整合和设置成大学学位课程，且这类课程已经普及，即许多大学都有培养这类专业人员的学位课程。
E—该活动经济和社会效果状况变量		
1	产生一些经济/社会效益，总体上尚不明显	在什么地方某些人正在进行着的一个专门活动对其客户和社会产生了一些经济/社会效益，然而，从总体上看，其效果尚不明确，影响也不大。
2	产生较大的经济/社会效益，总体上趋向明显	在什么地方某些人正在进行着的一个专门活动对其客户和社会产生了较大的经济/社会效益，活动及其群体的影响扩大，效果在总体上趋向明显。
3	产生极大的经济/社会效益，十分明显并全面证实	在什么地方某些人正在进行着的一个专门活动对其客户和社会产生了极大的经济/社会效益，活动及其群体的影响极大，效果明显并被全面证实。
S—国家对该活动呼应行为变量		
1	给予少量承认和支助，没有市场保护	对于在什么地方某些人正在进行着的一个专门活动，国家和社会仅有少量承认、支持和帮助，不存在以特许形式出现的市场保护。
2	给予形式多样的承认和支助，没有市场保护	对于在什么地方某些人正在进行着的一个专门活动，国家和社会已有形式多样的承认、支持和帮助，但仍不存在以特许形式出现的市场保护。

定义插值	定义名称	简要描述
3	国家设置市场保护	对于在什么地方某些人正在进行着的一个专门活动，国家和社会不仅有形式多样的承认、支持和帮助，还以特许形式提供了市场保护。
A—实施该活动人群自治程度变量		
1	依赖性大，缺乏威信	为了更好地从事一个专门活动，创造社会/经济效益，保障自己以及客户和公众的利益而自发组织起来的人群，仍然依赖外部力量且缺乏社会威望。
2	独立与享有威望	为了更好地从事一个专门活动，创造社会/经济效益，保障自己以及客户和公众的利益而自发组织起来的人群，显示出独立特性且享有社会威望。
3	高度独立与享有威望	为了更好地从事一个专门活动，创造社会/经济效益，保障自己以及客户和公众的利益而自发组织起来的人群，显示出高度独立的特性且享有较高的社会威望。

专业化运动理论设置了衡量专业水准的六个变量，即实施该活动人群工作专门化程度（J）、实施该活动人群组织程度（O）、该活动知识基础状况（K）、该活动经济和社会效果状况（E）、国家对该活动呼应行为（S）、实施该活动人群自治程度（A），并根据每个变量的专业运动特点设置了三级或五级衡量水准。该理论从专门化程度、专业组织、专业知识、专业人才培养、专业地位、专业服务与专业威望等方面，揭示了专业从不成熟到成熟的发展过程，反映了专业与职业、国家、高校和社会（客户和公众）之间相互作用的动态过程，为观察与衡量人类活动的专业发展水平提供了一套指标。我们可以以专业化运动理论为框架来分析家庭教育指导的专业化程度。

第二节　家庭教育指导的专业化程度

家庭教育与学校教育和社会教育并称为教育的三大支柱。相比而言，有关学校教育和社会教育的管理与指导，无论在组织化、职业化、制度化，还是在学科建设和人才培养上，其专业化发展水平都远远高于家庭教育指导。同时，家庭教育指导具有双重对象，以家长为指导对象和以儿童为指导对象的家庭教育指导活动的专门化程度并不相同。以专业的基本特征和专业化运动理论为分析框架，对我国现阶段家庭教育指导进行分析，其专业化程度如下。

一、以儿童为指导对象的家庭教育指导专门化活动处于"形成的职业"阶段

中国自古以来就有重视家庭繁衍和子嗣延续的传统，让后代享有良好的教育成为家庭发展与家庭建设的首选。随着我国社会各项改革事业的深入发展以及人民物质文化生活水平的不断提高，人们越来越强烈地意识到教育对于适应社会、改善生活和人生发展的重要性。国家义务教育的普及化和高等教育的大众化，满足了大众对子女教育机会获得的基本需求，在此基础上，家长对提高子女受教育质量的需求越来越旺盛。社会环境的变化使越来越多的家长认识到孩子的健康成长和受教育质量对家庭的前途和孩子一生的发展都是非常重要的。

家长作为未成年人的监护人，不但希望孩子上学、受教育，而且希望孩子上好的学校、接受好的教育，这样才能在未来社会保持良好的竞争力。家长对学校教育和家庭教育的质量提升都有了内在诉求与主观动力。为了提高子女在学校教育中的竞争力，家长一方面为子女"择校"，另一方面让子女参与课外辅导或者购买课外教学服务，而市场顺应并满足了家长的这种需求。因此，以儿童为指导对象、以课外辅导为内容的家庭教育指导专门化活动产生了。从自下而上的角度而言，针对孩子学习的各种课外指导活动是因家长的教育期望值不断提高而产生的，家长作为"需求侧"推动家庭教育指导成为一种特别的社会专门活动。

虽然家庭教育与学校教育的应然状态是各具优势、地位平等，但在实然状态上，由于我国学校教育与家庭教育之间的特殊关系，学校教育对家庭教育具有主导与支配作用，所以，家长对家庭教育指导的需求首先是出于配合学校教育，是为提高孩子在学校教育中的竞争地位而产生的。学校教育采取班级授课制，所有学生在学校学习同一套课程，为了让孩子取得更好的学业成就，在小升初、中考和高考等各级升学竞争中占据有利地位，家长寄希望于课外补习班对孩子进行的个性化学习辅导，于是，各种应对学科考试的课

外辅导机构应需产生。一项"中小学校外辅导市场现状调查分析"的研究①认为，中小学校外辅导市场经历了萌芽、初步发展和蓬勃发展阶段，校外辅导行业逐渐成为新的教育投资热点，其中家长的意愿是推动校外辅导的重要因素。这些家庭以外的辅导机构主要是满足家长对孩子补习学校功课的需求，虽然不是直接针对家长进行家庭教育指导活动，但是激活了市场对家长需求的关注，产生了专门针对家长这一客户群体的专门行为和专门机构。由于考试的指挥棒作用一直非常突出，因家长对儿童的学业期望而诞生的专门教育服务机构在社会上异军突起，行业规模逐步扩大，形成一个以此为主要收入来源的职业。

进入21世纪以后，由于教育改革的深入和家长教育素质的提升，家长对儿童的教育期望发生了一些转变，以儿童为指导对象的职业活动内容发生了一些转变，这一转变在儿童低龄和低年级阶段更为明显。

随着第一代独生子女群体逐步成家立业，他们成为在我国社会改革开放后享有良好教育环境的家长群体，受教育经历的改善有利于提高家长的教育观念。家长开始认识到综合素质对人生的重要意义，学业成功不能代替人生成长，于是一些重在提高儿童素质的指导活动、家教书籍、家长讲座等开始受到欢迎。家长开始意识到不仅孩子作为未成年人需要接受教育，自己作为成年人也要接受教育，更新教育观念，学习科学的教育方法，为孩子提供良好的家庭教育环境。20世纪90年代末，0~3岁亲子教育作为留学人员归国创业项目吸引了家长，满足了家长对儿童早期教育指导的需求。与此同时，针对中小学生的综合素质培养、拓展训练项目以及心理咨询活动也越来越丰富，越来越被家长知晓并认可。以儿童为指导对象的家庭教育指导初步摆脱学校教育的附庸地位，突破学业辅导的局限性，形成旨在促进儿童综合素质发展的新局面。

二、以家长为指导对象的家庭教育指导专门化活动处于"次级专长"或"准职业"阶段

相比而言，以家长为指导对象的家庭教育指导专门化程度不如以儿童为

① 许美玲. 中小学校外辅导市场现状调查分析 [D]. 南京：南京师范大学，2011.

指导对象的家庭教育指导，这是因为长期以来，家长认为孩子是受教育对象，自己是成人，已经不需要接受教育了。可见，家长作为家庭教育指导的"需求侧"是基于孩子的需求，而不是自己的需求。但是随着在孩子成长过程中遇到各种烦恼，家长终究会意识到教育孩子是一门学问。另外，现代社会提倡个性发展，孩子的个性发展必然对家长的教育能力提出挑战，于是家长逐步产生更新教育观念、提高教育能力的需求，这样以家长为直接指导对象的家庭教育指导活动才有可能出现。

家长提高自身家庭教育能力的意识与愿望有一个逐步发展的过程，而且家长是一个松散的群体，大多数家长都有自己的职业，他们主要利用业余时间进行分散的、零碎的、不系统的学习，以非正规和非正式学习方式为主，这就导致以家长为直接指导对象的教育服务无法形成稳定的市场供给。对于指导者来说，这样的专门活动就有业余实施、偶然获得收入、以兼职为主的特点。在我国的欠发达地区，以家长为直接指导对象的教育服务所产生的经济与社会效益影响有限，处于"次级专长"阶段。在发达城市，家庭教育指导服务所产生的经济与社会效益影响也有限，尚不能形成以此活动为主要收入、具有一定规模的稳定性职业，仍然以兼职为主，处于"准职业"阶段。《中华人民共和国职业分类大典》将职业描述为能为工作者提供核心资金收入渠道的特定种类的工作。可见，以家长为指导对象的家庭教育指导专门化活动的经济与社会效益影响都有限，国家也没有给予相应的市场保护与行业监管，专业化发展处于"次级专长"阶段或"准职业"阶段。

由于我国社会发展存在着城乡差异、沿海与内地差异，以家长为直接指导对象的教育服务需求在一些发达城市相对旺盛，这在客观上对家庭教育指导服务的专门化起到刺激作用，但是由于缺乏行业规范与行业监管，家庭教育指导出现了市场乱象。把家庭教育指导作为招生与销售平台、以营利为目的、乱收费、随意兜售教育观念甚至误导家长等现象，破坏了家庭教育指导的专业性，影响了家庭教育指导的社会威望，也无法培育健康的家庭教育指导服务市场。

三、家庭教育指导受到国家关注，在一定程度上建立了社会支持系统但是尚不完善，还需要加强家庭教育管理体制建设

国家与市场同为家庭教育指导服务的供给侧，国家着眼于建立社会支持

系统，对家庭教育指导进行整体布局，提供公益服务。从自上而下的角度而言，国家针对家庭教育的指导活动，配合教育战略部署和社会事业发展而出台了相应的法律法规与政策。

从国家法律层面而言，1995 年出台的《中华人民共和国教育法》提出"学校、教师可以对学生家长提供家庭教育指导"。2006 年修订的《中华人民共和国未成年人保护法》规定："有关国家机关和社会组织应当为未成年人的父母或者其他监护人提供家庭教育指导。" 2010 年颁布的《国家中长期教育改革和发展规划纲要》明确提出要制定家庭教育法律。

从部门规章层面而言，自 1996 年《全国家庭教育工作"九五"计划》到 2016 年《关于指导推进家庭教育的五年规划（2016—2020 年）》，20 年间有关部门共颁布了 5 个全国家庭教育工作五年规划（计划），颁布机构由全国妇联、教育部（国家教委）拓展为国家九部门，即全国妇联、教育部、中央文明办、民政部、文化部、国家卫生和计划生育委员会、国家新闻出版广电总局、中国科协、中国关心下一代工作委员会。2010 年，全国妇联、教育部等国家七部门联合颁布了《全国家庭教育指导大纲》，提出"要加强家庭教育指导工作者队伍的培育，重视对指导人员数量、质量和指导实效性的管理"，"形成专兼结合、具备指导能力的家庭教育指导工作队伍"。国务院印发的《中国儿童发展纲要（2011—2020 年）》提出"适应城乡发展的家庭教育指导服务体系基本建成"的目标。2015 年教育部颁布《关于加强家庭教育工作的指导意见》，提出"加快形成家庭教育社会支持网络"等具体工作任务和完善家庭教育指导的保障措施。

从专业组织层面而言，中国家庭教育学会下设儿童早期家庭教育专业委员会、幼儿园家庭教育专业委员会、家庭教育专业委员会等非营利的全国性学术组织，另外，从国家到地方还有不同级别和不同主体的家庭教育社会团体或组织机构，它们共同构成了研究和推广家庭教育的社会组织体系。但是家庭教育专业组织成员来源广泛，尚未建立专业标准，专业规范不严谨，处于"准专业组织"发展阶段。

从以上各个层面的发展可见，家庭教育指导受到国家关注，在一定程度上建立了社会支持系统，但是存在着家庭教育管理体制与机制建设薄弱的问题。1981 年，中共中央书记处 19 号文件规定由妇联负责指导家庭教育。三十多年来，各级妇联做了很多家庭教育指导服务工作，但妇联是群众团体，不是行政部门，也不是研究部门，在社会上的组织力量与专业影响力有限，难以强有力地承担家庭教育的系统指导与组织协调工作。很多专家与学者都提出应该由教育部门领导与指导家庭教育。虽然教育部门和学校教育在家庭教育指导方面具有责任和义务，也具有很大的优势，但是家庭教育指导不仅仅是教育工作，它所具有的社会工作性质显然超越了教育部门和学校教育的职能。① 因此，建设适合中国国情的强有力的家庭教育管理体制还需要一个探索过程，而这直接关系到家庭教育指导的规范化与专业化发展。

四、出现了正式大学课程和大学学位课程设置，但是以自我教育和非大学培训课程为主，缺乏专业人才培养机构，家庭教育指导队伍建设滞后

一项专门化活动要达到专业化水平，必须以系统的专业知识为基础。"专业活动依赖并包含一套普遍系统化的理论知识，它融专业服务、专业研究、专业学习于一体，属于脑力劳动或智力性实践，从业人员需要接受长期专门的智力培训。"② 我国目前已经出现家庭教育学，大学本科课程有家庭教育学选修课设置，教育学原理家庭教育方向的硕士学位人才培养制度已经设立，从这个意义上说，我国家庭教育指导专业活动的知识基础状况已经达到第四阶段，即"大学学位课程"阶段。但是，我国大学本科的家庭教育课程设置并不多，硕士点为数不多，缺乏博士点，而且家庭教育学科建设薄弱，家庭教育原创性研究与专门的理论知识积累不充分，从事家庭教育研究与教学的专门人员不充足，尚未形成完善的家庭教育学术知识体系。家庭教育指导服务活动，没有系统的大学课程支持，家庭教育指导者以接受非正规形式的短期培训和专题培训为主，主要以经验为依托进行家庭教育指导。中国儿童中心的调查显示，关于家庭教育知识的来源，只有3.3%的家庭教育指导者在读书时接受过系统培训，其他来源从高到低依次是在家庭教育中自行积累、自学、父母传授；关于家庭教育指导知识的来源，只有11.5%的家庭教

---

① 晏红. 家庭教育指导不仅仅是教育工作 [J]. 人民教育，2017（13/14）：106.
② 陈桂生. 学校教育原理 [M]. 上海：华东师范大学出版社，2012：313.

育指导者接受过指导的专业培训，其他来源从高到低依次是在指导实践中总结、自学、在研究过程中形成。① 可见，家庭教育指导活动的知识基础薄弱，知识获取层面低。关颖认为我国家庭教育指导者培训存在的主要问题是家庭教育领域专业人才培养缺少国家层面的整体规划与国家认可的专业队伍，家庭教育理论研究薄弱、学科体系不完善，培训市场不规范，以营利为目的的民间培训机构持续扩张。②

正是因为这种状况，家庭教育指导者队伍中出现了大量的家长讲师和"跨界"讲师。也就是说，如果孩子考上名牌大学或者在某项大赛中获奖，父母总结教子经验，就有可能登上家庭教育讲台进行宣讲，或者对家庭教育感兴趣的人出版一本以经验描述为主的家庭教育畅销书，就可能以专家的身份开展家庭教育指导活动。目前，家庭教育指导者的"跨界"身份突出，家庭教育指导者来自各行各业，兼职与非相关专业背景指导者所占比例很大。调查发现③，在家庭教育指导者所从事的职业中，农民占 1.4%，工人占 2.8%，商业服务人员占 2.4%，机关团体企事业单位工作人员占 17.3%。指导者队伍以教师和其他专业技术人员为主。兼职与"跨界"人员大量存在的现象在教师职业实现专业化发展之前也出现过，"在早期的欧洲教育中，退伍军人、家庭主妇甚至有了一点儿文字知识的社会闲杂人员都可以充任教师"④。家庭教育指导虽然实践性很强，需要一些描述性事例和经验性方法，但是专业性实践不能局限于表面现象和肤浅经验，要有一定的理论基础、专业知识和严谨的逻辑推理，要提高实践活动的理性成分与专业性，使指导服务质量的提高建立在专业育人与专业指导的基础之上。

综上所述，以专业化运动理论为分析框架，我国家庭教育指导的专业化程度不高。从家庭教育指导专门化活动所产生的经济效益和社会影响而言，以儿童为指导对象的家庭教育指导专门化活动处于"形成的职业"阶段，以家长为指导对象的家庭教育指导专门化活动处于"次级专长"或"准职业"

---

① 中国儿童中心．我国家庭教育指导服务体系状况调查研究［M］．北京：中国人民大学出版社，2014：96．

② 关颖．家庭教育指导者专业化培训迫在眉睫［M］//关颖，晏红．家庭教育指导者培训教程．天津：天津社会科学院出版社，2017：4-6．

③ 同①95．

④ 教育部师范教育司．教师专业化理论与实践［M］．修订版．北京：人民教育出版社，2003：19-20．

阶段；从家庭教育指导活动的独立性而言，尚未形成专业化的实践体系，以儿童为指导对象的家庭教育指导对学校教育还有很强的依附性，以家长为指导对象的家庭教育指导尚未到达以儿童为本、以家长为主体的规范发展阶段。家庭教育指导已经有独立的专业组织，但是尚处于"准专业组织"发展阶段，专业知识基础还处在"非大学培训课程"阶段，缺乏专业威信，家庭教育指导活动的专业自治程度低，专业队伍建设滞后。国家关注家庭教育指导，在一定程度上建立了社会支持系统，但是尚不完善，需要完善家庭教育指导制度，加强家庭教育管理体制与机制建设。

第三节 家庭教育指导者的专业素质

一、家庭教育指导者的专业素质概述

家庭教育指导者是提供家庭教育指导服务的主体，其专业素质决定了家庭教育指导过程的专业性以及家庭教育指导活动的效果。

国内外的专业素质研究以及专业发展政策较多采用专业素质"三结构说"，即专业素质结构包括专业伦理、专业知识和专业能力三个方面：专业伦理属于"愿持"范畴，主要指专业理念、职业道德、行为规范等；专业知识属于"应知"范畴，主要指基本概念、原理和理论等；专业能力属于"会做"范畴，主要指技能、策略和方法等。[①] 教育部颁布的《幼儿园教师专业标准（试行）》《小学教师专业标准（试行）》《中学教师专业标准（试行）》以及《教师教育课程标准（试行）》，都是从这三个方面对教师职业加以规范的。可以说，这三个基本范畴是家庭教育指导者在知、情、意、行等方面应该具备的专业素质。

因此，家庭教育指导者的专业素质是指家庭教育指导者在从事家庭教育服务与指导的专业活动中所应具备的基本教育品质，是家庭教育指导者在家庭教育指导工作上所持的专业伦理、专业知识和专业能力。家庭教育指导的

---

① 教育部教师工作司. 教师教育课程标准（试行）解读 [M]. 北京：北京师范大学出版社，2013：11-13.

专业领域性决定了家庭教育指导者在专业伦理、专业知识和专业能力等方面具有相应的领域独特性，需要分别加以分析。

二、家庭教育指导者的专业伦理

（一）专业伦理概述

专业伦理是专业团体针对其专业领域特性而发展出来的一套理想信念、价值取向、道德准则与行为规范，是专业人员日常工作的行动指南，也是专业人员遇到伦理道德问题时的抉择依据，用以约束行业成员，维护专业原则，保护行业声誉。

专业伦理与职业道德既有密切的联系，又有一定的区别，把握两者的关系，需要把握"伦理"与"道德"、"专业"与"职业"的关系。一般情况下，人们对"伦理"与"道德"并不做严格区别，经常简单地将它们合并为"伦理道德"。两者都是指人的行为准则，不同之处在于：伦理是指道德的客观法则，具有抽象性与社会性；道德是客观见之于主观的法则，更强调主体的德行、个人的修养与内化。[①] 同理，职业道德是专业伦理的内化，把家庭教育指导视为一种职业进行职业范围内的行为规范，专业伦理则更加强调专业活动所具有的客观规律性与群体社会性，把家庭教育指导视为一种专业进行专业范围内的行为规范。职业道德的历史悠久，专业伦理是进入专业化发展的现代社会才出现的，这是因为职业与专业的产生与发展各有侧重。相对而言，职业是从业人数较多、以此为谋生手段的"大众"活动，专业是从业人数相对较少、以此为事业追求的"小众"活动，职业化的活动未必是专业活动，专业化的活动未必是职业活动，职业活动经过社会的专业化过程才能成为具有专业性的职业，专业活动经过大众化的学习与训练过程才能成为具有职业性的专业。在不同的领域，职业与专业的产生顺序是不同的，教师的教育活动就是先职业化再专业化的。家庭教育指导的职业化还不具备成熟的社会条件，但是家庭教育指导的意义重大，涉及专业性很强的人的成长规律与教学相长的教育规律，所以家庭教育指导应该先进行专业化建设。

[①] 檀传宝，等. 教师专业伦理基础与实践［M］. 上海：华东师范大学出版社，2016：12-13.

（二）家庭教育指导者的专业伦理结构

家庭教育指导的专业伦理就是用以协调家庭教育指导过程中所遇到的矛盾与冲突的一套理想信念、价值取向、道德准则与行为规范。在现代多元化社会，面对多元利益主体和多元价值取向，家庭教育指导者需要做出符合专业伦理的价值判断与指导行为。家庭教育及其指导工作的重要性在我国的相关政策中有明确的体现，《教育部关于加强家庭教育工作的指导意见》指出："家庭教育工作开展得如何，关系到孩子的终身发展，关系到千家万户的切身利益，关系到国家和民族的未来。"因此，家庭教育指导者在开展家庭教育指导工作时，面对转型社会的种种冲突与矛盾，要从儿童发展和家庭利益出发，站在国家和民族的高度，以维护公共利益为基本价值取向，坚守高尚的道德情操，严格遵守各项法律法规以及专业规范，妥善协调各方矛盾与各种利益关系，发挥家庭教育指导的积极功能，减少和抵制家庭教育指导领域所存在的负面现象。

针对家庭教育指导的专业活动特点，家庭教育指导者要坚守公益为先、儿童为本、家长主体的专业伦理。

1. 公益为先

家庭教育指导是以公共利益为价值取向的公共服务，公益为先是处理家庭教育指导的社会价值与经济价值之间矛盾的首要准则。在我国，家庭教育指导是一项社会各方面力量广泛参与的教育指导活动，其中市场对家庭教育指导服务需求的反应最迅速、最敏锐，一些市场化的家庭教育指导活动与服务机构应运而生，满足了家长日益增长的家庭教育指导服务需求。但是，我国家庭教育指导长期处于社会各界齐抓共管而责任主体不明确的状况，缺乏专业评估、质量监控、规范管理和有效引导等，经济利益主导、水平良莠不齐以及缺乏行业自律等现象直接影响了家庭教育指导的社会效益与公益性。习近平总书记在2015年春节团拜会上说："不论时代发生多大变化，不论生活格局发生多大变化，我们都要重视家庭建设，注重家庭、注重家教、注重家风，紧密结合培育和弘扬社会主义核心价值观，发扬光大中华民族传统家庭美德，促进家庭和睦，促进亲人相亲相爱，促进下一代健康成长，促进老年人老有所养，使千千万万个家庭成为国家发展、民族进步、社会和谐的重要基点。"可见，在多元利益的冲突与矛盾之中，公益为先是家庭教育指导者应该坚守的基本专业伦理。

2. 儿童为本

促进儿童的发展是家庭教育指导工作的出发点与归宿。家庭教育指导服务对象具有双重性，即家长与儿童，其中家长是直接的指导服务对象，儿童是间接的指导服务对象，也就是说，家庭教育指导是以家长为中介，通过指导家长来维护儿童权利、支持儿童健康成长的。家庭教育指导者与家长建立教育服务关系是源于儿童发展的需要，家庭教育指导的内容也要围绕儿童的健康发展而逐步展开，指导与服务家长的最终目的是促进儿童的健康成长，这一切都体现了"本"的含义，即本原、基础、根本、出发点、目的等。深入地理解这一含义，需要正确把握"儿童为本"与"成人为本"的关系。长期以来，受封建家长制的影响，儿童权利没有被重视，忽视儿童权利的成人观以及急功近利的成才观阻碍了现代儿童观的确立。而"儿童为本"理念的确立是社会进步与文明发展的产物，它要求家庭教育指导者引领家长尊重儿童的人格与权益，尊重儿童的年龄特点与个性特点，在此基础上促进每一个儿童生动、活泼、主动、全面地发展。

3. 家长主体

家长是家庭教育指导独特的工作对象，家庭教育指导使家长这个松散的社会群体获得了社会的关怀与支持。以家长为主体既体现了家庭教育指导所独有的服务面向，也体现了家庭教育指导工作所具有的独立性。家长是家庭教育指导者直接的、主要的服务对象，只有尊重家长的主体地位，尊重家长的学习需求、学习特点与学习规律，才能为家长提供有针对性与实效性的教育指导。可是，我国家庭教育指导者队伍存在着专职与兼职并存、专职人员不足的状况。调查显示，专职工作者占43.6%，兼职工作者占33%，志愿者占12%，其他占11.4%。[①] 兼职的家庭教育指导者的工作对象是多重的，在工作对象的"主体意识"方面存在着主辅之分，那么"以家长为主体"的教育指导意识就会受到影响，这种现象在中小学、幼儿园的家庭教育指导工作中普遍存在。中小学、幼儿园教师是家庭教育指导兼职队伍的主力军，他们

---

① 中国儿童中心. 我国家庭教育指导服务体系状况调查研究［M］. 北京：中国人民大学出版社，2014：95.

在组织家长培训、指导家庭教育方面具有其他家庭教育指导者所不具备的优势，但因学校（幼儿园）教育工作处于主导地位，中小学（幼儿园）家庭教育指导存在着把家庭教育当作学校（幼儿园）教育"配角"的现象。例如：教师过多地向家长摊派学校（幼儿园）工作任务，主要强调家长支持与配合班级工作，却没有主动关心家长的需求和教育困惑，家长自己的家庭教育问题始终得不到有效的指导与帮助；班级教师过度向家长分摊儿童的学业任务与成绩压力，使家长成为辅导儿童学习的"家庭教师"，使家庭教育成为支持儿童课外补习的主要力量。这种以学校（幼儿园）为中心的家庭教育指导模式使家庭教育成为学校教育的"附属"，使家庭教育丧失了自身的相对独立性，不利于家庭教育发挥自身的优势与功能，也不能真正提高家长的教育素质。

如果说专业知识和专业能力体现了科学与理性，那么专业伦理则体现了人文与关怀。公益为先、儿童为本、家长主体作为家庭教育指导者的专业伦理，为家庭教育指导者处理自身与社会、儿童、家长等各方面的关系提供了基本的准则。内化这些行为规范，则需要把外在的他律与内在的自律结合起来。一方面，各级各类家庭教育组织重视职业道德建设，加强职业道德教育；另一方面，家庭教育指导者重视道德修养，加强职业道德自律。

三、家庭教育指导者的专业知识

（一）专业知识概述

专业知识是专业化运动的产物，是假设一个专业领域有共同的、公认的知识基础，被看作能够胜任某一领域的专业工作而必须具备的专门知识。其实，职业知识也具有领域特征，那么专业知识与职业知识的区别就是基于专业与职业的区别。专业化运动提高了专业知识的"门槛"，专业知识体系是按知识本身的逻辑建立的，陈述性知识、学术性知识在专业知识体系中的体量较大，这就需要一定时期的系统学习与专门培养才能掌握该专业的逻辑体系。职业知识的"门槛"相对较低，是以工作逻辑来建立知识结构，程序性知识在职业知识体系中的体量较大，所以职业知识所需要的学习与培训时间相对较短。当然，这种划分是相对的，在实际工作中不能绝对化，现代社会要求复合型人才，知识结构的融合是必然的。

由于家庭教育指导活动所需要的教育学、心理学、生理学、社会学等领域的知识已经专业化、学术化、学科化，所以家庭教育指导的知识门槛比较高，需要系统的专业知识体系。当然，这并不是说家庭教育指导活动不需要基于工作逻辑的职业知识，家庭教育指导工作自成体系，又是应用性很强的专业实践活动，所以家庭教育指导的职业知识也是必不可少的。

（二）家庭教育指导者的专业知识结构

专业知识自成体系、内容丰富、知识点很多，需要对众多零散的专业知识点进行归纳与分类，这样才有利于专业知识传授与专业知识学习，建立专业知识结构。在林崇德、申继亮等人的研究中，教师的专业知识分为本体性知识、条件性知识和实践性知识①，这种划分被国内众多研究者所援引。家庭教育指导者的专业知识就是家庭教育指导者能够胜任家庭教育指导工作所应具备的专门知识，包括本体性知识、条件性知识和实践性知识三个方面。

1. 本体性知识

本体性知识是由教育教学和服务指导的工作任务与内容所决定的。由于家庭教育指导者的主要工作是帮助家长树立正确的教育观念、掌握正确的教育方法，并且需要围绕儿童的身心发展规律和教育发展需求来指导家长，所以家庭教育指导者要掌握儿童生理学、儿童心理学以及普通教育学、家庭教育学的基本知识与基本理论。这些专业知识成为家庭教育指导者需要熟知的本体性知识。

2. 条件性知识

条件性知识是胜任工作任务所应具备的具有保障作用的知识。家庭教育是基于家庭的教育活动，很多家庭教育问题既是教育问题，也是家庭问题，甚至与社会问题有一定的关联。为了完成家庭教育指导的任务，家庭教育指导者需要掌握家庭学、伦理学、社会学的基本知识以及心理咨询和家庭治疗的基本原理，进行教学与培训工作的家庭教育指导者还要掌握一定的教学论知识以及学习与培训原理。此外，在法制社会，一些基本的法律知识也成为家庭教育指导者在工作中认识问题与分析问题所应具备的基础性知识。

---

① 林崇德，申继亮，辛涛. 教师素质的构成及其培养途径［J］. 中国教育学刊，1996（6）：17.

3. 实践性知识

实践性知识是在实际的教育服务与指导过程中逐步积累起来的认知与经验，具有个人性、实践性和情境性的特点。① 它既不是单纯的理论知识与书本知识的堆积，也不是纯粹的方法与技能的叠加，甚至不完全是理论知识在实践中的简单应用，而是实践者在实践过程中基于对复杂情境的判断，以多变的方式对来自理性、情感、道义以及个体体验等多方面的感知与认识的整合。家庭教育指导者所面临的问题情境非常复杂，在分析与解决问题的时候，需要综合了解来自家长、儿童、家庭、社区、学校、教师以及同学等多方面的信息以及信息之间的关系，并根据自己的实践经验对复杂的情境与关系做出相对明确的判断与决策，还有可能不断地修正与完善这些判断与决策。在这个过程中，家庭教育指导者会不断地积累与丰富自己的实践性知识。

可以说，本体性知识是家庭教育指导者在日常工作中经常运用的、需要熟练掌握的普通专业知识，条件性知识是家庭教育指导者在解决具体问题时不可缺少的相关专业知识，实践性知识则是家庭教育指导者在解决实际问题时经过亲身体验所获得的个性化经验与专业认知。专业知识结构是一个分析框架，而具体知识体系是需要家庭教育指导者根据自己的现有知识结构以及工作需要进行完善的，也就是说，个体的专业知识结构是随着专业发展和实践变化而进行动态建构的。

四、家庭教育指导者的专业能力

(一) 专业能力概述

专业能力可以理解为顺利完成某种专门活动和专业工作所必备的能力，把握这个概念需要辨析专业能力与职业能力的关系。能力概念在心理学、教育学和经济学（人力资源）范畴中各有内涵，一般情况下，专业能力倾向于教育学范畴，职业能力倾向于心理学范畴。

1. 能力概述

心理学认为，能力是人们成功地完成某种活动所必需的个性心理特征。

---

① 教育部教师工作司. 教师教育课程标准（试行）解读 [M]. 北京：北京师范大学出版社，2013：33.

能力有两种含义：其一指已经表现出来的实际能力和已达到的某种熟练程度，可用成就测验来测量；其二指潜在能力，指尚未表现出来的心理能量，是通过学习和训练可能发展起来的能力与可能达到的某种熟练程度，可用性向测验来测量。[①] 这种界定是把能力置于个性（personality）的结构框架之中，即个性作为具有一定倾向性的心理特征的总和，由个性心理特征（包括能力、气质、性格）与个性倾向性（包括动机、兴趣、理想、信念、价值观）构成，这些因素有机结合为一个整体，对人的行为进行调节和控制。能力是基于先天素质并在不断学习和实践中锻炼出来的，是影响活动效果的基本因素。

教育学从"三维目标"论[②]的角度，把能力培养置于教育目标体系之中，即教育应该促进学生在知识、技能、能力、情感、态度、价值观等方面的发展，其中知识与技能是第一维目标，能力是第二维目标，情感、态度、价值观是第三维目标。"三维目标"论是对传统"双基论"的一种超越，其政策依据是 2001 年教育部颁布的《基础教育课程改革纲要（试行）》。在这种框架下，人们更加清晰地认识到人的发展应该是全面的，不能只重视知识灌输与技能训练，而忽略能力以及情感、态度和价值观的培养。能力与知识、技能之间，以及能力与情感、态度、价值观之间，既存在着密切的联系，又不能将它们混为一谈。那么，在教育目标、课程设计以及实践过程中，既要注重全面发展，又要提高教育指导的针对性。

管理学从人力资源管理的角度研究能力素质（competency），能力素质也被称为"胜任力"，由哈佛大学教授大卫·麦克利兰（David McClelland）于1973 年正式提出。他把胜任力界定为在特定工作岗位和组织环境中能明确区分卓越绩效水平和一般绩效水平的个人特征，并认为传统的智力和能力倾向测验不能预测人们在生活和职业中的成就与成功，胜任力具有区分优秀与普通业绩的深层次特征，包括知识（knowledge）、技能（skill）、自我概念（self-concept）、动机（motives）、特质（traits）等。

心理学从心理结构的角度揭示了能力的普遍性，能力是个性的组成要素之一；教育学从教育指导的角度揭示了能力是教育的培养目标；管理学从工

---

① 朱智贤. 心理学大词典［M］. 北京：北京师范大学出版社，1989：456.
② 钟启泉. "三维目标"论［J］. 教育研究，2011（9）：62.

作情境的角度揭示了能力的适应性，能力是直接影响工作业绩的个人条件和行为特征。这些不同范畴的界定其实统一于人的实践活动和工作过程之中，为能力的识别与培养奠定了理论基础。家庭教育指导是家庭教育指导者的实践活动，那么家庭教育指导能力既体现为家庭教育指导者个体的个性心理结构，也体现为其在一定职业和工作情境中的胜任力，这也是家庭教育指导职业培训的主要目标。可见，三个视角的能力概念为家庭教育指导能力的研究与培训奠定了理论基础。

2. 专业能力与职业能力辨析

职业能力的内涵与心理学的能力内涵有着深厚的渊源。纵观职业能力内涵的发展，行为主义心理学的能力观视职业能力为职业技能，认知主义心理学的能力观视职业能力为职业知识，人本主义心理学的能力观视职业能力为职业潜能，建构主义心理学的能力观视职业能力为情境性的综合能力。① 但是能力作为心理学概念，所描述的是影响活动效果、使活动顺利进行的个体心理状态，是个体行为的深层结构和抽象的心理要素，难以确定能力培养的目标以及以此为基础的课程设计。德国为了解决这个教育难题，创建了以专业能力、方法能力、社会能力为内容的职业行动能力理论，后来又增加了个性能力，这样在职业行动能力框架中，专业能力成为职业能力的下位概念。

专业能力是按照专业要求有目的地独立解决问题并对结果加以评判的意愿和本领，是在专业知识和技能基础之上的职业业务范围内的能力。方法能力则是针对工作任务独立制定解决问题的方案并实施的能力。社会能力是经历和构建社会关系、感受和理解他人、懂得互相理解、负责任地与他人相处的能力，是专业能力和方法能力的补充和保障。个性能力是个体对职场、家庭或公共生活中出现的机会、要求或限制做出解释，深入思考并加以评判，拓展自己才能的能力。②

从专业能力的内涵可见，专业能力不但基于一定的专业知识、方法与技能，还要基于与情境、个性因素、社会因素相关的现实任务，具有特定的情境性与领域特殊性。所以，专业能力不是纯粹的技能技巧，也不是所获取的

---

① 匡瑛. 究竟什么是职业能力：基于比较分析的角度［J］. 江苏高教，2010（1）：131-132.
② 赵志群. 职业能力研究的新进展［J］. 职业技术教育，2013（10）：7-8.

静态的资格证书，而是在具有特定情境性的专业领域实践中渐次形成的特殊能力。

（二）家庭教育指导者的专业能力结构

家庭教育指导者的专业能力是建立在一定的专业伦理、专业知识与技能基础之上的，在实践中逐步发展起来的胜任家庭教育指导工作的特殊能力，并与方法能力、社会能力和个性能力发生一定程度的关联。基于家庭教育指导工作对象、内容、性质和实践的特殊性，家庭教育指导者应该具备以下五个方面的基本专业能力。

1. 观察与了解指导对象的能力

观察与了解是指导服务的基础，然而家庭教育指导中的观察与了解具有一定的难度。家长群体是多元的、松散的，家庭生活具有封闭性、私密性，简单的面谈和单一的语言沟通未必能把握工作对象的群体特征或者个体特征。所以，家庭教育指导者需要借助言语、文本、数据和音像资料等，通过个别约谈、家访、问卷调查以及相应的统计分析，使观察更加客观，使了解到的情况更加接近事实。这样，家庭教育指导者就需要具备观察与了解指导对象的意愿与方法，与指导对象建立良好的社会关系，具备分析指导对象的相关知识。

2. 指导活动的设计与实施能力

家庭教育指导者经常采取集体活动形式，这样既有利于提高受教育率，也为松散的家长群体搭建了共同活动的平台，促进他们之间的交流分享与互帮互助。为了提高集体活动效果，家庭教育指导者需要具有明确的目标意识，设计一套内容与形式有机结合的活动方案，有效地组织家长参与活动，并能对活动过程进行灵活的监控与调整，最后还需要对活动进行评价、反思与总结，为后续活动的改进积累经验。因此，家庭教育指导者需要具备活动设计的知识、方法与技巧，以及相应的组织实施能力。

3. 个性化的指导服务与咨询能力

家庭教育问题既有共性又有个性，个性化的问题只能依托个性化的指导服务方案。家庭教育指导的实效性主要取决于指导者对儿童及其家庭的认识与分析，以及所提供的个性化指导方案。这就意味着，家庭教育指导者需要根据儿童的现有问题、发展水平、个性特点和家庭环境，以及家长的理解水平、合作态度与教育能力，提供适合的教育指导方案，调动家长教育儿童的主动性和创造性。可见，家庭教育指导者需要兼顾儿童和家长两类指导对象，而且即使是同一种问题，对不同的家长也要有不同的沟通方式和指导方案。这样，家庭教育指导者就需要具备因材施教的教育意识、双重指导对象的有关知识，以及与不同指导对象进行情境互动的能力。

4. 与家庭、学校、社区的沟通与合作能力

家庭、学校（幼儿园）与社区是影响儿童健康成长的三大环境，无论是了解这三大环境对儿童成长的实际影响，还是为促进儿童的健康而整合这三方的教育力量，都需要指导者具备相应的沟通与合作能力。当然，家庭、学校（幼儿园）与社区是三种不同的社会组织，具有不同的运行机制和文化特点，家庭教育指导者需要具有相应的工作交流能力和合作共育能力。因此，家庭教育指导者需要了解家庭、学校（幼儿园）和社区各自的教育功能及其与儿童发展之间的关系，并具备与组织沟通的能力。

5. 专业学习与反思能力

家庭教育指导是一个专业实践过程，舍恩把"专业实践"分为"技术性实践"和"反思性实践"，前者是"以任何情况下有效的科学技术原理为基础的"，后者则是"调动经验所赋予的默然的心智考察问题，在同情境进行对话中展开反省性思维，同顾客合作，致力于复杂情境中复杂问题的解决"[1]。家庭教育指导的反思性实践特征非常鲜明，其情境的复杂性、不确定性、规范的模糊性以及效果的滞后性，决定了不可能有一套精准的技术规范和操作流程来解决家庭教育问题。家庭教育指导者必须深入真实环境，与家长及其孩子深度对话并加强合作，在这个过程中不断建构家庭教育指导的实践知识与方法。家庭教育指导者还要加强专业学习，不断适应社会转型、专业的发展和代际关系的变化，所以家庭教育指导者必须是终身学习者与反思性实践者。伯莱克认为反思是立足于自我之外批判地考察自己行动及情境的能力。使用这种能力的目的是为了促进自己努力思考以职业知识而不是自然习惯、传统经验或冲动的想法为基础来采取行动。[2] 可见，专业反思有助于家庭教育指

① 佐藤学．课程与教师［M］．钟启泉，译．北京：教育科学出版社，2003：332.
② 熊川武．反思性教学［M］．上海：华东师范大学出版社，1999：1.

导者超越原有的习惯与经验，对事物、现象以及相关的实践知识进行重新思考，有利于改进工作、积累新经验、建构新知识。没有反思的经验是狭隘的经验，至多只能形成肤浅的、零散的知识，学习与反思能帮助家庭教育指导者把理论与实践有机地联结起来，从而不断地优化自己的专业结构，提升自己的专业能力，促进自身不断地成长与发展。

第十一章　家庭教育指导者的专业培训

我国《关于指导推进家庭教育的五年规划（2011—2015 年）》在目标任务中指出："推进家庭教育工作队伍职业化建设，壮大专兼职家庭教育骨干力量。加强家庭教育骨干系统化培训，推进家庭教育职业岗位培训试点，探索建立家庭教育从业人员职业资格认证制度，提高家庭教育工作队伍职业化水平。"《关于指导推进家庭教育的五年规划（2016—2020 年）》则提出，"进一步制定家庭教育指导者专业标准和培训规划"。这种规划是与我国家庭教育指导队伍的专业发展现状相吻合的。

培训已经成为现代社会各个领域普遍存在的现象，具有广泛的意义，在家庭教育指导领域的意义尤为突出。由于我国的家庭教育学科建设尚不完善，尚未到达"普及的大学学位课程"阶段，正式的大学课程并非家庭教育指导者获取专业知识的主要途径，大多数家庭教育指导者主要通过自我教育和非大学培训课程获取专业知识。也就是说，在现阶段，家庭教育指导者队伍的专业化不是主要依靠职前的系统的专业教育和专业培养，而是依靠职后的短期专业培训和岗位锻炼，大学并非家庭教育指导专业人才的主要培养单位，家庭教育专业组织以及相关培训机构成为家庭教育指导专业人才的培养阵地。

从理论上说，家庭教育指导专业人才培养需要高校培养与基层培训相结合，但是目前家庭教育指导者的职前专业化培养还只是应然状态，在职专业化培训是实然状态。社会对家庭教育指导人才的需求非常迫切，目前无法通过正规教育的学制系统培养专业人才，应该利用非正规教育的培训机制转化现有相关人才。可见，加强家庭教育指导专业化培训分析与研究十分迫切，对提高家庭教育指导者的专业水平与专业培训水平具有很强的现实意义。

第一节　培训概述

培训即培养与训练，从广义而言，培训属于一种教育活动，在外延广泛的教育活动中，培训是一种非正规的在职教育活动。由于学校教育的高度职业化与专业化发展，正规教育专指从学前教育、初等教育、中等教育到高等教育的各级各类学校正式教育，其特点是连续性、标准化、制度化和学历教育。培训则是学制系统以外的有目的、有组织的非正规教育，其特点是非连续性、多样化、实用性与非学历教育，例如校外教育、成人继续教育、社会培训以及岗位培训等，其中校外教育已经专门化为未成年人的教育活动，继续教育和岗位培训是针对在职人员的具有终身教育性质的教育活动。家庭教育指导的专业培训属于非正规的在职继续教育，是通过有目的、有计划、有组织的培训活动支持和引领家庭教育指导者在专业伦理、专业知识和专业能力等方面实现专业化发展。

培训是人类社会存在已久的教育指导现象，随着社会对培训的需求越来越旺盛、对培训的要求越来越高，培训自身发生了很大的变化，现代培训与传统培训出现了很大差别。传统培训是基于工作需要为在职员工改进知识、技能、态度和能力而设计的培养计划与训练活动，是旨在提高绩效与提升能力的行业现象。现代培训则被纳入继续教育和终身教育体系，成为各行各业专业化发展过程的重要组成部分。现代培训的专业化和制度化水平是高于传统培训的，一些国家的培训已经职业化，制定了培训师职业资格和培训师职业能力标准。美国劳工部汇编的《职业能力分类辞典》把培训师职业分为三类：培训管理者、培训讲师、培训课程设计者。英国的国家职业资格一般分为五个等级，但由于培训师的专业性较强，没有设置一级、二级两个较低的等级，而直接设置三级、四级、五级三个等级。在我国，劳动和社会保障部曾组织有关专家制定了《企业培训师国家职业标准（2007 年修订）》，对于企业培训师没有采用一般职业的五个级别，而是在较高的起点上定为三个级别。

目前，我国家庭教育指导者的专业培训既无职业标准也无专业标准，但是培训需求迫切。国务院颁布的《中国儿童发展规划纲要（2011—2020

年）》提出："建立家庭教育从业人员培训和指导服务机构准入等制度，培养合格的专兼职家庭教育工作队伍。"《关于指导推进家庭教育的五年规划（2016—2020 年）》则把"科学系统培训家庭教育指导服务队伍""培育专业化的指导服务机构"列为重点任务。可见，当务之急是对家庭教育指导专业培训加强研究。

第二节　培训的基本要素

培训作为一种教育指导活动，遵循一般意义的教育基本原理。教育的基本要素包括教育者、受教育者和教育措施，其中教育措施包括教育内容和教育手段。[①] 那么，培训的基本要素为培训者、培训对象、培训内容与培训手段。

根据培训过程中的分工，培训者可以分为培训管理者和培训讲师，培训管理者是培训项目的策划者和组织者，培训讲师则是培训内容的设计者与执行者。这里主要探讨的是培训讲师，而且是长期或专门从事家庭教育指导者培训的讲师群体，少数几次或者偶尔跨界培训的讲师群体不在探讨范围。例如，为扩充家庭教育指导者的法律知识，由并不专门关注家庭教育指导的法学界专家做法律知识普及讲座，而这些专家仍然是以自己的专业为本，他们就不被纳入家庭教育指导者的培训讲师群体。这样划分是为了突出培训队伍的专门化和专业化，以促进培训工作的专业化发展。

培训对象在有些场合也称为"受训者"或者"学员"，由于现代培训理念强调以培训对象为中心，开展参与式培训，而受训者这一说法具有浓厚的以培训者为中心的单一传授式培训色彩，因此通常把培训对象称为"学员"。这样，培训者与培训对象的关系就等同于讲师与学员的关系，他们应该是教学相长的关系。

培训内容与培训手段是联结培训者与培训对象的桥梁，是讲师与学员产生实质性互动的载体。现代培训已经不再为传统的学历教育服务，而是为终身教育服务的非学历教育。非学历教育性质的培训课程与学历教育性质的学

---

① 王道俊，王汉澜. 教育学 [M]. 北京：人民教育出版社，1989：29.

术课程在课程内容组织逻辑上是不同的。学术课程是以学科体系为基础的内容总和及其进程与安排，以基础教育和高等教育的学校课程制度为代表，主要是围绕知识逻辑进行科目学习。培训课程是以工作分析为基础的内容总和及其进程与安排，以企事业单位的岗位培训制度为代表，主要是围绕实践逻辑和工作逻辑进行能力提升。即使在培训课程体系中设计学术课程的内容，也是围绕实际工作需要而进行的补偿性学习，并非系统性学习。在培训手段上，现代培训强调尊重成人在职学习的规律与特点，把各种培训因素有效地整合在培训过程之中。

综上所述，对家庭教育指导者的专业培训是针对家庭教育指导者的培训需求而设计的由培训理念、培训知识与培训技能所构成的综合性指导活动。这是一种由家庭教育指导工作的层次性所形成的较高级别的指导现象。在家庭教育中，主体是家长，客体是儿童，家庭教育就是家长指导儿童的过程；在家庭教育指导工作中，家长则成为家庭教育指导的客体，家庭教育指导者是指导家长的主体；在家庭教育指导者的培训工作中，家庭教育指导者则是培训的客体，培训者是培训家庭教育指导者的主体。可见，不同层次的家庭教育指导活动所涉及的专业领域是不同的，家长的指导活动涉及家庭教育专业领域，家庭教育指导者的指导活动涉及家庭教育指导专业领域，培训者的指导活动涉及培训专业领域。这样，培训者的培训对象不是家长，而是指导家长的家庭教育指导者，是为他们更好地服务于家长而提供教育指导活动。可见，培训者需要具有三重知识结构，既要有针对儿童进行家庭教育的知识结构（即家庭教育知识），又要有针对家长培训的知识结构（即家庭教育指导知识），还要有关于培训讲师的知识结构（即家庭教育指导者培训的知识）。

第三节　培训者的专业职责

由于培训工作实务性很强，培训者的工作横跨"家庭教育指导"和"培训"两个交叉的业务领域。"家庭教育指导业务"意味着培训者本人也是一个合格的家庭教育指导者，把家长和家庭教育当作观察和思考对象，这样才有可能了解家庭教育指导者的工作与需求，对家庭教育指导者进行有针对性的培训。"培训业务"是指培训者把家庭教育指导者及其工作状况当作观察和思考对象，研究家庭教育指导者在工作中存在的问题，在更高的层次上引领家庭教育指导者的专业发展。可见，家庭教育指导者的培训者需要具备双重角色，既是一个经验丰富的实践者，又是一个发现问题的研究者。明确培训者的双重角色，才能明确培训者的专业职责。

一、引领家庭教育价值观的职责

虽然在职培训重在更新知识、传授技能、提升能力，注重实用和实效，但是并不意味着价值观的引领是虚的、可有可无的。根据胜任力理论，信念、动机和价值观具有激发动力、指明方向的作用，是卓越绩效者和普通绩效者的区别之所在。丰富的知识与娴熟的技能是天长日久积累的，是卓越指导者和培训者基于对家庭教育的兴趣与信念而坚持工作与钻研业务的结果。同样，在指导家长的时候，也不仅仅是向家长传授家庭教育知识和技能，更为重要的是引领家长塑造家庭教育价值观，培养正确的家庭教育观念，这样家长才能获得正确的思维方式，才能成为解决家庭教育问题的主人。可见，无论是对指导者个人素质的提升，还是对家长教育素质的提升，坚持用正确的价值观进行引领是培训者首当其冲的职责。

二、传授家庭教育专业知识的职责

由于家庭教育指导是一个实践性很强的教育指导领域，所以家庭教育指导者在指导家长时所遇到的问题，是培训者首先要关注的问题。由于家长的家庭教育问题涉及家长与儿童以及他们之间的亲子关系，还与家庭环境以及家校关系等因素有关，涵盖的知识面比较广，有些问题的专业性比较强，培训者要意识到自己所承担的传授家庭教育知识的职责，向家庭教育指导者传授系统的家庭教育专业知识。培训者的这个职责与家庭教育指导的专业化发展水平密切相关。家庭教育指导者的职前培养较少在学制系统内的大学阶段完成，缺乏系统的家庭教育知识学习和专业训练，那么只能通过在职培训实现家庭教育知识的系统化和专业化。因此，培训者要调查和了解家庭教育指导者的知识系统，针对其知识薄弱之处进行强化，帮助他们完善家庭教育知识结构。

三、总结与分享家庭教育指导经验的职责

家庭教育指导是一个引导家长把普遍的家庭教育知识应用于个性化的家庭教育实践的过程，所以指导者指导家长时不能仅是泛泛地普及家庭教育知识，还需要了解家长的家庭教育问题，根据家长的个性化问题进行个性化指导。这是一个专业性和经验性都很强的实践过程，对家庭教育指导者是一种挑战，要求家庭教育指导者具备扎实的基本功。因此，在培训过程中，培训者与家庭教育指导者应就具体的家庭教育指导问题进行交流分享。由于培训者的实战经验更加丰富，总结经验的能力更强，培训者要向指导者传授一些基本的指导技能与技巧，丰富指导者的间接经验，增进他们对家庭教育指导过程的理解，为他们的实践工作提供借鉴与参考。

四、开发培训课程的职责

培训者所开展的培训活动不能仅仅停留在一般的座谈与交流的层次上，还需要围绕一个主题进行课程开发与实施。培训者要具有设计"课"或者"课程"的能力，"课程"是一系列"课"的进程，"课程"比"课"的规模大，更有系统性，设计"课"还是"课程"，取决于培训的需要。培训者要根据课程原理，具有一定的课程理念与思路，把培训内容设计得符合家庭教育指导的现状与发展规律、符合家庭教育指导者的现状与认知规律，这样才能在更高的层次上对家庭教育指导者进行培训。在现实中，培训者队伍中存在着会"讲话"不会"讲课"、会"发言"不会"教学"的现象，这是培训者缺乏课程设计与实施能力的表现，他们难以把培训内容条理化、有序化，导致培训内容碎片化，影响培训效果。

五、主持教学和教育指导活动的职责

对于培训讲师而言，一般情况下，他们既是课程设计者，也是课程实施者，因此，课程设计以及课程组织和实施能力成为影响培训效果的基本要素。课程的组织与实施方式可以是教学、活动、观摩、研讨、作业等多种形式，

采取哪一种形式或者哪几种形式，需要综合考虑培训内容、培训条件、培训对象以及培训者自身的专长等影响因素。因此，本着为培训负责的思想意识，培训者要备好课、上好课，认真准备教案与教育教学活动材料，注重教学和教育指导艺术，保证培训质量。在现实中，培训者队伍中存在着以培训者为中心，不分析项目需求、不尊重学员学情、反复使用同一课件、教学与教育指导活动形式单一、忽视学习效果等现象，在一定程度上造成培训资源和学习机会的浪费。

六、专业自主发展的职责

家庭教育指导实践是生动、丰富并且与时俱进的，家庭教育指导者专业化发展必然不断向前推进，因此，培训者专业化发展不但应该与其同步进行，而且应该具有一定的超前性，这样才能在家庭教育指导者专业化发展过程中起到引领作用。可见，培训者需要拥有自我专业发展的主观意识与内在动力，始终保持主动反省与自觉提升的状态。培训者的专业化意味着培训者不但要把家庭教育指导活动当作反思与研究的客体，还要把培训活动当作反思与研究的客体，不断地提升自己的培训服务意识和专业领导力，使自己在培训需求分析、方案设计、课程开发、方法应用、效果评估以及跟进服务等方面更加专业与精进，为自己设定理想的专业发展目标，追求更高的专业水平。

第四节　培训对象的分类与分层

根据一定的维度将培训对象分类与分层，是培训者因材施教的关键。从理论上说，可以从性别、年龄、学历、从业年限、从业身份或职业背景等多个角度对培训对象进行分类与分层，但是需要根据实践需要、专业发展和从业状况做相应的调整，以提高分类与分层的实效性。可见，为了提高培训效率，培训对象的分类与分层既要相对稳定，又不能固化。

一、培训对象的分类

根据现阶段家庭教育指导者的从业状况，可以从以下两个维度对培训对象进行分类，以帮助培训者分析培训对象、设计培训内容：一是以家庭教育指导的间接对象——儿童——为分类维度，二是以家庭教育指导者的从业身份或职业背景为分类维度。

（一）以儿童为分类维度

家庭教育指导是为帮助家长教育儿童而提供的教育服务，尊重儿童是良好家庭教育的前提，儿童的年龄、个性特征、性别角色都是影响家庭教育的重要因素。家庭教育指导者常常通过把握某一年龄阶段儿童的特征来指导家长观察与分析儿童，使家庭教育符合儿童的身心发展特点，这样就形成了针对不同年龄段儿童家庭教育的指导者群体：有的指导者专注于准妈妈、准爸爸的家庭教育指导，有的专注于0~3岁儿童的家庭教育指导，有的专注于学前教育、小学教育、初中教育、高中教育中某一学段儿童的家庭教育指导，有的专注于某一学段某一年级儿童的家庭教育指导。此外，根据儿童与家长的关系，有的指导者专注于祖辈家长、父辈家长或者保姆、家政工作者的家庭教育指导。对培训对象进行分类指导，培训者既要有理论高度，又要有实践深度，这样才能满足家庭教育指导因工作细分而产生的培训细分的需求。

（二）以指导者的从业身份为分类维度

培训者的培训对象就是直接面对家长的家庭教育指导者，由于家庭教育指导者来自各行各业，以兼职为主，从业时间不同，所以家庭教育指导的培训对象是丰富多样的，对其有一个相对清晰的认识是因材施教的基础。家庭教育指导者来自各行各业，行业与职业背景成为影响指导者素质的重要因素。2012年，"我国家庭教育指导服务体系状况调查研究"显示①，家庭教育指导者的职业，农民占1.4%，工人占2.8%，商业服务业人员占2.4%，机关

---

① 中国儿童中心. 我国家庭教育指导服务体系状况调查研究［M］. 北京：中国人民大学出版社，2014：94-100.

企事业单位工作人员占 17.3％。指导者因为所处的行业不同，本身的学历、职业、婚姻状况和与孩子的关系不同，从事指导工作的身份、原因和知识来源不同，在指导素质上具有不同的特点。根据 2012 年对全国家庭教育指导者情况的摸底，再结合最近几年家庭教育指导者的从业状况，培训者可以从以下几个方面来了解不同类别培训对象的特征。

1. 身份为教师的指导者。教师与家长是天然的合作者，基础教育系统的学校教师是中国家庭教育指导队伍的主力军。教育界一直强调大教育观视野下的学校教育、家庭教育和社会教育的一体化，强调学校（幼儿园）、家庭和社区（社会）建立教育联盟以发挥教育合力。除了理论层面的共识以外，家校（园）合作共育已经纳入基础教育的各项政策之中。教育部自 2012 年以来陆续颁布的《幼儿园教师专业标准（试行）》《小学教师专业标准（试行）》《中学教师专业标准（试行）》《义务教育学校校长专业标准》《幼儿园园长专业标准》，都把家园共育、家校合作能力视为幼儿园、中小学教师以及园长、校长的专业标准之一。2015 年，教育部又发布《关于加强家庭教育工作的指导意见》，对学校的家庭教育指导工作提出明确的规范与指导意见。值得注意的是，教育部强调的是学校（幼儿园）与家庭之间的"沟通合作"，而不是以往的"配合"，旨在矫正以学校为中心的家庭教育指导倾向，这种导向是培训者分析身份为教师的指导者时需要注意的重要方面之一。

2. 身份为传统工作人员的指导者。虽然教师也是传统工作人员，但由于教师是专属教育系统的家庭教育指导者，有必要单列为一个特殊群体加以研究与指导，所以这里的传统工作人员是指教育系统以外的企事业单位和相关社会团体中的家庭教育指导者，例如街道、妇联、共青团、工会、卫生系统等相关系统与部门的家庭教育指导者。这些身份为传统工作人员的指导者遍布各个系统，掌握着丰富的社会资源，通过家长学校或者社区等为家庭和家长提供广泛的服务与支持，具有身份为教师的指导者所不具备的指导优势。他们的劣势则在于缺乏教育工作背景和系统的教育学知识，没有实现教育指导的专业化发展，教育指导的经验丰富却碎片化，需要从感性认识提升到理性认识层面，这些都是培训者需要特别关注的群体现象。

3. 身份为父母的指导者。加拿大著名教育学家马克斯·范梅南在他的著作《教学机智》中提出了一个风靡教育界的说法："教育学是迷恋人的成长的学问。"这句话道出了教育现象因为关乎人的成长所具有的魅力，这种对人的成长的学问的关注与迷恋随着人类文明和公民素养的提升而越来越具有普遍性。父母是教育利益的直接关联者，他们一旦充分认识到家庭教育的价值，加之养育子女过程中受到情感驱动，就会对家庭教育的思考、学习、交流甚至推广产生热情。有的父母不满足于个人的育儿经历，还热心地投入家庭教育活动的公益推广或者商业推广中，成为家庭教育指导志愿者队伍以及家庭教育指导服务市场创业主体中充满活力的力量。他们对家庭教育指导的自觉需求、热情投入以及积累的育儿经验都是非常重要的家庭教育指导资源，但是他们的专业水平有待提高。中国儿童中心的数据调查显示，"身份为父母的指导者在指导素质上总体较差"①。可见，培训者对这一群体的关注、研究与指导，既是非常迫切的，也是非常有意义的。

4. 身份为销售人员的指导者。在市场经济环境中，为儿童及其家长提供教育指导服务的主体除了国家、学校和社团以外，还有市场主体。国家和学校主要提供基础教育、高等教育等学历教育服务。市场经济实体提供的教育服务大致可以分为两类：一类是直接向儿童提供托管、兴趣培养以及课外学业辅导等多种教育服务，各类课程和服务项目的销售人员因此大量产生，他们为招生、续课而对家长进行宣教；另一类是直接向家长提供亲子教育、教育培训、教育咨询等多种教育服务。这两类市场性质的教育服务已经成为被大众认可的创新创业项目，这些项目对家长的教育指导服务需求反应敏锐、机制灵活，为销售服务的培训讲师成为一个新兴的家庭教育指导者群体。身份为销售人员的指导者为家庭教育指导服务领域增添了活力，但是他们的指导活动属于商业活动，具有趋利性，因而存在宣教市场化的现象。他们需要强化家庭教育指导的专业伦理意识和职业道德意识，掌握家庭教育指导的专业知识，做好家庭教育指导的市场服务。

二、培训对象的分层

家庭教育指导者队伍发展到一定规模与一定水平，必然会产生分层现象，家庭教育指导者的专业化培训就要满足这种分层需求。影响培训对象分层的

---

① 中国儿童中心. 我国家庭教育指导服务体系状况调查研究［M］. 北京：中国人民大学出版社，2014：99.

因素是多方面的，根据培训对象分层的惯例，可以从以下两个角度来把握家庭教育指导者的分层现象。

（一）根据水平评价类职业资格等级分层

家庭教育指导虽然职业化程度低，但作为一项专门的职业活动，可以参照水平评价类职业资格等级对培训对象进行分层。我国于 1994 年建立了职业资格制度，将职业资格分为准入类和水平评价类两种。准入类职业资格是有关法律法规所规定的持证上岗资格，用人单位不得招募无证人员。水平评价类职业资格是由行业主管部门或协会负责审核的社会通用性和专业性强的资格，不达标者可以参加技能培训。由于家庭教育指导尚无国家职业标准，也无国家专业标准，在此参照一般情况下水平评价类职业资格等级进行设定。在我国，普通的水平评价类职业资格分为五级，专业性强的水平评价类职业资格分为三级。家庭教育指导是专业的教育服务，指导者的职业起点较高，可以参照专业性强的水平评价类职业资格分为初级指导者、中级指导者和高级指导者。大多数职业资格等级的设定是以文化程度与从业年限为主要依据。初级指导者常常是指大专毕业（或同等学力）并满三年的指导者、本科毕业（或同等学力）并满两年的指导者和硕士及以上毕业（或同等学力）并满一年的指导者。中级指导者可以指大专毕业（或同等学力）并满五年的指导者、本科毕业（或同等学力）并满四年的指导者和硕士及以上毕业（或同等学力）并满三年的指导者。高级指导者可以指大专毕业（或同等学力）并满七年的指导者、本科毕业（或同等学力）并满六年的指导者和硕士及以上毕业（或同等学力）并满五年的指导者。

培训对象的分层注重文化程度与从业年限，反映了家庭教育指导兼具专业性与实践性，家庭教育指导者的专业基础与实践经验并重。

（二）根据教师专业发展理论分层

事实上，能力分层的影响因素是多方面的，文化程度与从业年限只是能力分层的必要条件，并非充分条件，而且目前家庭教育指导从业者水平不一，分化程度有限，对培训对象分层还要考虑其他因素。家庭教育指导是一种专业的职业活动，对指导者的培训是一种专业的职业服务与指导活动，它们都是专业的教育指导活动，对培训对象分层可以参照教师专业发展理论。教师的分层培训已经形成继续教育制度，成为教师教育体系的一个重要组成部分，但是教师的分层模式与分层培训遵循了职业活动专业化发展的基本规律，对家庭教育指导者的专业化培训具有启发和借鉴意义。因此，结合家庭教育指导者队伍的状况，可以按照职前准入阶段、初级适应阶段、中级拓展阶段和高级研修阶段对培训对象分层，这种阶段划分综合了从业年限、学习能力、反思水平、研究意识等量化指标与质性描述。众所周知，实践性很强的教育指导工作比较依赖工作经验的积累，在从业年限同等的情况下，指导者的专业水平产生差距的核心因素是反思能力和研究能力，这在骨干教师和特级教师的专业发展实践中已经得到验证。

职前准入阶段的培训坚持"先培训再上岗"的高标准，虽然现阶段家庭教育指导者的职前准入还达不到这个标准，但将来应设置"不培训不上岗"的标准。对职前准入阶段的指导者应该开展全面的、基础的岗位培训，需要研发适用于岗位准入的培训教材。初级适应阶段的指导者是指入职三年以内的新手，他们已经在家庭教育指导工作岗位上得到锻炼，但是还难以驾驭复杂的工作局面，不能应对一些随机性问题，在理论联系实践方面还不能得心应手。中级拓展阶段的指导者是指入职三年至十年的从业者，他们对家庭教育指导的工作流程和主要内容已经比较熟悉，能够比较熟练地应对家庭教育指导的常见问题，处于家庭教育经验积累的旺盛时期，培训者可以帮助他们提高思考水平，促进他们总结、梳理和提升工作经验。高级研修阶段的指导者是指从业十年以上的指导者，他们对家庭教育指导的日常工作已经驾轻就熟，经验非常丰富，但是难以突破自己的惯性与套路。他们处于专业发展的"瓶颈期"或者说"高原期"，跨过它，就能更上一层楼；反之，可能停滞不前。从学者型教师和特级教师的成长经历中可以发现，在专业发展上突破自我的内在因素主要是批判性思维与研究能力，培训者可以从经验提炼、专题研究和发展领导力等方面给予指导者支持与指导，这样才能满足这一层次指导者的专业发展需求。

第五节　培训内容的选择

在职培训属于成人非学历教育，与学历教育的主要区别是：培训是以问题为切入点，以实践为导向，注重直接经验生成；学历教育是以知识为切入点，以理论为导向，注重间接经验积累。这就意味着培训内容不能按照学科体系和知识系统进行组织，而应按照岗位需要和实践问题进行组织。为了提高培训的针对性与实效性，培训内容应该基于家庭教育指导者的客观状况与主观需求；为了提高培训的引领性与前瞻性，培训内容还应该基于理论研究的框架设计。培训者应把自下而上的实际需求与自上而下的框架设计有机地结合起来，建构既面向现实、服务当下又面向未来、引领发展的培训内容。

培训内容的选择应该服务于培训工作的目的，对家庭教育指导者培训的目的就是促进他们的专业化发展，改变家庭教育指导者非专业化和半专业化的状况，使他们成为拥有家庭教育指导专业理念、专业知识和专业能力的专业指导者。这就意味着培训内容既要以培训对象为中心，又要以全面的家庭教育指导专业素质为框架，引导他们走专业化发展之路。

一、以培训对象为中心的培训内容选择

"培训谁"决定了培训内容为"谁"选择与设计，实际上就是以培训对象为中心的教育指导服务理念，这是培训项目与培训课程能够吸引学员并取得培训效果的基础。但是实际上，以培训对象为本位的培训内容选择是具有一定难度的，很容易演变成"谁培训"就由"谁"来选择与设计培训内容，形成了以培训者为本位的培训内容选择现象，其背后是以培训者为中心的教育指导服务理念。现实中常常出现培训者有什么内容与课程，就培训什么内容与课程的现象，培训管理者也是围绕培训者来策划与设计培训项目，背离了以培训对象为本位的培训服务理念。

在服务理念方面，市场成熟度越高的领域，越强调以客户为中心。家庭教育指导培训领域以培训对象为中心的服务理念薄弱，主要有两个原因。一个原因是家庭教育指导培训尚未职业化，研究水平较高的培训讲师大多数是兼职培训者，培训机构内部的专职培训者的专业领导力与行业影响力有限，还没有形成以培训对象为本位的职业化的培训主体。另一个原因是培训专业化发展水平有限，培训制度不完善，培训者缺乏专业化的培训能力，不能满足培训对象多样化、个性化、富于变化的需求。要改变这种现状，除了在专业发展、培训政策、培训制度等宏观方面加强建设以外，还要加强培训者的

专业修炼，其中培训需求分析能力是培训者实现以培训对象为本位的培训内容选择需具备的基本素养。

所谓培训需求分析，是指在规划和设计培训项目或培训活动之前，培训者采用各种方法和技术，收集和分析各种信息，确定培训对象的工作现状与理想目标之间的距离，寻找产生距离的原因，并进一步从这些原因中找到那些可以通过培训来解决的学员知识、技能、态度、能力和行为等方面的问题，为开展培训活动提供依据。[①] 培训需求分析是培训机构、培训管理者、培训者、培训对象以及培训决策与管理机构共同的任务，不同的培训需求分析主体会有不同的分析目的。培训机构主要是为了了解培训需求的区域性，确定培训规模与培训主题，培训管理者主要是为了了解学员对培训内容与培训服务的需求，培训者主要是为了做好培训内容的选择及课程设计，在此主要讨论培训者对培训对象的培训需求分析。

培训对象的培训需求包括两个层次：一个是培训对象对培训内容的主观期待，这是培训对象在家庭教育指导工作过程中的发现、感悟与反省，是培训对象表达出来的浅表层次的培训需求；另一个是工作岗位对培训对象的客观要求，这是社会发展、工作单位和工作任务对培训对象的专业要求，是家庭教育指导专业化发展的深层次的培训需求。可见，培训者要着力从人员维度和工作维度进行培训需求分析。一方面，培训者通过调研收集家庭教育指导者所意识到的、所困惑的现实问题，这是家庭教育指导者反思到的自身存在的问题与希望得到帮助与指导的问题；另一方面，培训者把家庭教育指导者当作研究对象，分析家庭教育指导者在指导实践中出现的问题，而这些问题未必是家庭教育指导者所意识到的，这时培训者所扮演的就是问题发现者角色，以全面了解与分析家庭教育指导者的问题。

培训需求分析的基础是信息与数据，信息和数据的来源主要有四个方面。一是培训者在培训过程中通过观察收集到的信息，这些感性经验生动丰富但未必具有普遍性；二是培训委托方所提供的关于培训对象工作绩效或者专业发展方面的信息与资料，是培训者进行需求分析的重要参考；三是资深培训者与培训管理者进行集体讨论，对资料、数据和信息进行编码与分类，最后对培训需求进行归纳与排序；四是培训管理者和培训者设计正规的调查问卷

---

① 余新. 教师培训师专业修炼［M］. 北京：教育科学出版社，2012：85.

与访谈提纲，对信息和数据进行收集、统计与分析，得到量化数据，并进行定性描述，调查和访谈的样本越多，统计与分析工具使用得越规范，越有助于进行以培训对象为中心的培训需求分析。

二、基于框架设计的培训内容选择

任何专业领域都有理论假设与框架设计，这样才可能推动职业专业化与培训专业化。一般情况下，专业标准框架都是从情感、态度、价值观、知识、技能、能力等方面对从业者提出专业要求。我国出台的《幼儿园教师专业标准（试行）》《小学教师专业标准（试行）》《中学教师专业标准（试行）》《义务教育学校校长专业标准》《幼儿园园长专业标准》都是从专业理念与师德、专业知识和专业能力这三个维度制定的专业条款。根据专业标准的一般框架，结合家庭教育指导现状，可以围绕家庭教育指导者的专业素质框架从以下五个方面选择与设计培训内容。

（一）政策法规培训

家庭教育承担着育人使命，关乎人的价值观养成与人的发展方向，家庭教育指导就是为家庭教育提供专业支持，并帮助家庭防范与矫正以家庭私利为中心、伤害儿童权利的教育问题。家庭教育政策法规是家庭教育指导工作的行动指南，是国家及地方的权威机构为了解决家庭教育的社会问题、促进家庭教育公共利益的实现和家庭文明与进步而制定的家庭教育指导准则，这些准则往往是以法律、法规法令、条例、路线、方针、决策、规划、计划、办法、方法、章程、制度等形式体现出来的。所以，对指导者的培训首先要考虑家庭教育政策法规培训，对家庭教育指导进行方向性引领。

政策培训可以分为政策解读与政策分析两个层次。政策解读就是对最近出台的政策进行解释与说明，帮助指导者了解政策内容与政策精神，并根据政策规范制订工作计划或者监督与自查政策执行状况，这样才能确保家庭教育指导工作的合规性与合法性。政策分析则是以政策科学为基础来研究政策问题、评价政策方案、提出政策建议。政策分析具有很强的理论性与专业性，但不意味着政策分析只是政府官员和研究人员等少数人的事情。政策的实质是利益的权威分配，家庭教育政策协调的是所有与家庭教育以及家庭教育指导相关的个人利益与群体利益，儿童、家长、家庭、学校、家庭教育指导者、培训机构、培训者、家庭教育政策决策者等都是政策利益关联者，政策分析关注的是政策在利益分配方面的公正与公平，所以政策分析是非常重要的高层次培训内容。

（二）职业道德培训

家庭教育职业道德是在家庭教育指导工作中调整各种关系的职业行为准则和规范，是家庭教育指导者从事家庭教育指导活动应该具备的、体现家庭教育指导职业特征的道德理想、道德原则与道德规范的总和。职业道德培训是各行各业都很重视的培训内容，家庭教育指导者的职业道德培训尤为重要与紧迫。职业道德除了对行业发展具有普遍意义以外，还与家庭教育指导专业化发展进程密切相关。职业专业化除了需要拥有系统化的知识体系和规范化的技能体系外，还需要以利他主义为宗旨，具有公众服务意识，这样才能获得社会的认可与尊重。然而，目前家庭教育指导领域行业法规不健全，存在着缺乏行业准入标准、缺乏从业者资格认证制度、服务质量良莠不齐、对收费缺乏规范与监督、市场化的无序状态突出等现象。在这种情况下，职业道德自律就显得尤为珍贵。如果说学校教师出现了职业道德问题，会影响教师的职业与专业形象，那么家庭教育指导者出现职业道德问题，则直接影响家庭教育指导能否成为一个专业化的职业，因为专业化的职业必须以公共利益为价值取向，否则就无法获得公众认可与社会地位。在家庭教育指导的专业化和职业化建设比较薄弱的情况下，少数从业者的不良行为经过大众媒体传播就会形成不良的公众印象，进而直接影响家庭教育指导这一行业的公众形象。可见，职业道德培训要引领指导者树立专业化职业所不可或缺的公共服务意识，追求效益却不以逐利为目的，以良好的职业道德和专业素养赢得当事人及社会的尊重与信任。

（三）专业理念培训

专业理念是指专业人员对本专业的性质、价值和标准等的理解与认同。家庭教育指导的专业理念是家庭教育指导者在家庭教育指导工作过程中形成的关于家庭教育指导的专业性的理性认识，指引着家庭教育指导者形成专业的观察与思维方式以及行为态度。专业理念是专业行为的理性支点，是一个专业区别于另一个专业的重要标志。专业理念与职业道德的主要区别在于，专业理念更加侧重家庭教育指导者对家庭教育指导的目的、价值、内容、方法等的专业性认识，包括家庭教育价值观、家庭教育指导价值观、家庭教育指导工作观、家庭观、儿童观、家长观等，更加倾向于专业领域内的专业判断、专业认同与专业自主，主要通过家庭教育指导者与专业的关系、与专家的关系、与专业组织的关系表现出来。职业道德则更加侧重职业领域内的道德责任与行为规范，是家庭教育指导者在长期的实践过程中形成的职业道德信念、道德行为习惯与道德修养品质，通过家庭教育指导者在工作过程中协调各种关系表现出来，包括家庭教育指导者与家长的关系、与儿童的关系、与同事的关系、与社区和社会的关系等。在培训过程中把两者进行区分是为了明确概念、提高认知水平，而在实践过程中两者在家庭教育指导者身上是融为一体的，共同从思想高度和认识深度指引着家庭教育指导者的观念与行为。

(四) 专业知识培训

专业知识是指在专业领域内被验证过的，被认定为正确的、可以用来解决实践问题的系统化的经验与认识，在专业活动中具有不可替代的、独特的作用。专业知识与通识知识是相对的，分别对应于专业教育与通识教育。通识知识是指在一定时代背景下的普通的广博知识，没有专业的硬性划分，一般情况下包括自然科学知识、人文与社会科学知识、艺术素养和现代信息技术等，是各级学历教育的必修科目。对指导者的培训属于专业教育与非学历教育，应该以专业知识培训为主，如果进行通识知识培训则需要通过调研分析来确定针对哪些通识知识进行补偿培训，针对哪些通识知识进行更新培训。在专业知识培训中还要把握好学科体系的专业知识与实践体系的专业知识之间的关系。学科体系的专业知识是以公共知识、理论知识和显性知识等形式存在的，实践体系的专业知识是以个人知识、实践知识和缄默知识等形式存在的。指导者在现实环境中面对的是复杂情境，会根据自己的理解与判断来选择和应用学科体系的专业知识，这样，公共知识就转化为个人知识、理论知识转化为实践知识、显性知识转化为缄默知识，学科体系的专业知识需要经过指导者的内化才能转化为实践体系的专业知识。可见，专业知识的培训不能仅仅局限于学科体系的专业知识，还要传授实践体系的专业知识，后者往往是家庭教育指导者更需要和更喜爱的培训内容。

（五）专业技能培训

专业技能是指在专业活动中合理、有效地运用专业伦理、专业理念和专业知识以完成专业工作任务的技术与方法，娴熟的专业技能体现为思维的自动化和行为的程序化。对指导者的专业技能培训主要是程序性知识培训。现代知识观根据知识所反映活动的形式不同，将知识分为陈述性知识和程序性知识。陈述性知识也叫"描述性知识"，是能够通过回忆进行语言传授、再认或者以其他方式来表现的静态知识，主要用来回答"是什么"和"为什么"的问题，学习者可以通过阅读、听讲座等形式获得。程序性知识也叫"操作性知识"，是难以通过语言传授而必须通过各种操作步骤来表现的动态知识，主要用来回答"怎么做"的问题，学习者必须通过练习和实践才能习得。由于专业技能涉及一系列操作步骤和方法技巧，主要是关于"怎么办"的程序性知识，所以要根据程序性知识的特点与获得方式进行专业技能培训。一般情况下，程序性知识的获得需要三个阶段。第一阶段是获得陈述性的程序性知识，使新知识与自己的原有知识形成联系，这一阶段可以进行集中学习与培训，强化学员对程序性知识的理解与记忆。第二阶段是经过各种练习，使贮存的知识转化为可操作的程序性知识，这一阶段主要依托岗位锻炼与实际操作。第三阶段是依据线索以陈述性形式提取程序性知识，总结解决问题的技术与策略，这一阶段可以集中进行经验传授、分享与交流。

在实际工作中，应该把以培训对象为中心的培训内容选择与基于框架设计的培训内容选择结合起来，既满足培训对象自下而上的学习需求，又满足培训者自上而下的培训设计，引导培训对象关注政策前沿、了解学术前沿、深入实践前沿。

第六节　培训方法的设计

选择培训内容之后，要综合培训过程的各种因素，为实现培训目标而选择适宜培训对象的学习方式，这就是培训方法的设计。按照组织方式，培训方法可以分为讲授法、研讨法、现身实践法、个体指导法。

一、讲授法

讲授法是培训者围绕主题向家庭教育指导者集中传授、宣讲相关知识的培训形式。培训者与培训对象是主讲人与听讲人之间一对多的关系。讲授法具有培训时间集中、培训信息量大、受众人数较多、规模较大的特点，在统一认识、解决共性问题、讲解系统的理论知识、传达新形势与新信息等方面，具有其他培训方法不能替代的作用。由于它可以在一定时间内向大量听众传达大量信息，所以长期以来，讲授法是最常见、最经济的培训形式。但是，讲授法的局限性也很明显：培训内容以培训者的知识体系为主，培训对象处于被动学习状态，培训内容难免与培训对象的实际需要和已有经验有一定距离；培训形式以单向传达为主，与学员缺乏互动与交流，长时间的集中传达，容易造成听者疲劳；等等。这些局限性在一定程度上会影响培训效果。可见，讲授法利弊共存，应发挥讲授法的优势，同时尊重培训对象的知识体系，根据培训目标和培训内容，对培训形式加以创新，提高培训的针对性与互动性。

讲授法传达的信息量大、专业性强，培训时间较长，对培训者的专业知识体系、演讲水平以及公开讲座的心理素质，都是一种考验。它与座谈会不同，座谈会话题内容比较宽泛，交流时间可长可短，参与者可以相互补充与提醒，比较自由、放松。但采用讲授法时，主讲人在较长时间内"单挑"，需要根据听者的真实需求选择最有价值的知识与信息，并独自传达出来，这对主讲人的资料收集能力、专业知识与理论水平、工作记忆能力、口语表达的逻辑性、内在思维的系统性都有很高的要求。

二、研讨法

研讨法是培训者与培训对象站在平等的立场上相互交流与探讨，通过小组活动与集体分享的形式相互学习、共同思考的培训方法。研讨法与讲授法的主要区别体现在培训者与培训对象的关系以及培训对象之间的关系方面。在研讨法中，培训者视培训对象为拥有一定专业知识和实践经验的学习者，为培训对象创设体验、感悟、操作、探索、交流、合作等多种活动机会与情境，调动培训对象的已有经验与知识，激发他们在交流中产生认知冲突并深度参与学习活动，促进他们在培训与学习过程中主动建构与自我修正，可见，培训者与培训对象是共同探讨的平等关系。而在讲授法中，培训者对培训对象进行单向传达。在研讨法中，培训对象之间是相互交流的伙伴关系；在讲授法中，培训对象之间是不进行交流的平行学习关系。研讨法的常见操作方式有：头脑风暴、世界咖啡、六顶思考帽、案例研讨和主题辩论等。

讲授法的学习资源在主讲人那里，研讨法的学习资源在同伴那里。由于工作背景相同，家庭教育指导者遇到的问题具有很大的共性，研讨法为他们搭建了自由表达和互通有无的交流平台，所以一个人的困惑可以获得很多人的回应，一个人的建议可以点燃很多人的智慧，资源共享、经验重构成为研讨法不可取代的优势。但是它对培训者和培训对象都有一定的要求，并不是所有的培训都适合选用研讨法。研讨法对培训对象的要求是人数不能太多，一般在30人左右，而且要分成小组，小组成员需要态度认真、相互尊重、积极参与、互动交流、合作学习。研讨法要求培训者具有良好的临场发挥能力和现场总结与提升能力，这是因为培训对象所交流的具体内容是无法预设的，需要培训者现场捕捉关键信息，并在总结时满足培训对象对理顺观念困惑、整合认知冲突以及梳理零散经验的需求，否则有可能造成形式上热热闹闹、内容上空泛肤浅，缺乏整合与提升，影响培训效果。因此，采用研讨法也需要扬长避短，不能形式化，使培训内容缩水。培训者要擅长驾驭各种培训形式，使培训形式服务于培训目标与培训内容。

三、现身实践法

现身实践法是培训者将自身以及培训对象作为学习工具，通过真实或者模拟的实践活动获得相应的情感、态度、技能与能力的培训方法，常见的操作方式有行为示范法、现场观摩法和角色扮演法。行为示范法是培训者真实演示学习内容，给培训对象提供观察与模仿的学习机会。现场观摩法则是培训者组织培训对象进入工作现场，提供现场观察与模仿的学习机会。角色扮演法是培训者与培训对象把培训内容情境化，分别扮演不同的角色，体验角色观念、角色情感与角色技能，从而促进培训对象在观念、情感和技能等方面产生共鸣与迁移。

相比讲授法和研讨法，现身实践法具有突出的现场带入感，学习过程比较直观和真实，对情感、态度、技能和行为的转变有较好的效果，这是它的优势。但是这种方法不适合系统知识和专业理论的培训，难以进行系统的学习与深入的研讨，而且对培训资源、学习条件和培训者素质具有一定的要求。现身实践法的培训成本较高，需要相应的设施设备与空间场地，观摩现场需要具有一定的先进性与代表性，这样才能具有学习价值。在角色扮演法中，培训者需要培养培训对象的群体意识，调动他们的主动参与性，这就要求培训者具有良好的策划和组织能力、人际交往能力以及应变能力。

四、个体指导法

个体指导法是培训者与培训对象建立一对一的培训与学习关系，在实现培训目标的过程中按照培训对象的特点进行个性化指导，以对话交流为主要方式。随着互联网和智能手机的发展与普及，个体指导法可以实时传递视频和音频文件，图文并茂，动静结合，不受时空限制，增强了培训的针对性和个性化，但是培训规模小、成本高，对线上和线下的学习环境都有一定的要求。个体指导法对培训对象的自律性与主动性要求较高，需要培训对象提高自主学习能力与自我控制能力，以完成培训任务。它对培训者的因材施教与沟通能力要求较高，培训者需要根据培训对象的学习状况随时调整培训计划、语言表达方式与培训内容的呈现方式，在指导过程中探索最适合培训对象的学习内容与理解方法。

以上培训方法各有优势与劣势，在培训工作中需要综合各种因素进行选择，在条件许可的情况下可以综合使用多种方法。各种培训方法的特点与比较见下表。

表5　家庭教育指导专业培训方法比较

比较维度	比较结果（培训方法）	讲授法	研讨法	现身实践法	个体指导法
培训目标达成	态度转变	一般	强	一般	一般
	知识获取	强	一般	弱	弱
	技能习得	弱	弱	强	强
	能力提升	弱	强	一般	弱
	行为转变	弱	一般	强	一般

比较维度	比较结果 培训方法	讲授法	研讨法	现身实践法	个体指导法
对培训者素质的要求	策划与组织能力	弱	强	一般	弱
	现场应变能力	弱	强	一般	强
	独白表达能力	强	弱	一般	弱
	对话交流能力	弱	强	一般	强
培训者与培训对象的互动关系		弱	一般	一般	强
培训对象之间的互动关系		弱	强	一般	弱
培训个性化		弱	强	一般	强
培训成本		低	高	一般	高

第七节　培训绩效评估

　　培训绩效是通过培训对象的绩效来体现的，而培训对象的绩效由学习绩效与工作绩效两部分组成，工作绩效又包括个人与组织两个方面的绩效。成人参加培训持有学以致用的明确目的，即为提高工作绩效。培训者不是为培训而培训，培训对象不是为学习而学习，在培训活动与实际工作行为、工作效果之间建立有效联系是培训者和培训对象共同的任务，提高学习绩效与工作绩效是培训者和培训对象共同的目标，这是对家庭教育指导者培训进行绩效评估的基础。

　　随着培训的专业化发展，培训效果评估理论与评估模型也越来越丰富。鉴于家庭教育指导者培训工作的特点，可以根据柯氏四层次评估理论来建立家庭教育指导者培训绩效评估模型。

一、柯氏四层次评估理论简介

　　柯氏四层次评估理论由美国威斯康星大学的唐纳德·柯克帕特里克

（Donald Kirkpatrick）教授于 1959 年提出，并于 1994 年进一步完善。该理论根据评估的深度和难度将培训效果分为四个递进层次：反应层（Reaction Level）、学习层（Learning Level）、行为层（Behavior Level）和结果层（Result Level），见下表①。

表 6 柯克帕特里克四层次评估模型

层次	标准	反馈问题的重点
1	反应层	受训人员喜欢该项目吗？他们对培训人员和设施有什么意见？课程有用吗？他们有什么建议？
2	学习层	受训人员在培训后知识及技能有多大程度的提高？
3	行为层	培训后，受训人员的行为有没有什么不同？他们在工作中是否使用了在培训中学到的知识？
4	结果层	组织是否因为培训而经营得更好了？

第一层级评估——反应层（Reaction Level）评估，评估重点是学员对培训过程的满意度，即培训对象参加培训的主观感受，包括对培训项目的总体满意程度，以及对培训课程、培训材料、培训内容、培训方法、培训讲师、培训与工作相关度、培训环境、培训设施、培训组织与管理等具体培训工作的满意度，通常以考勤、课堂观察、访谈、问卷或量表为测量手段。当然，针对培训者的个人绩效评估主要涉及培训讲师、培训内容、培训材料、培训方法、培训与工作相关度等，其他几项主要是针对培训管理者的绩效评估。反应层评估操作起来相对简单。

第二层级评估——学习层（Learning Level）评估，评估重点是学员对培训内容的掌握程度，即培训对象理解和掌握原理、知识和技术等课程内容的情况，主要通过作业、考试、实际操作和工作模拟进行评估或者通过问卷、量表进行调查。如果对培训对象的学习情况分别进行培训前测与后测，并对测试结果进行统计分析与比较，更有利于将评估建立在客观的基础上，以确保评价的信度并发现其中的相关关系。这一层次的评估难于反应层的评估。

第三层级评估——行为层（Behavior Level）评估，评估重点是学员将所

---

① 周维.基于柯氏四层次评估模型的高校教师教育技术培训效果评估指标体系设计研究［J］.新课程学习，2013（9）：154.

学内容转化为工作行为的程度，这是对培训对象参加学习活动之后的追踪评价，即培训对象是否将培训中所学的原理、知识和技能运用到实际工作中。评估是对培训对象培训前后的工作行为进行观察与比较，主要通过培训对象进行自评、反思以及上司、下属、同事、专家、家长对培训对象培训前后的行为进行对比等方式来进行。行为层评估一般在培训结束后三至六个月进行，为培训对象将所学的知识、理论运用于实践预留合理的时间，设置控制组和实验组并进行对比分析，将会提高评估效度，但是评估难度比学习层评估更大。

第四层级评估——结果层（Result Level）评估，评估重点是学员参加培训后给自己所在组织带来的变化，如节约了多少成本、改善了哪些方面的管理、提高了多少效益等，主要通过组织发展因素分析、重要事件分析等方式进行。这是评估难度最大的层次，因为组织绩效除了受培训者的学习绩效、工作绩效影响以外，还受其他因素的制约，明确其中由培训所带来的绩效比较困难。柯克帕特里克教授虽然强调结果层评估很重要，但也承认在实际操作上并不完善，很难准确测量。在技术上，可以通过设置控制组消除培训以外因素的影响。柯克帕特里克教授总结了结果层评估的六条准则：一是尽量设置控制组（即没有接受培训的成员）与实验组（即接受培训的成员）以进行比较；二是用足够的时间去获得结果；三是培训前后都要进行评估；四是选择合适的时间进行多次评估；五是认真考虑评估成本与潜在收益；六是如果长时间不能获得绝对证据，可就现有数据结果进行分析。

总的来看，柯氏四层次评估理论具有以下特点：一是评估内容全面，涵盖了学习过程与工作过程，涵盖了培训前测、培训中测和培训后测，涵盖了个人、团队和组织三个层面的绩效评估；二是评估方法多样，除了问卷、量表以外，还有观察法、工作模拟、360度考核等方法的介入；三是评估主体多元，自评与他评相结合；四是评估层次递进，前一层次是后一层次的基础，先评估学习绩效再评估组织绩效，遵循了学习转化为行为、理论转化为实践的培训学习规律；五是评估难度逐层升高，评估所获价值也逐层增高。

二、家庭教育指导培训绩效四层次评估框架

结合家庭教育指导培训的特点，可以把柯氏四层次评估内容与标准进行细化与具体化，建构家庭教育指导培训绩效四层次评估框架。见表7。

表 7　家庭教育指导者培训绩效四层次评估框架

一级指标	二级指标	三级指标	指标要点	评估时间	评估方法
第一层级（Reaction Level）反应层评估	1-1 培训内容	1-1-1 实用性	有助于认识与解决工作中的问题	培训结束前	1. 课堂观察　2. 访谈　3. 问卷或量表
		1-1-2 专业性	有助于提升对实际工作的专业认识与判断能力		
		1-1-3 拓展性	有助于开阔视野，丰富相关领域的知识与信息		
	1-2 培训形式	1-2-1 培训方式	培训方式使简洁易懂简或者生动有趣		
		1-2-2 培训资源	培训资料、设备与环境有效支持培训内容的传达		
	1-3 培训师资	1-3-1 工作态度	认真备课，充分准备，授课效率高，责任心强		
		1-3-2 教学能力	有效调动学员的学习积极性，教学效率高		
		1-3-3 沟通能力	善于与学员交流，能够根据学员需求完善培训		
第二层级（Learning Level）学习层评估	2-1 学习态度	2-1-1 考勤	学员在培训过程中的出勤情况	培训过程中或培训结束前	1. 考勤　2. 课堂观察　3. 作业或考试　4. 实际或模拟操作　5. 问卷或量表
		2-1-2 课堂表现	学员在培训过程中积极思考，主动参与情况		
	2-2 专业伦理	2-2-1 专业意识	认识到家庭教育指导专业的专业价值，树立专业发展意识		
		2-2-2 道德规范	认识到家庭教育指导专业的行为规范，树立职业道德信念		
	2-3 专业知识	2-3-1 专业理论	加深了对家庭教育指导专业知识基本理论的理解		
		2-3-2 专业信息	了解到家庭教育指导专业的最新动态，研究成果以及相关信息		
		2-3-3 职业经验	梳理与总结了家庭教育指导实务经验		
	2-4 专业技能	2-4-1 分析问题	从专业视角认识分析家庭教育指导现象的能力		
		2-4-2 实际操作	用专业方法解决家庭教育指导问题的能力		
		2-4-3 专业反思	掌握专业方法论进行反思与总结的能力		

续表

一级指标	二级指标	三级指标	指标要点	评估时间	评估方法
第三层级（Be-havior Level）行为层评估	3-1 工作态度	3-1-1 对指导工作的态度	对指导工作的理解以及情感投入、努力程度等方面的变化	培训结束后三至六个月	1. 培训对象自评 2. 工作观察 3. 360度考核 4. 比较法
		3-1-2 对指导对象的态度	对指导对象的理解以及建立专业指导与服务关系方面的变化		
	3-2 工作行为	3-2-1 指导目标	指导目标与指导工作和指导对象的适宜程度		
		3-2-2 指导内容	指导内容与指导工作和指导对象的适宜程度		
		3-2-3 指导方式	指导方式与指导工作和指导对象的适宜程度		
第四层级（Re-sult Level）结果层评估	4-1 个人绩效	4-1-1 家长满意度	家长对指导者的满意程度	培训结束后六个月至十二个月	1. 比较法 2. 组织发展因素分析 3. 重要事件分析
		4-1-2 家长的转变	家长在家庭教育观念和家庭教育行为上的变化		
		4-1-3 孩子的转变	亲子关系的变化或者孩子所发生的变化		
	4-2 组织绩效	4-2-1 社会满意度	培训者在社会对家庭教育指导工作提升满意度中的贡献		
		4-2-2 组织发展	培训者在家庭教育指导组织优化中的贡献		
		4-2-3 队伍发展	培训者在家庭教育指导队伍发展中的贡献		

家庭教育指导培训绩效四层次评估框架的理解与使用需要注意以下四点。

1. 评估时效。分阶段评估培训活动在一年内产生学习与工作绩效，把静态的、短期的培训活动与动态的、中长期的工作实效结合起来，把个人发展与组织发展结合起来，促进培训绩效的最大化。

2. 评估指标体系。评估指标体系将四个层级进行了分解，确定了评估维度及评估标准。评估维度是根据家庭教育指导基本理论和工作体系划分的，体现理论联系实践、学习与工作结合的培训理念。评估标准是根据维度列举的指标要点，实践中可以根据评估工作希望了解的信息进一步丰富指标要点，使其逐步优化。

3. 评估问卷或量表。家庭教育指导培训绩效四层次评估框架提供了设计评估问卷或量表的总体思路，在设计评估问卷或量表的时候，需要细化每一级指标的权重以及每一个评估标准的计分方法。一般情况下，一级、二级、三级指标的权重既可以征集专家的意见来设定，也可以根据家庭教育指导工作的现状来设定。计分方法可以采取李克特量表 5 点计分法，即为每一陈述设置"非常同意""同意""不一定""不同意""非常不同意"五种回答，分别记 5、4、3、2、1 分，最后再计总分。评估时需要以匿名的形式进行调查，以获得真实数据和诚实反应，并设计开放的问题以鼓励填表人或者答卷人提出其他意见或进行评论。

4. 评估主体。不同的评估层级有不同的评估主体。反应层的评估主体是学员，通过三个二级指标、八个三级指标评估学员对培训者的满意程度与主观感受。学习层的评估主体是培训组织机构，通过四个二级指标、十个三级指标对学员进行评估。行为层的评估采取他评与自评相结合的方式，评估主体有培训对象所在单位的上司、下属与同事，所指导服务的家长（或孩子），外请的专家，以及学员自己。结果层的评估是在个人绩效的基础之上，上升到组织、团队和社会高度，评估主体是组织机构、团队、家长及孩子群体。

出 版 人　李　东

责任编辑　何　威

版式设计　沈晓萌

责任校对　贾静芳

责任印制　叶小峰

图书在版编目（CIP）数据

家庭教育指导概论／晏红著．—北京：教育科学
出版社，2019.12（2022.2重印）
（中国家庭教育研究文库）
ISBN 978-7-5191-2094-8

Ⅰ．①家…　Ⅱ．①晏…　Ⅲ．①家庭教育　Ⅳ．①G78

中国版本图书馆 CIP 数据核字（2019）第 271543 号

中国家庭教育研究文库

家庭教育指导概论

JIATING JIAOYU ZHIDAO GAILUN

出 版 发 行	教育科学出版社				
社　　　址	北京·朝阳区安慧北里安园甲9号		邮　　　编	100101	
总编室电话	010-64981290		编辑部电话	010-64981157	
出版部电话	010-64989487		市场部电话	010-64989009	
传　　　真	010-64891796		网　　　址	http://www.esph.com.cn	
经　　　销	各地新华书店				
制　　　作	北京金奥都图文制作中心				
印　　　刷	保定市中画美凯印刷有限公司				
开　　　本	720毫米×1020毫米　1/16		版　　　次	2019年12月第1版	
印　　　张	16.25		印　　　次	2022年2月第4次印刷	
字　　　数	256千		定　　　价	45.00元	